本书为国家社科基金重大项目
"网络文化建设研究——建设中国特色社会主义网络文化强国对策建议"
（项目批准号：12&ZD016）阶段性成果

互动与融合

全球化视野下的中国电视与网络媒体

Interaction and Convergence

A Global Perspective on Chinese Television and Internet Media

曹慎慎 著

中国社会科学出版社

图书在版编目（CIP）数据

互动与融合：全球化视野下的中国电视与网络媒体/曹慎慎著.
—北京：中国社会科学出版社，2015.10
ISBN 978 - 7 - 5161 - 6112 - 8

Ⅰ.①互…　Ⅱ.①曹…　Ⅲ.①电视事业—关系—计算机网络—
传播媒介—研究—中国　Ⅳ.①G229.2 ②G206.2

中国版本图书馆 CIP 数据核字（2015）第 099796 号

出 版 人	赵剑英
选题策划	侯苗苗
责任编辑	侯苗苗
责任校对	周晓东
责任印制	戴　宽

出　　版	中国社会科学出版社
社　　址	北京鼓楼西大街甲 158 号
邮　　编	100720
网　　址	http：//www.csspw.cn
发 行 部	010 - 84083685
门 市 部	010 - 84029450
经　　销	新华书店及其他书店
印　　刷	北京市大兴区新魏印刷厂
装　　订	廊坊市广阳区广增装订厂
版　　次	2015 年 10 月第 1 版
印　　次	2015 年 10 月第 1 次印刷
开　　本	710 × 1000　1/16
印　　张	17.5
插　　页	2
字　　数	288 千字
定　　价	58.00 元

凡购买中国社会科学出版社图书，如有质量问题请与本社营销中心联系调换
电话：010 - 84083683

序 言

张智华

中国电视与网络的关系究竟如何？二者应该怎样发展？这是学界与业界的热点话题之一。曹慎慎思维敏捷，以"互动与融合：全球化视野下的中国电视与网络媒体"为其著作命名，具有重要的学术价值与现实意义。

网络像磁铁一样，吸引着无数网民自由浏览、踊跃发言。网络本身是具有声音、影像两个信道的多媒体，不过就目前来说，网络使用最多的还是其在接收、传播信息等方面的功能，文本内容基本还是以文字与图像的形式存在。

电视与网络传播都具有多元性和大众性特征。电视与网络各有所长，各有所短，应该相互取长补短。

相对于电视，网络最大的优点在于互动，这种互动性存在于网络媒介本身，而不是像电视需要依靠信件、短信、电话等辅助手段来实现。这种互动性不是周期缓慢的互动，它具有即时性，网民的观点可以及时地反馈出去，经过网络管理员审查后很快上载于网上。这不仅使网民的意愿尽快达成，还能使网民的意见得到更大范围的传播。从此，受众不再仅仅是信息接收环节上的一个点，同时也成为信息传播环节上的一个点，在高度集中而又高度离散的网络空间中，这个点可以将信息按照三维的反射状向外传播。而它所面对的受众不可胜数，网络的另一个突出的优点是对信息具有海量的信息终端，这样，网民就能身居一隅，放眼天下。当然，网络传播常常是泥沙俱下，鱼龙混杂，需要网民认真辨析、准确判断。

网络技术极大地促进了媒体话语权的下放，网络手段的运用使更多普通民众有机会表述自己的思维和观点。

为了及时了解世界网络现状与发展趋势及其与电视的关系，曹慎慎在读博期间到美国哈佛大学交流一年，对中国电视与网络的互动融合研究有了更深刻的理解、更准确的认识，兼具国际视野。她善于用新材料论证新观点，见解新颖而深刻，条理清晰，重点突出，逻辑严密。她的研究并不只是从概念出发的纯理论研究，其中有大量的数据、前沿案例、采访调查和深度思考。从题目的拟定、框架的建构到正文的写作，她反复修改，不断完善，本书作为青年学者的第一部个人专著，是认真的、谨慎的，也是花费了大量心血的。

在这部著作中，曹慎慎准确地阐述了中国电视和网络互动融合的原因、表现形式、途径与作用以及存在的一些问题，并提出有价值的建议。条理清晰，层层深入，逻辑性强，具有一些创见，在中国电视和网络互动与融合研究方面立下了拓展之功。她熟练地掌握了有关中国电视和网络互动与融合的音像资料与文献资料，引用了一些可靠的数据，在此基础上论述中国电视和网络的互动与融合，说服力强。理论阐述与个案分析结合紧密，评析准确，显示出她良好的学术素养与积极的探索精神。

我衷心希望，这本专著只是曹慎慎学术生涯的第一个足迹。在漫长的人生道路上，我期待她能够坚持独立思考、持续创新；在媒体业界，做一名好记者，在媒介研究领域，做一位好学者。

目 录

导论　我们的媒介时代

> 这是最好的时代，这是最坏的时代，这是智慧的时代，这是蒙昧的时代……
>
> ——查尔斯·狄更斯（Charles Dickens）

5年后，当我们回忆起曾经为了下载一部电影或是打开一个网页所需要等待的"漫长"时间，我们是否会这样想——那时，怎么会有如此的耐心去面对这样的等待？

科技记者乔纳森·奥卡拉汉（Jonathan O'Callaghan）于2015年2月26日发表在英国"邮报在线"（MailOnline）网站上的一篇短文①让我们领略到了5G网络技术的超强实力——当每秒钟的数据传输达到125GB，未来的生活将会变成怎样？而这，只需要再等待5年。

英国萨里大学5G创新中心（University of Surrey's 5G Innovation Centre）的专家们已经研发出了5G网络技术，每秒可以传输125GB的数据，比目前的4G技术快6.5万倍。在理论状态之下，以这样的速度，用户可以1秒钟下载30部电影。研究团队计划于2018年开始进行公众测试，并于2020年正式推出使用。（O'Callaghan, 2015）

---

① http：//www.dailymail.co.uk/sciencetech/article－2970212/5G－download－30－movies－SECOND-Scientists-develop-technology－65－000－times-faster－4G.html.

第一节　好时代与坏时代

在《双城记》的开篇，狄更斯（Dickens, 1998：1）便用篇首的这句话评价了 18 世纪的英法两国；而在 2015 年的今天，回眸 21 世纪以来传媒生态圈的变化及媒介形态的演进，套用这句话是再合适不过了。

对于传媒行业来说，这是一个最好的时代。各式各样的新媒体形态和媒介产品层出不穷，时时刻刻都能让我们感受到信息社会的快速变化。打开电视，会有几十至上百个频道，囊括了各种节目类型，新闻、娱乐、综艺、电视剧、体育、科教、电影、纪录片，应有尽有；打开电脑，扑面而来的是成千上万个内容丰富的网页或网络应用，只有想不到的，没有在网上找不到的；而智能手机、平板电脑和可穿戴设备的快速发展，更是让人们在拥抱第三屏、第四屏，乃至第 N 屏的同时，感受"万物互联"的神奇……面对当今的媒介格局，人们可以拥有无数多个选择，就像比尔·盖茨在多年前描绘的这幅图景。

> 电视节目表将会长得越来越像搜索网站，当你边查询边念叨着"我讨厌这节目，但喜欢那节目"时，就表示信息已经多到难以处理了。现在你打开直播电视（Direct TV），只需要三分钟就能浏览所有的频道。六年后你走进客厅，只要开口说话，屏幕就能跳出你喜欢的片子。这表示"让我们看第四、第五和第七频道吧！"那样的时代已经过去，未来的屏幕将和网络链接并显示出极其绚丽的影像。（比尔·盖茨，转引自《网络共和国》，2003：1）

然而，这同样也是一个最坏的时代。随着传媒产业化集中度的提升，受众变得越来越碎片化。电视台的收视率下降，受众向网络媒体分流；电视观众年龄结构两极化，直接导致广告收益大幅减少；新闻行业亟待重构与整合，主流媒体的权力正面临非主流机构的竞争与挑战。当人们使用媒介的方式发生了变化，打开电视听声音、用电脑看电视、用手机上网和看书都已经成了普遍现象。

对于无数人来说，网络降低了我们与他人不期而遇的机会。我们大多数人喜欢电子通勤，而不是去公司上班，这样的工作形态已经成为趋势。我们不再逛街头书店，看里面形形色色的人，我们改在亚马逊买书。我们再也不去录像带出租店和杂货店，因为 Netflix[①] 很乐意帮人外送电影。有了 MP3 之后，去附近的音像店好像有点浪费时间。（桑斯坦[②]，2003：15）

正如美国学者巴里·韦尔曼（Barry Wellman）所说，早期媒体研究的关注点在于预测未来传媒环境将会发生怎样的改变，而第二阶段的研究则更关注用户行为的改变以及传媒形态和产业的变迁（Grant，2009：49）。如今，我们正处于媒体研究的第二阶段。

任何人拥有网站、微博、博客或微信账号，就可以通过发送博文、微博或"朋友圈"向更多的人传递信息、表达观点，这些消息或博文的影响力甚至要大于报刊、电视等传统媒体的报道。任何人用手机或者相机，就可以为身边发生着的新闻事件拍摄照片和视频素材，并迅速上传至网络媒体与他人分享。

越来越多的公民记者已经对传统媒体的把关人角色和新闻功能发起了挑战，与此同时，更多的普通受众也摇身一变成了"积极的"信息传播者，他们熟练自如地运用着各种媒介形式，在社会化媒体的舞台上实现着自媒体的梦想。

一 当传统媒体遇到互联网

1994 年至 2003 年，是中国网络媒体的第一个十年（彭兰，2005）。在这十年中，互联网从实验室走向了市场，由一纸概念变为实实在在的应用。

2004 年至 2013 年，是中国网络媒体的第二个十年。Web 2.0、UGC（用户生成内容）、社会化媒体、大数据、云计算一个接一个地出现，让

---

① Netflix 是一家在线影片租赁提供商，在美国、加拿大提供互联网随选流媒体播放，定制 DVD、蓝光光碟在线出租业务。该公司成立于 1997 年，总部位于加利福尼亚州洛斯盖图。

② 凯斯·桑斯坦（Cass R. Sunstein），美国哈佛大学法学院教授，白宫信息管制事务办公室主任。

人们在应接不暇的技术更新中感受互联网时代的狂欢。

如今，我们正在经历中国网络媒体的第三个十年。当然，这也是传统媒体巨变的十年。其间，我们将会见证在不同类型媒体和传媒产业之间发生的数字化、互动、融合和全球范围内的商业合作。这些变化正对受众需求、世界传播格局和媒介空间进行着重构。人们对媒介的使用情况也伴随着信息经济时代生活方式的改变而发生着变化。

谈到媒介形态的变迁，美国肯特州立大学教授罗杰·菲德勒（Roger Fidler）引用了保罗·萨弗提出的"30年法则"。菲德勒认为，"在今天的世界上，变革可能看上去发生得非常快，但是对于历史记载的研究表明，这是一种普遍的误解"（2000：7）。

> 你千万不要把清晰的景物误以为离得很近。这感觉像站在山脊上，越过一大片森林眺望远山的目标。远处的山峰离得如此之近，似乎你伸出手就能触摸到它。感觉就是那样的，除非你置身于树林之中，开始披荆斩棘走向那座山峰。（Saffo，1992：18，转引自菲德勒，2000：7）

保罗·萨弗是美国加利福尼亚州门洛帕克市①的未来学研究所所长。他认为，至少在过去的五个世纪里，一种新思想完全渗入社会文化所需要的时间数量——约为30年。他把这称之为"30年法则"：

> 第一个十年：许许多多的兴奋，许许多多的迷惑，但是渗透得并不广泛。
> 第二个十年：经历了各种潮涨潮落，产品已经开始向社会渗透。
> 第三个十年："哦，有什么了不起，只不过是一项普通的技术，人人都拥有了它。"（菲德勒，2000：7）

纵观人类传播的历史进程，虽然每一个新阶段的开始都伴随着人类文明的进步和科技水平的发展，但新媒体的出现并不意味着其将从本质上消除传统媒体。处于这样一个全媒体并行发展的时代，传统媒体要想获得发

---

① 门洛帕克（又译门洛公园，Menlo Park）是美国加利福尼亚州东南部的一座城市。

展，关键在于转型、求新、求变，寻求与新媒体的互动与融合。当然，媒体融合也并不仅仅意味着纸质媒体或者广播电视公司与网络媒体的线性结合或联盟，它还包含着这样一层含义：至少两家或者两家以上独立的媒体形式将在同一屋檐下并行不悖地运作。此外，媒体融合还表明电信、广电、互联网技术的这种不可逆转的融合趋势也将变得更加突出，并影响到相关企业的发展乃至生存。

二 网络化与媒体化

从发展趋势上看，互动与融合是一个网络化与媒体化的过程，传统媒体在这个过程中逐渐适应互联网时代的变化，而网络组织则更趋于向媒体方向发展。在大众媒体构成的信息网络中，电视与互联网成为两个极为重要的核心，彼此之间通过多样的传播技术相连，其他媒体形态也都围绕它们来组织（何威，2011：6）。

正因如此，我们见到了各种熟悉的传统媒体以网络化的方式呈现和发展，从中央电视台到中国网络电视台，从《人民日报》到人民网，从《东方早报》到澎湃新闻①，对于传统媒体来说，传播者和传播内容未变，但传播的载体和呈现方式变了，全都不约而同地加上了一个"网"字。

而对于网络平台，我们看到各种类型的聚合网站也都具有了媒体的性质，如后文着重分析的博客聚合网站赫芬顿邮报（*The Huffington Post*）、社交聚合网站 reddit，以及国人所熟悉的社交网站 Facebook、Twitter 和 LinkedIn，都成了人们获取新闻的重要途径。有数据显示，64% 的美国成年网民使用 Facebook，其中近一半的用户是通过该网站获取新闻（Pew，2013）。

不过，如今的人们也都是媒介使用的"杂食者"，即便是对某一种媒介的忠诚度极高，也不会让该媒介成为自己的唯一选择。2013 年，皮尤研究中心（Pew Research Center）通过调查 11 家全球著名的社会化媒体来分析数字化时代的新闻消费和使用情况。结果显示，人们一方面愿意通过

---

① 澎湃新闻是上海报业集团启动的第一个新媒体项目，于 2014 年 7 月 22 日上线，有网页、App 客户端等。

社会化媒体获取新闻，另一方面又常常使用传统媒体。如 LinkedIn 的用户喜欢通过纸质媒体和广播来获得信息，而 Google Plus、YouTube 和 Facebook 的用户则更愿意收看地方电视台的新闻节目。

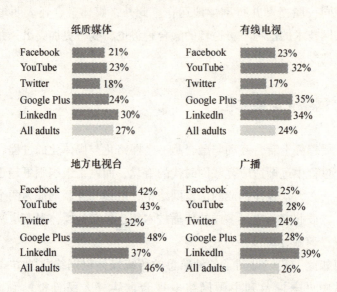

图1　社会化媒体用户对传统新闻媒体的使用情况①

互动与融合还是一个不同媒体相互联合的过程，它们都在向着数字化转型，同时又各自发展着多样化的特征。在回应这个由网络媒体发起的挑战时，传统媒体最初的步伐是缓慢的，它们需要一段时间去思考应当采取的发展策略，然后才能逐步推进从离线媒体向网络在线媒体的延伸和拓展。

应该说，目前传媒市场上的媒体互动融合现象几乎涵盖了此前各阶段的互动融合行为，并且在三个层面上同时演进：一是传统媒体之间的互动与融合，如报刊和广播、报刊和电视的互动融合；二是新媒体与传统媒体之间的互动与融合，如网络媒体、手机媒体与电视媒体；三是广电、电信

---

① 图表引自 Pew Research Center "News Use Across Social Media Platforms"，取样情况为：Facebook 新闻用户（N=1429），Twitter 新闻用户（N=359），Google Plus 新闻用户（N=194），LinkedIn 新闻用户（N=144），YouTube 新闻用户（N=456），美国成年用户（N=5173），调查时间段为 2013 年 8 月 21 日至 9 月 2 日。

和互联网融合背景下的媒体边界拓展，即 ICT①（信息通信技术）服务和
应用的有机结合。

三　互动与融合的必然性

媒体互动与融合是传媒产业发展的必然趋势。新媒体技术的快速演
进，打破了不同媒介之间的市场边界和介质壁垒，这一现状既造成了传媒
格局的重新洗牌，也让同一媒体内容的多介质传播成为可能（喻国明，
2009：29）。于是我们看到，在媒体互动与融合的思想指引下，博客、播
客、微博、论坛、社区、交友平台、微信等原生的媒体形态不断涌现，与
此同时，网络报纸、网络电台、网络杂志、网络电视台、网络自制剧、微
电影等一系列融合了传统媒体与新媒体特征的新型媒介形态也纷纷涌现，
顺势而兴。

许多卫视频道在着手巩固发展已有传播路径的同时，也在不同程度地
向新媒体发力，就连国人最为熟悉的中央电视台春节联欢晚会也连续多年
穿上新媒体的外衣。2015 年，央视春晚与腾讯微信展开合作，通过摇一
摇实现与亿万观众的互动。

> 据微信官方统计，2015 年 2 月 18 日从春晚开播的 20 时到结束的
> 2 月 19 日零时 48 分，微信摇一摇互动总量达到 110 亿次，春晚微信
> 祝福在 185 个国家之间传递了约 3 万亿公里，相当于在地球与月球之
> 间往返 370 万次。在 2 月 18 日 22 时 34 分，春晚摇一摇互动出现峰
> 值：8.1 亿次/分。②

由此可见，当传统媒体遇上新媒体，互动与融合便能擦出新的火花。
正如 2015 年春晚开始前主持人强调的，"这是一场与以往完全不同的春
晚，不同之处就在于——互动"。这其中的互动，不仅体现为传统媒体与
新媒体的互动，还体现为传统媒体借助新媒体平台与观众的互动。

---

① ICT 即信息通信技术（Information and Communications Technology）的英文缩写，是电信
服务（Telecommunication）、信息服务（Information）和信息技术服务（IT）的有机结合。
② 《春晚微信摇一摇互动总量达 110 亿次》，腾讯科技，http://tech.qq.com/a/20150218/
025398.htm。

在西方传媒领域的实践中，电视媒体和网络媒体互动融合的应用也极为普遍。在融合方面，美国最具代表性的案例是"坦帕新闻中心"（Tampa News Center），这也是美国学者用来分析融合案例时引用频率最高的一个。

虽然美国有许多关于媒体融合的案例，但选择位于佛罗里达州的坦帕新闻中心做研究是有原因的：它将报纸、电视台和网站这三种不同平台的媒体聚合在了同一个屋檐下（Killebrew，2005：39；Singer，2003；Dupagne and Garrison，2006）。2000 年 3 月，《坦帕论坛报》（*The Tampa Tribune*）、NBC 旗下的 WFLA – 8 台和 TBO 在线（Tampa Bay Online）搬入一座占地 12.1 万平方英尺、造价 4 千万美元的新闻中心。坦帕新闻中心的所有者是媒介综合集团（Media General），它将这三家独立媒体的新闻编辑部进行整合，不再让其员工仅为一家服务，并增加了媒体平台的数量，通过这些平台，三家媒体的工作者可以同步发布消息。这是对媒体融合以及新闻生产方式和文化改变的一次实践，它所带来的效果能够影响整个新闻业和新闻教育的发展方向。

媒体互动与融合是大众传媒理论研究领域的前沿课题，同时由于它的影响力不断得到证实，因此也是业界讨论和关注的重点。2004 年，美国密苏里新闻学院的章于炎（Earnest Zhang）、乔治·肯尼迪（George Kennedy）和弗里兹·克洛普（Freeze Klopp）使用质化研究①法，对亲历美国媒体融合的十五位业内人士进行了深度访谈。在研究报告《媒体融合：从优质新闻业务、规模经济到竞争优势的发展轨迹》中，章于炎等人指出，尽管我们的受访者背景不同、所在融合媒体的所有权模式不同，但他们在研究问题的回答上达成以下一致：媒体融合是必要的，甚至是不可避免的（2006）。因为如果操作得当，它将是媒体在数字时代幸存或体现优势的重要策略。然而，媒体融合也是十分困难和具有挑战的过程，需要智慧、努力和时间。

---

① 质化研究，也称定性研究（Qualitative research），是与定量研究（Quantitative research）相对的概念，是社会科学领域的一种基本研究范式，也是科学研究的重要步骤和方法之一。

第二节 互动与融合的语境

研究互动与融合，应当对其历史与社会脉络进行梳理，换句话说，也就是注重其所处的语境。有学者提出，"媒体融合"是西方未来主义思潮的又一流行词汇，是继"信息社会"①、"第三次浪潮"②、"后工业社会"③之后的又一热点。在未来主义的词汇中，"媒体融合"以技术演化为核心标尺，对技术带来的社会经济变化又持有实在化的观点（洪宇，2009）。

梳理国内外关于媒体互动和媒体融合的相关研究，不难发现东西方学者在这一领域大多呈现出多样化的研究视角。一是对新媒体和传统媒体的关系进行理论剖析，考量媒体融合这一历史现象的性质，并试图解释趋势背后的原因；二是从技术融合、经济融合或政策融合的角度展开，通过实证研究方法，对媒体融合的具体状况加以分析；三是对媒体融合所带来的对于社会、文化等方面的种种深层影响进行深入剖析，例如有的学者侧重对融合新闻以及新闻人才培养开展实证研究和深度调查，有的则以互动融合的层次和阶段为核心进行分类研究。这三类研究的主题既涉及对媒介生存的外部环境的观测，又涉及对于媒体内部机制的思考与调查。

---

① 信息社会也称信息化社会，是脱离工业化社会以后，信息起主要作用的社会。在农业社会和工业社会中，物质和能源是主要资源，所从事的是大规模的物质生产。而在信息社会中，信息成为比物质和能源更为重要的资源，以开发和利用信息资源为目的的信息经济活动迅速扩大，逐渐取代工业生产活动而成为国民经济活动的主要内容。

② 《第三次浪潮》是美国著名未来学家阿尔文·托夫勒（Alvin Toffler）的代表作之一，于1980年3月出版，阐述了由科学技术发展所引起的社会各方面的变化与趋势。托夫勒在这本书中将人类社会划分为三个阶段：第一次浪潮为农业阶段，从约1万年前开始；第二阶段为工业阶段，从17世纪末开始；第三阶段为信息化（或者服务业）阶段，从20世纪50年代后期开始。

③ 后工业社会又称知识社会，是工业社会进一步发展的产物。后工业社会以理论知识为中轴，意图是人与人之间知识的竞争，科技精英成为社会的统治人物。科技专家之所以拥有权力，全凭他们受的专业教育与技术专长。从时间上大约是20世纪80年代电子信息技术广泛应用之后。

一　新媒体和传统媒体的关系研究

如何理解新媒体和传统媒体的关系，是传媒学界关于媒体融合研究的一个争论点。尼尔斯·芬尼曼（Niels Finnemann，2006）用一系列理论去证明新媒体和传统媒体之间的关系应该是一种"协同进化"（co-evolutionary）的过程，而不是简单的替代或合作。芬尼曼认为网络之所以能够对整个媒介系统做出改变，关键在于——新旧媒体共存，免费和付费的内容共存；个人化和全球化共存；公共领域由于具体化、专业化和个性化的需求而变得更加碎片化。

对此，一些学者持不同看法。在他们眼中，网络媒体和传统媒体最终将体现为完全取代的关系。正如莫拉维茨（Moravec，1998）所说，数字技术要远远胜过人的思维。这一点，在麦克卢汉①的《古登堡星云》（McLuhan，1962）中也有体现，电子媒体的发展将会导致印刷时代的终结，因为他们能够将声音和画面融合在一起。

加拿大作家威廉·吉布森（William Gibson，1984）在其科幻小说《神经症漫游者》（*Neuromancer*）中创造了"赛博空间"（Cyberspace）一词，此后不久，这个词语就超出了科幻小说的领域，在有关计算机和信息技术的领域中流行起来，并进一步进入到媒介分析和文化研究的范畴。吉布森相信，在那些计算机屏幕上的电子游戏背后，有"某种真实的空间"，它虽然看不见，却真实存在着（汪民安，2011：273）。

因此，一些学者也从赛博空间的角度入手，认为在赛博空间里，一个超越于真实生活的新媒介圈已经形成。莱茵戈德（Rheingold，1993）认为，赛博空间是一个和真实生活平行的世界。米切尔（Mitchell）提出了"比特城市"（City of Bits，1996）和"电子乌托邦"（E-topia，1999）的概念，指出在互联网和信息技术蓬勃发展背景下产生的电子乌托邦，代表着人类未来的一种发展方向。与莱茵戈德和米切尔持相同观点的学者们普遍认为，在数字时代，电视机和计算机会变得没有任何差别，以前所说的"大众"传媒会逐渐变为个人化的多向交流，媒介消费者通过数字媒体将

---

① 马歇尔·麦克卢汉（Marshall McLuhan，1911—1980），加拿大传播学者，提出了"媒介是人体的延伸"、"媒介即讯息"、"冷媒介、热媒介"和"地球村"等观点，主要著作有《机器新娘》（1951年）、《古登堡星云》（1962年）和《理解媒介》（1964年）。

自己需要的信息"拿过来",并参与到信息的传播过程中。

由此可见,不论是与真实生活平行的世界,还是电子乌托邦,也许这些变化正好印证了麦克卢汉在《理解媒介:论人的延伸》(*Understanding Media: The Extensions of Man*)中的预言:

> 受到电子技术的制约,地球变成了一个村庄(Global Village)。电子速度突然内爆①,把所有的社会功能和政治功能整合在一起,把人类的责任意识提高到了极端的地步。
>
> 借助电力和自动化,人们突然成为游徙不定的信息采集者,这一游徙性前所未有,人的博学多识也亘古未有,从割裂②的专门化程序中解放出来的自由亦前所未有。另一方面,人们卷入整个社会过程的深度也是前所未有的,因为电子媒介使我们的中枢神经系统在全球范围内延伸,使我们顷刻之间与人类的一切经验互相关联。(麦克卢汉,2011:5—6,405—406)

二 由科技融合引发的多元研究视角

20世纪70年代,计算机和网络的发展促成了"融合"(Convergence)一词与大众媒体的联姻。1978年,麻省理工学院媒体实验室的创始人尼古拉斯·尼葛洛庞帝(Nicolas Negroponte)用三个相互交叉的圆环这一图例展现出计算机工业(Computers)、出版印刷工业(Printing/Publishing)和广播影视工业(Broadcast/TV/Film)逐渐趋于重叠的聚合过程(Brand,1987:40)。在20世纪70年代末,这三个工业还都是相互分离的、没有任何交叉,尼葛洛庞帝预测,在21世纪初这些不同的工业就会趋于融合,而这一远见卓识也第一次通过这个著名的图例演示出来。随后,越来越多的学者开始意识到互动融合对于媒体的影响和重要性。

---

① 内爆(implosion):电能的主要效应,使最有力的技术延伸即中枢神经系统的延伸成为可能,有效地消除了时空差异;与机械技术相关的媒介效应因内爆效应而逆转(麦克卢汉,2011:480)。

② 割裂(fragmentation):机械技术的主要效应,根据可重复性原理运行(麦克卢汉,2011:479)。

在传播学界，公认的最早通过书面方式提出"融合"这一概念的是与尼葛洛庞帝同为麻省理工学院教授的伊锡尔·德索拉·普尔（Ithiel De Sola Pool）。在《自由的科技》（*Technologies of Freedom*）一书中，普尔写道："数字技术的发展是导致原本分明的传播形态发生聚合的原因。"（Pool，1983：28）其本意便是，随着电视、网络和移动技术的发展与演进，不同媒体之间的界限将被打破，不同属性的媒体将融合在一起。

作为当代西方发达国家对新技术革命的主导思潮，未来主义反映了政治经济权力精英对人类社会发展未来前景的主观愿望。但技术未来主义的一大特点是把科学技术偶像化、自在化和绝对化，同时又回避了国际资本主义生产关系对科学技术的深刻影响与限定（洪宇，2009）。在对技术带来的变革进行思考时，哈佛大学法学院教授尤查·本克勒（Yochai Ben-kler，2006：383 - 459）提出，各种形式的传播都包含三个层面：物理层（Physical layer）、逻辑层（Logical layer）和内容层（Content layer）。物理层是指我们用于交流的各种硬件设备——电话、电脑、电视，通过物理层结构将这些设备与用户联系起来；逻辑层是指软件协议、法则和标准，能够将硬件设备接入不同的网络；内容层则是指用户互相分享的信息、观点、图片和视频等。默里（Murray，2003）也曾预测数字化内容下载功能将成为进一步推动媒体融合的"第三次"浪潮。

不可否认，技术融合或者说科技融合是媒体融合的重要前提，但作为一种学术理论框架，媒体融合本身就具有多样性：一方面，它为不断创新并发展的技术革命鼓与呼；另一方面，它所引领的融合潮流实质上已经成为推动全球资本主义市场体系重组再造的关键一环。

三 对社会、文化等方面的深层影响

除了前文所述的两个方面外，中西方学者还不约而同地关注融合新闻（新媒体与新闻事业和新闻教育的互动）、融合层次与阶段，以及新媒体与社会之间的互动关系。

融合新闻是把记者、技术、产品和各地报纸、广播、电视和网络媒体都合并在一起的新形态（Singer，2003：3 - 18）。基利布鲁在《文化、创造力和融合：记者如何面对变化的信息环境》（*Culture，Creativity and Convergence：Managing Journalists in a Changing Information Workplace*）一书中提出，所有的媒体平台都适合在一个以网络为基础的操作系统上生成新闻产品，除此之外，他认为信息分享和信息加强也应当发生在这个过程中（Killebrew, 2003: 39 - 46）。

劳瑞提出"融合关系"的三个阶段，一是内容合作（content partnering），这是最简单的融合形式，即记者采写的内容可以在不同平台分享；二是流程融合（procedural partnering），就是从选题策划、行程安排到资料收集都在一起进行；三是结构融合（structural partnering），就是统一采访部门，聘用多媒体编辑对素材进行统一处理，然后分配给不同的平台（Lowrey, 2005: 495 - 515）。在阐释融合时代的新闻生产方式时，戴雷等人（Dailey et al., 2005）使用了"融合链"一词，认为当今的新闻机构主要在交互推广（Cross-Promotion）、克隆（Cloning）、竞合（Competition）、内容分享（Content sharing）和融合（Convergence）五个方面[①]进行互动与合作。

也有学者从语言和文化的角度探究融合新闻的发展，将融合新闻看作是语言的通天塔（Silcock & Keith, 2006: 610 - 627）。塔特罗认为最有效的新闻融合就是链接（Link），通过所有权合作或是签署合作协议，报纸、电视台和网站可以共享所有资源（Tatro, 2002: 11）。比如，芝加哥论坛报（*Chicago Tribune*）把记者的文章和采访手记放到网上，并且要求记者在与其合作的 WGN - TV 和 CLTV 电视台做出镜报道。值得注意的是，虽然这种融合能够带来好处，但也并非完全和谐。除此之外，有学者对新闻的业务融合做出研究，提出 21 世纪的记者应该认清媒体融合的发展趋势，努力加强跨媒体传播技巧训练，成为具备以多种形式进行写作和传播的融合记者（宋昭勋，2006）。

对文化融合研究颇深的亨利·詹金斯（Henry Jenkins, 2001: 93）认

---

① （1）交互推广（Cross-Promotion），指作为合作伙伴的媒介相互利用对方推广自己的内容，如电视介绍报纸的内容。（2）克隆（Cloning），指作为合作伙伴的媒介不加改动地刊播对方的内容。（3）竞合（Competition），指作为合作伙伴的媒介之间既有合作也有竞争，如一家报社的记者编辑在某电视台的节目中对新闻进行解释和评论，某一媒介为自己的合作伙伴提供部分新闻内容等。（4）内容分享（Content sharing），指作为合作伙伴的媒介定期相互交换线索和新闻信息，并在一些报道领域中进行合作，如选举报道、调查性报道等，彼此分享信息资源，甚至共同设计报道方案，但各媒介的新闻产品仍然是由各自的采编人员独立制作的。（5）融合（Convergence），指作为合作伙伴的媒介在新闻采集与新闻播发两个方面进行全方位的合作，他们的共同目标是利用不同媒介的优势最有效地报道新闻。多个媒介的记者编辑组成一个共同的报道小组，策划新闻报道并完成采编制作，并且决定哪一部分内容最适合在哪个媒介上播发。

为，"没有任何一种独立的媒体形式能够赢得如今由人们视听需求变化而引发的这场战争。但是如果要将所有媒体都融合成一种渠道进行呈现，我希望这一天永远不要到来"。在詹金斯看来，媒体融合并不是简单的叠加，而是从多层次多方面展开的。因此，他还详细论述了媒体融合的五种形式，即科技融合（Technological Convergence）、经济融合（Economic Convergence）、社会或组织融合（Social or Organic Convergence）、文化融合（Cultural Convergence）和全球融合（Global Convergence）。

其中，科技融合是媒体传播内容的数字化。文化融合是指新媒体技术、媒体自身及受众三者间的交叉部分。詹金斯将坦帕媒介综合集团当时正在进行的媒体融合归为这一形式，并相信这种融合会促使跨媒体讲述新闻的方式发生改变，促进多通道媒体内容的发展。经济融合是指传媒行业的横向联合，正如美国在线时代华纳一样，一个公司对电影、电视、书籍、游戏、网络、音乐以及许多其他行业的发展有着相当的控制权。而受众，为了更好地适应新媒体信息环境，会采取一些多任务的处理策略，这便形成了社会和组织融合。第五种是全球融合，在他看来，全球融合就是媒介内容和传媒产品的跨国界互动。

就在詹金斯提出五种模式的随后两年，里奇·高登（Rich Gordon，2003）又对美国传播界现存的五种模式[①]进行了归纳总结，将经济融合细化为媒体所有权融合（Ownership Convergence）和媒介策略融合（Tactics Convergence），并从新闻业务的角度补充了信息收集融合（Information gathering）和新闻表达融合（Presentation）。

在新媒体与社会的互动上，更民主、更平等、更具参与性，成为学者关注的重点。如果说传统媒体的标签是由精英阶层主导、自上而下的信息生产与传播，那么，互动与融合的出现，是否在某种程度上削弱了受众对于传统媒体的依赖，反而生成了众多"积极的受众"，或者是后文提到的"生产使用者"（produser，由 user 和 producer 组合而成）？

随着媒体技术的发展，互联网、智能手机以及社会化媒体的出现，不仅让普通受众拥有了多种多样的信息渠道和数以万计的信息，更赋予了他们参与新闻事件、引发社会舆论和制造新闻效果的能力（Wilkinson，2009）。以电视为例，在搭建电视与受众有效的信息回路过程中，电视经

---

① 高登的五种融合：所有权融合、策略性融合、结构融合、信息收集融合、新闻表达融合。

历了延时性互动和即时性互动两个阶段。电视媒体引入互动理念和手段，体现了在新的媒介环境下，原来具有强势地位的媒体在"话语权"中的开放，越来越多的观众获得了参与感和满足感（程素琴、李智，2010）。而作为传统媒体机构，为了满足受众日益增长的需求，也会推出各种在线讨论平台和网络公共空间，以期制造与受众互动的气氛（Thurman，2008：139－157）。

通过梳理和总结已有文献，笔者发现，当前国内外对于媒体互动和媒体融合的研究在整体上呈现出观点活跃、成果不断涌现的特征，具有一定的指导意义。其中，国外学者的研究偏重于融合模式和新闻业务，而国内学者的研究多是以一种宏大视角来看待媒体融合的新兴现象，提一般原则和方法的多，实战性研究和学理的剖析较少。此外，在媒体互动关系研究和媒体文化融合等领域，国内外相关文献中几乎很少涉及，而这些恰好是本书的创新所在。

第三节　理论取向与研究方法

在导论第三节，本书将从内容、受众及媒介生产的商品化，文化研究与传播和时间、空间与全球化三个方面进行阐述，并随之提出本书的研究方法。

一　内容、受众及媒介生产的商品化

本书探讨的重点是媒体互动与融合的表现形式（内容）、效果（媒介生产）以及受众群体，因而不可避免地要研究"商品化"的问题。在加拿大皇后大学社会学系教授文森特·莫斯可（Vicent Mosco）看来，商品化（commodification）就是把因使用而产生价值的物品转化为可以销售的产品，换句话说，就是将使用价值①转换为交换价值的过程（2000：

---

　　① 亚当·斯密与古典政治经济学区分了产品的两种价值，一种价值来自对人类欲望或需求的满足，也就是使用价值；另一种是用来进行交换的价值，也就是交换价值。商品是特殊形式的产品，其生产主要围绕着交换过程而进行。

137）。比如一首民间歌谣本不具有售卖能力，而它一旦被曲作者改编成流行歌曲或电影配乐就成了商品。

对于传播学研究而言，商品化具有两层含义。首先，传播实践与技术促进了整个社会普遍商品化的进程。其次，影响社会整体的商品化过程渗透了传播的各种过程和机构，以至于社会商品化过程的各种进步和矛盾影响了作为一种社会实践的传播，也就是说，商品化是理解特定的传播制度与实践的切入点（莫斯可，2000：138）。

谈及内容的商品化，似乎极易理解，即通过创造内容来获得收益，并随之扩展权力。对于大众媒体来说，这正是各式各样的媒介形式每天都在做的。小到一个数据，大到意义深远的思想体系，都可以转换为可以销售的产品。报纸以售卖有深度的新闻报道吸引读者，电视台以制作精良的节目或播出优秀电视剧来获得注意力资源，网络媒体以时效性、强大的整合能力以及"标题党"来增加点击率，与此同时，这些内容还与广告捆绑在一起，形成了一个个产品套装。如果售卖成功，这些作为内容的商品，还能够带来剩余价值，促成媒介组织的发展与扩张。需要注意的是，与其他产品不同，传播是一种特殊的商品，因为其所传播的内容涉及文字和图像，往往具有更深层次的含义。

> 政治经济学家在思考传播的商品形式时往往以媒介的内容为起点。具体而言，他们认为传播的商品化过程涉及了讯息（或者一份资料，或者是有体系的思想）如何被转化为可在市场买卖的产品。
>
> 创造传播内容交换价值的过程将全套错综复杂的社会关系引入了商品化的轨道，传播研究一般倾向于集中关注作为商品的内容，进而识别出内容的商品地位与其意义之间的关联。（莫斯可，2000：141—147）

随着数字技术的发展，媒体互动与融合拓展了内容商品化的流通渠道。报纸、电视和网络的内容不再只是针对单一的读者、观众和网络用户，而是混合在一起，同一主题的内容可以根据不同属性媒体的特点有所变化，然后成为适用于多平台使用的内容商品。

在新闻界，常常听记者朋友们戏谑地称自己为"新闻劳工"，而其所任职的媒体则被称为"新闻生产车间"，劳工们的劳动因为按字（篇）计酬而越来越"被商品化"了。为了追求价值的最大化，媒体时常会将记者的劳动用于多种途径，如纸媒的报道同样可以应用于网络媒体，而网络媒体制作的视频节目也同样可以通过电视台播放；与此同时，如今的记者也越来越多地向"全能"发展，常常会承担摄影（摄像）、采写、编辑、网页制作、校对的复合角色。在莫斯可看来，这种整合劳动从事多重任务，对劳动进行多重使用的方式，进一步增加了商品的潜在收益。

在探讨了内容和媒介生产的商品化之后，我们再回到受众研究的领域。不论何种类型的媒体，凡是想得到大众的认可和喜爱，就必须要包含与各种社会群体相关的意义。自20世纪40年代一系列围绕日报、广播开展的受众调查出现以来，人们对于受众群体的研究就一直集中在两个方面——测定受众的规模和分析受众的特征。对于广播电视公司和广告商来说，他们的兴趣在于测定受众的规模上——计算在一天当中的某一时段，到底有多少人在收听或收看节目，与此同时，他们还要分析这些受众的具体特征是怎样的。由于广播电视公司和广告公司的经济关系是基于收听/收视率统计的，因此大规模的受众测量至关重要。

而对于学界专家来说，他们更为关注的是电视内容对于不同受众群体的影响。比如电视节目中的暴力镜头是否会对儿童的行为产生影响，电视对于各种社会群体原始类型化的描写是否会强化受众的偏见，过量收看电视是否会与世界充满危险这样的看法有关系等。

以上这些关于电视受众的研究课题，关注点都在于媒体对于人的认知和行为层面的影响。那么，电视是如何嵌入人们的日常生活的？换句话说，人们收看电视获得意义和乐趣的过程，是如何受到人们使用电视的特殊条件影响的？这些问题又让许多学者对另一层面的电视影响展开了研究：当我们说一个人在"看电视"时，这种行为到底意味着什么？

1986年，牛津大学学者彼得·克莱特（Peter Collett）做过一个实验来回答这个问题。他做了一个柜子，里面放了电视机和磁带录像机，柜子上方连着一个摄像机镜头，用以记录电视机开启后观众的行为和表现。克莱特说服了好几个家庭，并把这套设备装在了他们的客厅里。几周之后，当克莱特取回设备分析磁带上的资料时，他发现全神贯注地看电视只是电视机前的次要内容。在电视机开启的大多数时间里，电视机前的人们都在做其他的事情，要么顺带着看电视，要么根本就没有看。那些"其他的事情"可以是与家人说话，可以是看报、学习、打电话、做家务等（Collett and Lamb, 1986）。

克莱特验证了我们日常生活中的一个真实体验，即对于部分受众来说，看电视只是他们日常生活大环境中的一部分。有些人也许不是在看电视，而是在听电视。正如麦奎尔（McQuail）等人指出的，白天只有一个人在家的时候，许多女性都把电视机开着，因为电视里传出的声音能使她们觉得不那么孤单，而对于老年人来说，电视则是一个非常重要的"伙伴"（McQuail et al., 1972；Tulloach and Moran, 1984；Hobson, 1982）。

由此可见，电视并不是一种霸权媒体，受众其实拥有很大的控制权，他们不仅控制着电视的意义，而且控制着电视在人们生活中所起的作用。作为当代西方传播政治经济学的奠基人，加拿大学者斯迈思（Smythe, 1977，1981）认为，垄断资本主义控制下的商业大众媒体的主要商品就是"受众力"（audience power）。受众力被生产、被出售、被购买和被消费，它像商品一样具有价值。媒介作为生产者，不仅生产了娱乐产品，而且生产了受众。受众通过消费广告和购买其他商品来为广告商创造价值。因此，传媒公司的目的是将受众集合并打包出售，这一点也揭示出商业广播电视的真正商品——其实是受众。

斯迈思的观点在互动与融合时代得到了进一步的阐释。受众分析与精准定位是时下任何一家媒体都会做的，不论是传统媒体还是新媒体，对于它们来说，发布什么样的信息、给谁看、多少人会看，关注度的多少决定着媒体产品的商业价值，而广告商也在衡量受众情况的同时决定是不是要投放广告。换句话说，广告商购买的其实是依附在媒体平台上的受众，受众在使用媒介时不仅仅是消磨时光，他们还在创造价值。这种价值最终是通过购买商品时付出的广告附加费来实现的。只不过，在斯迈思看来，受众付出了劳动也创造了价值，却不仅没得到经济补偿，反而还需要自己承担相应的经济后果，这一点是极不公平的。

事实上，"受众商品论"作为传播政治经济学的核心概念之一，也曾激起学术界的一场长达数十年的论争——盲点之争（Murdock, 1978；Smythe, 1978；Garnham, 1979；Jhally, 1982；Livant, 1979, 1982；Maxwell, 1991）。缘起就在于斯迈思发表的"传播：西方马克思主义的盲点"（Communications：Blindspot of Western Marxism, 1977），斯迈思在文中指出，西方马克思主义者忽视了大众传媒在资本主义制度下的经济功能，与此同时，他还提出了两个问题，媒介出售的是什么？而广告商购买的又是什么？在他看来，受众既是商品又是劳动力，他们被出售也被购买（如前文所述）。

当时，北美的媒体商业化程度很高，大多由广告商赞助，而欧洲的媒体产业中公共广播电视占有相当的比例（赵月枝，2011：15），作为欧洲传播批判学派的代表，默多克（Murdock，1978）和加汉姆（Garnham，1979）难以接受"受众即商品"的学说。在他们看来，斯迈思忽视了国家在整个资本主义体系中的作用，在过于强调媒体商品化特质的同时还忽略了媒体的意识形态生产功能。随后斯迈思很快就回应了英国学者的批评，提出马克思主义者应当采取"历史的、唯物主义的、辩证的方法来分析阶级斗争的现实，这样才能反映这一过程的政治、经济和心理方面"（Smythe，1978：126）。

围绕"受众即商品"这一概念，美国学者很快也加入了论争，杰哈利（Jhally，1982）和利凡特（Livant，1979）更倾向于研究"媒体售卖的是什么"，在他们看来，媒体出售的不是受众，而是时间，是受众与媒体一同生产了观看时间。媒体通过销售广告时间来赚取剩余价值，这也同样意味着受众需要看更多的广告，受众其实是在为媒体工作。

还有一些学者的关注点落在对受众本质的探讨上，受众到底是一种自然现象，还是人工制造的产品。他们指出作为人的受众和作为商品的受众是不同的，而斯迈思则混淆了二者（Maxwell，1991）。

30 多年过去了，伴随着 Web 2.0 和 Web 3.0 时代的到来，不论是作为人的受众还是作为商品的受众，都被新媒体技术的广泛应用赋予了新的内涵。与 20 世纪 70 年代的受众相比，如今的受众面临着更多的媒介选择，他们的需求也越来越专业和多元。与之相对应，媒介机构需要使用新的方法去了解受众的媒介使用习惯（Lee，2011），而受众商品论也在今天的媒介环境中焕发出了新的光芒。

二 文化研究与传播

纵观文化传播的漫长历史，从口传文化到印刷文化，再到如今的电子文化，不论在哪一个阶段，任何一种文化形式的形成，都离不开其特殊的生长环境。我们可以说，文化和传播是密不可分的，要想研究当今媒介传播行为的改变，就不能抛开我们所面临的现实的文化情境。

众所周知，文化是一个内涵深刻、外延宽泛的词语。正因如此，在文化内涵的界定上常常是见仁见智的。1871 年，英国"人类学之父"爱德华·泰勒① （1989：1）首次为文化做出界定，认为"文化是一个复杂的整体，它包括知识、信仰、艺术、道德、法律、风俗以及作为社会成员的人所具有的其他一切能力和习惯"。直至今日，关于文化的定义已有两百多种，而且在每个时代也都会有自己特有的文化语境，同样文化理论的产生也源于学者们对当时社会文化和艺术现象的阐释与反思。

英国伯明翰学派②的代表人物雷蒙德·威廉斯（Raymond Williams, 1962）曾指出，文化是"一种特殊的生活方式"，它由一个社会群体所分享，由价值观、传统、信念、物质和领域构成。

> 从这个观点看，文化是动态的生态学，有关人类复杂的各种事物、世界观、礼仪、日常活动和场景。文化是我们如何谈话和穿衣，我们吃的食物及怎样准备消费它们，我们创造的神以及我们崇拜的方式，我们如何划分时空，我们的幽默感，我们怎样跳舞，我们工作玩耍的方式，我们使孩子们社会化的价值观念，以及其他所有构成日常生活的许多细节。如果这样理解的话，文化是"我们做事的方式"，它揭示"我们是谁"以及"我们不是谁"。文化提供一种框架，使我们了解自己和他人；文化标明不同文化群体间的差异，为同一文化成员提供衔接。（罗尔，2012：147—148）

同文化一样，文化研究也是一个很难解释的概念。理查德·霍加特（Richard Hoggart）将其看作是"民主化的文学想象"，斯图尔特·霍尔（Stuart Hall）③认为文化研究是大众抵制与变迁的政治理论……他们虽观点各异，阐述的内容也各有侧重，但都是在颠覆主体的范式，重构主体与

---

① 爱德华·泰勒（Edward B. Taylor, 1832—1917），英国人类学家，人类学在英国全面发展的始祖。《阿纳霍克，或墨西哥与墨西哥人》（1856 年）、《人类古代史研究》（1865 年）《原始文化》（1871 年）成为文化人类学的经典著作。

② 1964 年，英国学者雷蒙德·威廉斯和理查德·霍加特等人在伯明翰大学成立了"当代文化研究中心"，此举标志着"文化研究"作为一个重要的学术研究领域的出现。

③ 斯图尔特·霍尔是英国文化研究的领军人物。1964 年，理查德·霍加特在英国伯明翰大学创办了"当代文化研究中心"，文化研究作为一门学科由此诞生。中心创办时，霍尔便应邀加盟其中，并于 1968 年接替霍加特，成为该中心的第二任主任。

语言的关系，对文化研究提出了种种理论分析和精辟论述。可以说，文化研究是国际学术界当前最有活力，也是最富创造性的学术思潮之一。

在不同的历史时期，文化研究既有异质性，同时又呈现出了同质的特征，如聚焦大众文化、注重讨论各种文化实践与权力的关系、提倡跨学科、超学科甚至是反学科的态度。因此，本书主张采用文化研究的方法，对极具时代特征的网络文化进行研究，将视角转向微观、具体、经验和日常的世俗生活，以期寻求对社会与文化的新认识。

以文化所折射的话语内涵为标准，文化可以分为以政治话语为基调的主流文化，以人文话语为基调的精英文化和以世俗话语为基调的大众文化。其中，主流文化是指以党和政府的意志为旨归，弘扬主旋律，带有浓重的意识形态色彩（徐建，2008），包括占主导地位的价值观和行为模式。主流文化承担着推动社会文化发展的重任，具有强大的主导力和影响力，是一种被广泛认同的文化形式。精英文化以引导社会、开启民智为己任，是一种由文化精英创造、传播和分享的文化，注重终极关怀和价值呵护，履行的是精神守望者的职责。大众文化是与市场经济和商品社会相适应的一种以普通民众为传播对象，以大众媒介为传播渠道的文化形态，它具有传播范围广、易接受的特点。

在明晰了主流文化、精英文化和大众文化各自的含义之后，本书还要对三者的关系进行探讨。虽然各自指涉的人群和话语基调有所不同，但它们之间却有很大的关联性。如前文所述，主流文化包括占主导地位的价值观和行为模式，是现实社会中已经获得广泛认同的文化形式。在多种文化取向中，主流文化起着舆论引导的重要作用，因此要想让主流文化获得健康发展，必须有坚实的群众基础，让广大人民群众真信、真学、真用；反之，如果脱离人民群众的实际需要来谈主流文化，就像是离开了水的鱼儿一样是没有出路的。

知识分子是精英文化的创造者和传承人，他们走在时代前沿，能够敏锐地感受思潮变化。从这一层面来说，知识分子的文化心态与文化实践与其所处时代的社会现实和文化情境是密不可分的。与此同时，主流文化对知识分子所持的态度，也决定了知识分子的作用和价值得以实现的程度。即当一个国家的主流文化表现为尊重、信任知识分子时，当群众百姓都乐意倾听知识分子的人文话语时，他们的作用和价值才能得以有效发挥。此外，在如今已获得社会认可的精英文化中，也有相当一部分是源于民间的"文化产品"。如《诗经》中的民谣俚曲、《水浒传》、《三国演义》、京剧、传统手工艺等，这些曾经发源于民众的文化样式，经过岁月和时光的淘洗，已经成为中国传统文化中的瑰宝，是名副其实的精英文化。

由此可见，主流文化、精英文化与大众文化自身都有其不可替代的独特功能，但三者又是互相影响、共同发展的。其交叉程度越深，全社会就越容易形成共同的价值观和理想信仰。同时，只有经由主流文化的导向、精英文化的优化和大众文化的普及，整个社会的文化才会丰富多彩，才会有发展和创造的活力；也只有以各文化形态的共生、互动为前提，才能激发各主体的创造潜能，实现真正意义上的文化发展与繁荣。

需要特别指出的是，本书所关注的电视媒体和网络媒体所体现的文化表征属于大众文化范畴，即认为大众文化是指那些被很多人所广泛热爱与喜好的文化，它是一个富含冲突的场所，既不单指自上而下灌输给民众的文化，也不是自下而上、由民众创造的文化，而是两者进行交流和协商的场域（Gramsci，1971：161）。大众文化的文本与实践就在葛兰西①所谓的"均势妥协"（compromise equilibrium）中流动。这一过程既是历时性的，即在某一时期被贴上"大众文化"标签的文化，在另一时期或许就成了其他文化；同时又是共时性的，即无论在哪个特定的历史时期，大众文化都在"反抗"与"收编"之间游弋。正如托尼·本内特（Tony Bennett，2009：96）② 所言，"统治阶级试图赢取领导权，而被统治者则通过种种方式与之对抗。正是这种关系构成了大众文化研究的场域"。在这个场域里（包含各种各样不同类型的大众文化），屈从性的与反抗性的文化及意识形态价值彼此"混杂"，互相转换。在本书第六章的探讨中，笔者将结合网络和电视的传播特征对大众文化及其亚文化进行细致考察。

三 空间、时间和全球化

比尔·盖茨在《未来之路》（*The Road Ahead*）中写道，传播新技术最重要的作用之一就是消除距离。

---

① 安东尼奥·葛兰西（Antonio Gramsci，1891—1937）是意大利社会主义思想家，也是意大利共产党创始人和领导人之一，以文化霸权论为影响后世的最主要思想。

② 托尼·本内特（Tony Bennett），英国马克思主义文艺批评家和文化理论家。

你要联系的人是在另一个房间还是在另一块大陆，无关紧要，因
为这一高度中介化的网络将不受距离的限制。（Gates，1995：6）

互联网的出现赋予了时间和空间新的内涵，信息的流动也打破了地缘
的界限。传播技术与网络的融合，使得人们能够随时随地相见，而信息的
即时交换也因此成为现实。

通过电子邮件，北京和波士顿的两个素昧平生的人可以顺畅交谈，完
全没有因为 12 小时的时差和毫不相识而有任何沟通障碍；通过社交网站，
天南海北的网络用户可以针对一则新闻或一句话而发表评论，众说纷纭。
在 19 世纪，空间的障碍意味着邮轮需要花费数周的时间，才能将新闻从
纽约传递到新奥尔良（莫斯可，2010：81），而在互联网时代，沟通的便
捷让身份、时间和空间都不再重要，"如何说"、"说了什么"、"有怎样的
效果"才是人们关注的重点。

莫斯可认为，普遍意义上的"空间"指的是组织活动的地理和制度
的延伸，而传播政治经济学所特别论述的"空间"，主要涉及传播产业中
企业权力的制度延伸（2000：170）。其中，企业聚合是莫斯可着重探讨
的话题。在他看来，聚合能够更好地控制传播的生产、分配和交换，并限
制竞争，进而限制社会可获取的信息和娱乐的多样性。

聚合的方式有横向和纵向两大类，横向聚合是指一家媒介公司购买了
另一家媒介公司的控股权，两者在业务上并不形成竞争关系，而是通过这
种聚合的方式实现优势互补，从而达到合作共赢的效果，诸如 Google 收
购 Panoramio（2007）。Panoramio 是一个总部设在西班牙的照片分享网站，
存储了数百万张包含地理标识的照片，通过这种横向聚合，Google 能够更
好地使用谷歌地球（Google Earth）上的图片，因为 Panoramio 可以识别照
片中的地理坐标信息（Geotag），并将照片按照地理坐标进行整理，显示
在 Google Earth 上。再如 2013 年 5 月 7 日，百度宣布 3.7 亿美元收购 PPS
视频业务，并将 PPS 与爱奇艺进行合并。这次收购进一步巩固了百度在视
频领域的既有优势，并且从技术、客户端入口、市场占有率等方面为百度
移动战略增加了多重砝码。通过上述两个事例看出，正是由于不同产业公
司进行了横向合并，才形成了大型企业集团（conglomerate）所有权的扩张。

与之相对，纵向聚合则聚焦于产业链的各个环节，可以说是将触角延
伸至生产线的上下游。比如中国潍柴集团通过兼并收购，向上游整合了变
速箱、车桥业务，向下游整合了重型卡车、装载机、大客车整车制造业

务，成为一家在整个重型车辆产业链上都有布局的公司。当然，倘若一家企业具有较高的对生产流程管控的能力，并且能够很好地利用纵向整合带来的机遇，那么在日后的商业竞争中，它极有可能获得竞争的优势。

与企业聚合相伴而来的则是巨型传媒集团的出现，在它们身上，无一例外地能找到"跨国"、"全球化"的影子。它们通过控制生产、分配和放映等环节来完成纵向聚合，通过跨越一系列的媒介产品实现横向整合，并在全球范围内，利用国际劳动分工，灵活而更符合成本效益地使用劳动力、资本、研究和发展。这也正是媒体全球化表现的第一个方面，跨国媒体公司的形成和其在市场上所占据的主导地位（赵月枝，2011：149）。

而一提到鲁伯特·默多克创办的新闻集团（News Corporation），仿佛立刻让人联想到一个"庞大的传媒帝国"形象。通过兼并收购，新闻集团买下了 20 世纪福克斯电影公司（1985）、星空传媒（1993），建立了英国数字电视平台（1998），并于 1999 年推出了互动体育频道。可以说，新闻集团的核心业务涵盖电影、电视节目制作和发行、无线电视和有线电视广播、报纸、杂志、书籍出版及数字广播、加密和收视管理系统开发等各个领域。

再如威望迪环球集团（Vivendi），作为世界第一大环境服务集团，威望迪在水务、垃圾处理、交通及能源四个方面执掌世界之牛耳，但更让人熟知的则是它旗下的环球影视公司（Universal Studios），除此之外，它还拥有欧洲最大的付费有线电视台 Canal + 、环球音乐集团（UMG）、威望迪网络（Vivendinet）等。

由此，我们不得不思考本书的另外一个关键概念——全球化。在赫尔德和麦格鲁看来，全球化之所以成为当今世界政治和学术争论的中心议题，是因为这个观点瓦解了学界既有的范式和正统的政治学说（Held and McGrew，2002：2，赵月枝，2011：146）。更进一步，全球化使现有理论和实践显得问题重重的原因之一，是它对民族国家作为政治权利和民主责任的"承载者"角色发出了尖锐的质疑（赵月枝，2011：148）。而从政治经济学的角度看，全球化引导的是资本的空间聚合，这个过程由跨国产业与国家主导，转换了资源与商品（包括传播与信息）的流动空间（莫斯可，2000：199）。

除了前文提到的第一个表现（跨国媒体公司和市场的主导地位）外，加拿大西门菲莎大学传播学院教授赵月枝还总结了媒体全球化的其他五个特征：

①媒体全球化不仅意味着目前支配跨国媒体生产和流动的大约 10 家公司的崛起，还意味着商业化媒体作为普遍的媒体形式在全世界的推广，和以市场为导向的媒体工业在发展中国家的建立，进而对全球和各国的传播空间进行新自由主义重构。

②全球和地区的制作中心将控制和支配着跨国媒体流动，即信息、形象和产品通过大众数字传播网络的分布与扩散，同时也存在着有限的反向信息流。

③媒体流动的全球化不一定会带来媒体效果的全球化，因为不同社会阶层和文化背景的受众对媒体文本的解读有所不同，对不同形式的媒体接受程度也存在差异。

④媒体的治理有全球同质化的趋向。

⑤跨国传播网络致力于表达民众自己的社会、文化、政治和经济主张。

(2011：149－150)

由此可见，媒体全球化不仅体现在信息和传播手段的全球流动上，更具体的节目内容和制作方式等也都已经形成了全球扩散的趋势。时下在中国最热门的几档节目《爸爸去哪儿》（湖南卫视）、《奔跑吧兄弟》（浙江卫视）和《中国好声音》（浙江卫视），均是通过购买国外节目版权而引进的，其中《爸爸去哪儿》的节目版权和模式购自韩国 MBC 电视台的《爸爸！我们去哪儿?》，《奔跑吧兄弟》由浙江卫视和韩国 SBS 电视台联合制作。而《中国好声音》的节目版权，原本属于荷兰节目《The Voice》，该节目 2010 年在荷兰首播，就吸引了该国 18% 的人口观看。截至 2012 年年底，全球已经有超过 45 个国家购买了该节目的版权，在本土复制其节目模式。与此同时，在我们平日接触最多的广告、电视剧、电影等媒介形式中，也越来越多地体现"国际化"元素，从而导致媒介生产和消费变得越来越全球化。

四　研究方法

本书以电视与网络互动融合的表现形式和效果分析作为研究支点，将文化理论和传媒理论进行对接，从而在综合了比较分析法、个案研究法、深度访谈法和问卷调查法的基础上，形成定性与定量相结合、多方法多角度的研究框架。

首先是比较分析法。在本书中，由于融合研究的理论和经验均发端于西方，而我国学者最初对于媒体融合的研究也是依托于国外的相关理论，因此不论是概念梳理、文献综述，还是对成功案例的深入分析等，均要观照西方学界业界在媒体融合领域的研究成果和实践经验，因而在论据采纳过程中，需要用到比较研究法，对中西方案例进行比较分析，从中找出相关联的信息，并得出研究结论。

其次是个案研究法，在"跨界传播：中国电视与网络互动的形式及效果"、"中国电视与网络融合的特征及模式"、"后融合时代的媒体应用"和"他山之石：融合经典案例透视"等章中有较多体现。如第七章第二节选取两个新闻事件——伦敦奥运会和飓风桑迪事件考察社交媒体在重大新闻事件和突发新闻事件中的应用情况，第八章以英国广播公司、赫芬顿邮报和reddit为例探讨融合的原因、路径、特色及成功之处，以期通过这些案例抛砖引玉，为业界提供借鉴。

在本书的写作过程中，笔者进行了两次问卷调查。一次是在第五章网络视频一节，笔者通过"态度8调查网"向365位网络用户发放了"网络自制剧的传播效果认知"调查问卷，并通过此次问卷调查，观测网友对于网络自制剧的态度与看法。第二次是在第七章后融合时代的媒体应用中，为了进一步研究受过高等教育的学生和大学教职工的社会化媒体使用情况，笔者在美国访学期间对来自哈佛大学和麻省理工学院的152位学生和教职员工发放了网络问卷，涉及的问题主要分为两大类，一是对网络的使用习惯进行测试，二是对社会化媒体的使用习惯进行测试。

除此之外，本书还用到了虚拟民族志[①]和内容分析法。在选题构思、文献分析和写作、修改、定稿的全过程中，笔者通过网络获得了许多第一手的实证资料，通过社交网站寻找受访对象、与网络用户互动，并体验和使用了中美两国的各种社会化媒体。同时，笔者还收集了大量相关文本并

---

① "虚拟民族志"（virtual ethnography）是利用互联网来收集资料，与调查对象建立密切关系，参与到网络所构建的虚拟社区中去。

对其内容加以分析。这些内容既包括博客文章、论坛帖子、来自第三方的数据、报告，又包括网络媒体的新闻报道及其他相关研究。

第四节 特色与创新点

区别于以往的媒体融合研究，本书的最大特色在于将互动和融合进行分类探讨，用一种全新的视角对中国电视和网络互动融合的驱动因素、价值、行为层次和内在运行规律做出深度阐释，并对电视和网络的文化融合以及社会化媒体和公民新闻在当今媒介格局中的发展状况进行了思考、剖析和展望。总体而言，本书的创新之处主要表现在角度新、理念新和理论新三个方面：

（1）媒体融合研究是学界和业界的热门话题，近年来呼声和关注度极高，已算不上是一道"新菜"。因此，在本书构思和写作的过程中，笔者力求推陈出新，以不一样的角度去研究这一媒体现象。一是重视电视与网络互动融合的表现形式与效果，如议程互动、跨界传播、网络视频（网络自制剧、网络自制节目、微电影）、网络电视台等；二是关注融合新闻人才的培养和文化层面的融合，从媒体从业者、受众和媒体实践三个角度探讨人才融合和文化融合；三是对后融合时代的媒体应用做出展望，通过对 Twitter、Facebook 和新浪微博等国内外社交媒体网站进行案例分析，探讨在后融合时代，电视和网络如何借助社交媒体平台赢得机遇。

本书重点在于分析中国电视与网络的互动与融合，但由于媒体融合这一理念发端于西方，在实践上也以英美等国更胜一筹，因而在聚焦国内互动融合案例的同时，也将视野延伸至国外媒体，以全球媒体发展状况为背景，来探讨电视与网络的互动融合。一方面是笔者赴美访学期间，通过学习相关课程并对美国媒体从业者和网络用户进行调研之后，对媒体互动与融合的更深层次思考；另一方面也希望能通过此书把国外先进经验引入中国，为我国的媒体从业者提供借鉴。

电视媒体和网络媒体具有不同的文化特征，文化不同便无法实现真正融合。可以说，在电视与网络的融合过程中，文化是起关键作用的一部分。然而，在目前已有的文献中，鲜有涉及文化融合的研究成果。因此，本书第六章从文化研究的视角来思考媒体融合。通过论述媒介文化的内涵与特性、多元文化在网络时代的共生与互动、粉丝文化在新媒介环境下的体现，指出视网融合对媒介文化有着深远影响。

（2）通过对国内外文献进行梳理，笔者发现，当前业界学界对于媒体互动关系探讨及文化融合的微观研究方面相对缺乏，多数研究成果都是将不同媒体的互动融合统称为媒介融合。笔者认为，这种归类方法并不准确，原因如下：媒体互动和媒体融合是两个相对独立而又相互联系的概念。二者的独立性，体现在互动及融合的过程与方式上。形象地说，电视和网络的互动可以看作是一种物理变化，而二者的融合可以看作是化学变化，根本区别在于有无"新物质"（媒体产品、形态、服务、产业）生成。二者的关联性，体现在互动融合的驱动因素和价值上，因为不论是电视与网络的互动，还是电视与网络的融合，根本目的是要实现资源效益最大化，造就双赢局面，以此来适应当今媒介发展的要求。所以，不能含糊地将电视与网络的合作与互补统称为融合，而是要分情况进行探讨。

本书根据互动融合程度的不同，将电视与网络之间的互动融合关系分为合作式互动、系统性整合和大融合三个层次，认为二者互动融合的初级形态是合作式互动，各媒体之间依然保持着原有的传播方式和媒介属性，只是在议题、内容和营销方式上实现了一定程度的交叉与互动；其次是系统性整合，将不同载体的媒介形态集合在同一组织内部；高级形态是大融合，一方面通过融合创新，形成新的媒介形态；另一方面，在"三网融合"的大背景下，借力于其他产业的积极参与，传媒业的边界也会得到进一步拓展。

（3）第六章的落点在于粉丝文化，作为流行文化的一种亚文化形式，粉丝文化与当代文化的整体状况息息相关，可以说是一种从精神层面逐步发展到行为层面的文化实践。网络技术的发展和媒介环境的改变为粉丝文化的勃兴提供了保障，激发了粉丝文化的潜在力量，同时，受众参与程度的提升也反哺了融合文化在当今文化多元环境中的重要性。通过新媒体技术，粉丝群之间实现了真正意义上的"粉丝对话"。粉丝与偶像的互动与交流在当今时代微博、博客迅猛发展的潮流中也得以最大程度的体现。与此同时，粉丝文化和文化产业之间也呈现出相互影响、相互促进的关系。

第五节　结构与框架

本书运用传播学理论来探讨中国电视与网络互动融合的发展状况，以全球视网融合的案例和经验作为参照，采用比较分析和个案研究相结合的方法、辅以深度访谈法、问卷调查法，对电视和网络各自的发展状况、传播特点、互动与融合的驱动因素、条件、层次、过程等进行深入阐述，结合当前的新型媒介融合产品，如"视频网站、网络自制剧、微电影、网络电视台、社会化媒体、数据新闻"等进行总结和梳理，来分析不同语境下媒体互动与融合的多种表达。

作为传媒产业发展的阶段性热点，电视与网络互动融合的进程具有变化快、不确定性强的特点，因此对媒体互动融合的研究不能仅限于静态思维，而是要采用动静结合的论证方式。鉴于此，本书论证的逻辑结构主要分为以下三个部分：

第一部分是对电视与网络互动融合的静态阐释，主要包括互动与融合的相关概念、电视与网络的媒体特征比较等内容，这部分构成了全文的理论基础。

第二部分以"动因—关系—表现形式—效果分析—文化观测"为研究思路贯穿全文，从电视与网络互动融合的驱动因素、视网互动与视网融合的关系探讨、互动的表现形式与效果分析、融合的特征及模式、文化融合与群体行为等方面进行动态论述。

第三部分聚焦社会化媒体和融合经典案例，以笔者在美国访学期间的所学所思为主体，结合美国电视与网络互动融合的既有成果和一系列新科技下的新理念，对后融合时代的媒体发展做出前瞻性描述。

按照这种逻辑结构，本书共设八个章节。

导论阐释选题背景和意义，同时对国内外已有成果和文献进行梳理归纳，确立逻辑结构和研究方法，并总结出本书的特色与创新之处。

第一章"理解媒体互动与融合"，在梳理辨析国内外关于互动、融合概念的前提下，结合论题对"媒体互动"、"媒体融合"进行重新界定，明确互动融合研究的主体对象，并进一步阐述电视与网络互动融合的必然性。

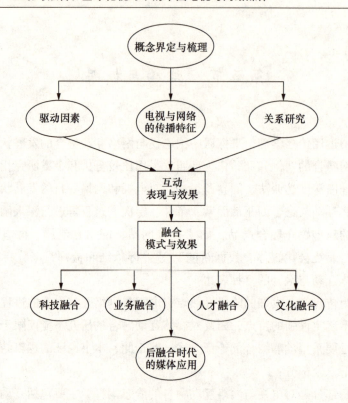

图2 本书的逻辑结构图

第二章"互动融合的驱动因素"，首先对为什么要互动融合进行了分析，随后对电视与网络互动融合的五个驱动力分别做出深入剖析，技术创新带来了受众需求的变化，受众注意力的转移导致广告商集体迁移，市场变化促使全球传媒格局和传媒生态系统发生变化，从而形成了国际各类媒体互动融合的大趋势，在政策法规等外部环境的扶持之下，共同推动中国电视与网络互动融合向前发展。

第三章"视网互动与视网融合的关系探讨"论述了视网互动与视网融合是共同存在、共同推进的，随后通过电视与网络互动融合的行为层次从四个方面来阐述二者的递进关系。

第四章"跨界传播：中国电视与网络互动的形式及效果"，认为电视与网络的互动形式有议程互动、渠道互动、内容互动和传受双方互动四种。其中，渠道互动和内容互动更为集中地体现了电视和网络的跨界传播，而传受互动则为当今的传媒生态系统培育了更多"双向度的人"。此外，网络上公民记者队伍的发展和壮大，对于传统媒体记者尤其是电视记者来说起到了很好的补偿作用。

第五章"中国电视与网络融合的特征及模式"，认为在电视与网络的融合过程中，从产业边界的突破到新媒介业态的生成，涉及多种内外层面的融合：科技融合是其他融合发生的先决条件和基础；业务融合主要表现为媒体形态和样式的改变；产业融合是指发生在不同产业之间的经济结构融合；管理融合是对媒介和人员的组织结构进行融合。与此同时，四种融合带来的效果也是十分明显的，它们改变了受众使用媒介的方式，创新了现有的商业模式，拓宽了传媒教育的范围，更对媒体从业人员的新闻实践技能提出了更高要求。

第六章"中国电视与网络的文化融合与群体行为"，首先从多元文化在网络时代的共生与互动这个角度展开，从理论分析入手，探讨网络文化的特征及其与传统文化的关系，其次从媒体和受众的角度阐释二者与融合文化和新媒介环境的关系，认为文化融合既是一个自上而下的商业驱动过程，又是一个自下而上的消费驱动过程，是商业融合与草根融合的共存体。

第七章"后融合时代的媒体应用"，一方面聚焦社会化媒体和数据新闻，对后融合时代的电视和网络发展做出展望，另一方面也借此机会将笔者在美国访学期间观察到的媒体事件、采访到的媒体从业者，以及对受众做的媒介使用情况调查在此做出简要陈述，通过两个新闻事件——伦敦奥运会和飓风桑迪事件，来考察社交媒体在重大新闻事件和突发新闻事件中的应用情况。

第八章"他山之石：融合经典案例透视"通过对英国广播公司（BBC）、赫芬顿邮报（The Huffington Post）、reddit 等融合案例做出分析，探讨它们为什么融合、如何融合、发展特色及成功之处，以期通过这些案例抛砖引玉，为业界提供借鉴。

第一章　理解媒体互动与融合

　　十多年前，我们还在一些学术研讨会上花时间去思考如何界定媒体融合。对于学者来说，弄清楚"什么"是最重要的，而在传媒业界人士看来，"如何做"和"会花多少钱"才是最关键的。在回答"谁在融合"这个问题时，来自业界的答案是——竞争，与此同时，它还深深影响到了"为什么要融合"，因为其他人都在这么做。

——查尔斯·比尔鲍尔（Charles Bierbauer）

　　"文化上的每一次进步，都是迈向自由的一步。"① 在网络时代，受众对于媒介的自由选择和对信息的自主掌控便印证了这一点。时空的延展成为行为自由的必要条件，挣脱限制的渴求使得广电网、电信网和互联网中任何一个技术体系都具备了文化涵化②、互动与融合的能力。网络的发展延伸了个体在生理机能上所能接触的范围和区域，而电视和网络的互动与融合更是让我们间接看到和听到了个体无法延伸到的物理时空，人们只需拥有一个终端、一根网线，就可以实现看电视电影、上网、读报、听音乐等各种丰富便捷的信息服务和文化消费。可以说，媒介技术的每一次革新，都在引领着大众向自由的方向迈进。

　　本章在梳理辨析国内外关于互动、融合概念的前提下，结合论题对"媒体互动"、"媒体融合"进行重新界定，明确互动融合研究的主体对象，同时通过对电视、网络的优劣势进行对比，阐述网络时代媒体互动与融合发生的必然性。

---

　　①　摘自《马克思恩格斯选集》第3卷。
　　②　文化涵化，文化变迁的一种主要形式，是指异质的文化接触引起原有文化模式的变化。当处于支配从属地位关系的不同群体，由于长期直接接触而使各自文化发生规模变迁，便是涵化。

第一节　互动与融合的相关概念

如何理解互动与融合的含义？如今学界业界热议的媒介与媒体又如何区分？本书从汉语词义的角度，首先对"媒介"、"媒体"、"互动"和"融合"这四个词的含义及相互间的不同点做出简要辨析。

人类思想的传递需要一定的物质载体，这种载体就是符号。而符号，就是信息、知识的载体，即媒介。西方的 medium 一词大约出现在 19 世纪末 20 世纪初，意指事物之间发生关系的介质和工具。"介"在汉字表达上看来，有"使双方发生联系的人或事物"的意思，强调传播过程中的物质和载体。语言的产生是真正意义上的人类传播的开端，从语言产生到现在的信息社会，传播本身也经历了一个漫长的发展过程，相应的，媒介也有一定的历史发展脉络。

加拿大传播学者哈罗德·英尼斯①把媒介的发展分成三个阶段：口语、印刷和电子时期（Innis，1950）。在此基础上，詹姆斯·罗尔（James Lull）和特希·兰塔能（Terhi Rantanen）进一步发展了英尼斯的时期划分，罗尔在三个时期之后又加入了一个数字传播时期（2012：45 - 46），而兰塔能则将传播的过程细化成了六个阶段：口语传播、文字传播、印刷传播、有线电子传播、无线电子传播、数字传播（如表 1 - 1 所示）。

表 1 - 1　　　　　　　　　　媒介和传播的六个阶段

	口语传播	文字传播	印刷传播	有线电子传播	无线电子传播	数字传播
起始时间		公元前3100 年	15 世纪40 年代（欧洲）	19 世纪30 年代	20 世纪20 年代	20 世纪90 年代
媒介		书信手稿	历法书籍报纸	电报	广播电视	电脑网络手机

---

① Horold Innis，中文有英尼斯、殷尼斯、伊尼斯等多个译名，本书使用目前最普遍的译名"英尼斯"。

续表

	口语传播	文字传播	印刷传播	有线电子传播	无线电子传播	数字传播
传播方式	交互的	以交互为主	单向	以单向为主	以单向为主	双向
时间	实时	延时	延时	即时	即时	网络时间
空间	地方空间	扩展的地方空间	地方空间，扩展的国家空间	地方和国家空间，增长的国际空间	地方、国家和全球	空间不再是重要因素
范围	小众	有限的受众	大众	超大众	超大众	所有受众

资料来源：兰塔能，2013：38。

正如麦克卢汉曾经提到的著名观点"媒介即讯息"（2011：18－34），真正有价值的讯息不是各个时代的传播内容，而是这个时代所使用的传播工具的性质及其开创的可能性。因此，媒介是社会发展的基本动力，每一种新媒介的产生都开创了人类社会生活的新方式。比如口语传播无法超越时空，必须面对面传播，而且难以将确切的信息保留下来。文字产生后，口头传播的时空局限性得以克服，信息能够永久保存下来，人类交流的空间也相应地得以拓展。再等到印刷传播和纸质媒介出现后，文化、教育、知识的普及具有了可能性，使平民和草根也能够了解政治。而电子传播时代则带来了速度和空间上的突破，它实现了声音和信息的大量复制，也开创了各种媒体融合的新时代。

表1－2   "媒介"、"媒体"、"互动"、"融合"的含义辨析

词语	含义	不同点
媒介	使双方（人或事物）发生关系的人或事物	媒介 vs. 媒体 凡是使两个事物发生关系的中介物都可以称之为媒介，诸如互联网是数字时代增进彼此沟通的媒介；记者采访是获取新闻信息的媒介。换句话说，媒介就是信息源和信息接受者之间的中介。
媒体	指交流、传播信息的工具	媒体专指用来交流、传播的工具，如报纸、广播、电视、网络，也可以把媒体看作是实现信息从信息源传递到信息接受者的一切技术手段。媒体有两层含义，一是承载信息的物体，二是指储存、呈现、处理、传递信息的实体。 ＊本书的研究对象是大众传播工具，因此如无特殊说明，后文一律使用"媒体融合"的称法。

续表

词语	含义	不同点
互动	两个或两个以上事物间相互作用	互动 vs. 融合 互动是多个事物间的相互作用，可以是同类事物的合作，也可以是不同事物的集中，没有改变事物的性质，也没有产生新的事物，是一种物理变化。
融合	几种不同的事物合成一体	融合则不同，在《古汉语常用字字典》中，"融"字解释为"融化、消融"，融合指有多个不同事物合成为一体，改变了事物原有的性质，产生了新事物，是一种化学反应。

注：表格中的四词含义均出自《现代汉语词典》第六版。

一　互动的概念及缘起

"互动"英文译为 interaction，是随着网络媒体的发展而兴起的一个热词。在《朗文当代英语辞典》（第四版）中，对"互动"有如下解释：（1）两个或两个以上事物间相互作用（A process by which two or more things affect each other）；（2）与他人交谈、工作等活动（The activity of talking to other people，working together with them etc）.

综合上述两种含义，我们对"互动"一词在现代语言环境中延伸出来的意义进行探究，可以得出这样的结论：从抽象层面看，"互动"就是发生在两者之间的行为或行为的可能；具体来说，互动的主体包括人或物，如政府、媒体、社会上其他组织、传播内容、群体、个人等，互动主体的数目必须在两个或两个以上，互动主体必须是双方之间的"相互作用"，传者一方信息的单向流动不能形成互动，只有受者接收到信息后对该信息形成反馈，并将反馈信息反传给传者才是真正的互动。

长久以来，技术水平与人类需求的互动都是工具创生并演化的重要动力，不管从哪个角度来对"人类"下定义，都少不了一个最基本的特征——交流。我们看到，在历史的长河中，不知有多少次，人类想方设法将各种飞行器送入太空搜寻"外星文明"，多少次试图从浩渺的苍穹通过各种极其微弱的信号去寻找自己的影子。眼睛满足了人们"看"的需求，耳朵实现了"听"的愿望，各种感官实现着心灵意识的演化，当互联网把全世界海量的用户以虚拟方式连接起来，当不同机器、不同数据库中的信息顺畅地流动起来时，人们渴望交流的需求也得到了完全的满足。

按照美国学者米德（Mead）① 的符号互动论，通过共同认知或共享的符号之间的传播互动，可以将群体或他人的态度纳入自我经验，实现自我形成和建构（罗杰斯，2012：168 - 174）。从米德的角度看，互动更多地指向它的社会学意义。与其不同，英尼斯（Innis）则从"传播媒介的偏向性"出发，指出了媒介工具之间的互动和平衡对于社会稳定的重要性，"媒介各有局限性，人们不可一味听任社会信息系统过度偏向某种媒介而不平衡、畸形的发展"（张咏华，2002）。在这里，互动交流成为传播媒介之间互相促进、互相影响的必须。

在传播学研究中，关于"互动"一词的界定有多种表达。德弗勒（Defleur，1989）提出：互动是指带有某些人际交流特征的传播过程。拉弗利（Rafaeli，1988）强调，互动反映的是一系列信息的关联程度，尤其是前后两种相邻信息的关联程度。菲德勒（2000）认为，互动是在计算机中介系统内由用户控制的信息交换活动。

随着媒体技术的发展，人们的交往范围和交往手段都发生了深刻变革，人与人之间、事物之间、系统之间的相互影响，无论在广度和深度上都逐渐提高，因此互动关系的研究也引起了社会各界的关注，其概念已经渗透到越来越多的领域。

二　媒体融合的概念梳理

国内外学者对于"融合"（convergence）的关注始于 20 世纪 70 年代，其动词形式为 converge，《朗文高阶英语词典》对其解释为"不同种类的事物合为一体"（to come from different directions and meet at the same point to become one thing）。

"融合"一词，不论是应用于媒体范畴，还是其他领域，较早研究和成果都集中在西方国家。作为第一位口头提出"不同媒体之间应当融合"说法的学者，尼葛洛庞帝始终强调媒体融合的重要性。他指出，以计算机

---

① 乔治·赫伯特·米德（George Herbert Mead, 1863—1931），芝加哥大学哲学家，其符号互动论强调人际传播在人格发展中的作用。

技术和互联网技术的整合为基础，媒体融合是用网络终端来传递数字信息，与此同时，不同媒体之间的互换性和关联性也由此产生。

自此，诸多专家和学者分别从各自不同的学科视角出发，对媒体融合的概念加以界定，并对其内涵和外延做出补充和拓展。甘特里（Gentry，2004）将媒体融合界定为一种能力，"一种可以通过报纸、电视、广播、网络、数字处理以及其他一切可能出现的信息平台进行讯息传递、广告售卖的能力"。温德兰（Wendland，2001）认为，媒体融合是数码成像的一次新突破，因为它将网络与报社、广播电视等传统媒体有机结合起来，以满足公众对新闻品质、时效性和样式的更高要求。在菲德勒（2000：258）看来，融合是路径的交叉与合并，它使得每一种复合技术或实体发生转型，并生成了新的技术和新实体。

关于融合的定义，被学界和业界引用得最为频繁的是戴雷（2005）和高登（2003）的研究。戴雷从线性分析的角度提出了"融合链"（convergence continuum）的概念，他认为媒体产业之间的融合起源于交叉推广，随后是克隆、合作竞争、内容分享，最后才是真正的融合（每一部分的具体分析在导论中有所阐述）。

从另一个维度，高登认为纵向来看"融合"可以分为五种模式，分别是所有权融合（Ownership）、策略性融合（Tactics）、结构融合（Structure）、信息融合（Information gathering）、表达融合（Presentation）。

相比之下，虽然戴雷的"融合链"具有较强的说明性，能为媒体组织发展融合指明方向，但高登的纵向脉络更为清晰和明确，为媒体融合提供了宽广的视角，尤其适合研究当下不同形态和类别的融合行为。

2006年4月，美国密苏里新闻学院教授瑞恩·布鲁克斯（Ryan Brooks，2006）在人大讲座中阐述了个人对于媒体融合的观点①，他把媒体融合看作是一个新闻学中的假设，其核心思想是：随着媒体技术的发展和一些藩篱的打破，电视、网络、移动技术的不断进步，各类新闻媒体将融合在一起。这是国外学者第一次在我国对媒体融合进行学术阐释。

此外，还有一些学者诸如波特·斯图尔特（Potter Stewart）和吉姆·卡罗尔（Jim Carroll）等，他们虽没有对什么是融合做出直接解释，但却

---

① 《聚焦媒介融合与公共新闻——密苏里新闻学院副院长瑞恩·布鲁克斯教授系列讲座》，《国际新闻界》2006年第5期。

用生动形象的语言指出了融合的特征。

> 我无法对融合做出界定，因为它是一个变量，但当融合发生时，我能够明确地感受到这种变化。（Stewart，引自 Grant，2009：3）
>
> 没有人知道它是什么，但所有人都觉得这个发展方向是正确的；当一些人还在思考时，另一些人已经做出了实践；一旦他们已经开始尝试，就会立刻意识到，想把这件事做好需要付出很长的时间和很多的精力；他们也同样会意识到，前方并没有一条光明大道或是一本路线指南，一切都需要自己摸索。（Carroll，引自 Poynterextra，2002）

在对媒体融合这一热点问题的认知和把握上，国外学者的研究理论充分体现了他们在学术探究上的创新性和敏感性，尽管媒体融合的表征一直处于不断变化之中，但他们仍旧较为客观地把握住了媒体融合在不同类型媒体和不同时期阶段的发展特点，并对媒体融合予以了较为全面的关照。

国内学界对于媒体融合的探讨起步较晚，最初的研究基本是依托国外相关理论。其中，对媒体融合做出重要贡献的是中国人民大学新闻学院的蔡雯教授，在其论著中，着重介绍了美国新闻学会媒介研究中心主任安德鲁·那其逊（Andrew Nachison）[①] 的学术观点，并对媒体融合背景下新闻业务层面的变化进行了深入研究。与此同时，国内学者也开始对媒体融合的理论内涵和外在表象给予高度关注，并从各自的研究视野对媒体融合做出界定。

高钢（2007）从信息能量传播的角度对媒体融合做出了界定。他认为，媒体融合是发生在不同媒体形态之间的信息传递，其特征表现为四个方面：其一，多种不同类型媒体在同一平台上发生的信息能量互补；其二，在各类媒体之间进行的信息能量交换；其三，在信息传播者与接受者之间进行的信息能量交互；其四，外部环境及相关产业对传媒业的能量支持。

在"传媒要适应中国社会大环境的变化"一文中，喻国明（2007）将媒体融合理解为对社会注意力资源和广告资源的一种整合，是媒介为完成某一共同目标而实现的功能交叠。这是将受众与广告商联系在一起，对媒体融合做出了界定。

[①]　安德鲁·那其逊将媒体融合定义为：印刷的、音频的、视频的、互动性数字媒体组织之间的战略的、操作的、文化的联盟。（Nachison，2001）

国内外学者对于媒体融合的研究呈现出多样化的视角，有从技术融合角度探讨的，有从媒介所有权角度探讨的，有从新闻采编技能角度探讨的，可以说是铺展到了与媒体相关的所有方面。这些论著，无论是浅层次的现象描述、深层次的原因剖析，还是更为抽象的学理阐释，都从不同角度对媒体融合做出了独立判断，也在一定程度上拓展和深化了这一传媒研究领域。不过也正因如此，各个学者从不同的角度和语境去观照媒体融合，才造成对这一热点问题认识的差异性。

三 电视与网络互动融合的概念界定及相关思考

如今，互动和融合都已成为业界和学界的流行词，使用频率之高、范围之广通过梳理上述文献已经能够强烈地感受到。国内外学者能够从各个角度、各个领域，不论是形态、技术、资本、文化，还是产业，赋予"互动"、"融合"丰富多样的含义。即便如此，本书更愿意在前辈们研究的基础之上，提炼挖掘出自己的新观点，化繁为简，对媒体互动和媒体融合的定义做出如下分析：

媒体互动是指多种媒体相互合作、相互影响的动态信息传播过程。其特点是各媒体之间依然保持着原有的传播方式和媒介属性，只是在议题、内容、渠道、营销方式上实现互补与合作。

媒体融合是传媒产业的一个渐进发展过程。传媒产业内部各行业之间以及产业外部与其他产业之间，经过技术、业务、市场、文化等层面的融合后，改变了原有的产业边界和市场结构，产生了全新的媒体产品和市场需求，从而推动整个传媒产业向更为高级的产业形态演进。

在本书中，电视和网络的互动可以看作是一种物理变化，而二者的融合可以看作是化学变化，根本区别在于有无"新物质"（媒体产品、形态、服务、产业）生成。具体来说，在电视和网络的互动中，电视借助网络的渠道和平台，网络汲取电视的内容和资源，两者相互借力达到扩展传播覆盖地域、扩大受众群体、增强内容反馈的目的。而在电视和网络的融合中，随着技术融合、业务融合、市场融合和文化融合的逐步推进，我国电视产业和互联网产业的边界也日渐消融，一系列新的媒体产品脱颖而出，并得到广大受众的认可和支持。

在结构上，本书通过对电视和网络各自的发展状况、互动融合的驱动因素、表现方式、效果等进行深入阐述，结合当前的新型媒体融合产品进行总结和梳理，来分析不同语境下媒体互动与融合的多种表达。

之所以选择"互动与融合：全球化视野下的中国电视与网络媒体"为题，还有如下思考，在此做出补充交代。

• 为什么在全球化视野下探讨媒体互动与融合？

媒体融合的理论研究和实践经验均发端于西方，而我国学者最初对媒体融合的研究也基本是依托于国外的相关理论，因此不论是概念梳理、文献综述，还是对成功案例进行深入分析，均要观照西方学界和业界对于媒体融合的研究成果和实践经验。

网络技术的快速发展和广泛应用使得现实文化和虚拟文化走向兼容，而媒介产品的跨文化传播也使得文化信息全球一体化与个性化相互统一，这些变化都对我国电视与网络的互动与融合产生了深远影响。因此，在全球化视野下探讨电视与网络的互动与融合更具有现实意义和学术价值。

• 为什么要将互动与融合分开探讨？

通过对国内外文献进行梳理，笔者发现，当前业界学界对于媒体融合的研究在整体上呈现出观点活跃、成果不断涌现的特征，但是在媒体互动关系探讨及文化融合的微观研究方面则相对缺乏。

媒体互动和媒体融合是两个相对独立而又相互联系的概念。二者的独立性，体现在互动及融合的过程与方式上。形象地说，电视和网络的互动可以看作是一种物理变化，而二者的融合可以看作是化学变化，根本区别在于有无"新物质"（媒体产品、形态、服务、产业）生成。而二者的关联性，体现在互动融合的驱动因素和价值上，因为不论是电视与网络的互动还是融合，其根本目的还是实现资源效益最大化，造就"双赢"局面，以此来适应当今媒体发展的要求。所以，不能含糊地将电视与网络的合作与互补统称为融合，而是要分情况进行探讨。

• 为什么用"媒体融合"而不用"媒介融合"，以及对当前"媒体融合"乱象的质疑与评析。

正如第一章开头所指出的，媒体和媒介是两个定义不同、范围也不同的词语。虽然国内外关于"媒介融合"的文献著作不断涌现，与"媒介融合"相关的理论学说层出不穷，但在综合分析了各类学术论文、业界报告之后，本书认为用"媒体融合"更为恰当，因为当前所谓的"媒体融合"探讨的报刊、广电、网络甚至手机、社交媒体等，主体仍旧是大众传播工具，与媒体的定义"交流、传播信息的工具"相吻合。

不同属性的媒体具有不同的传播特征和优劣势。如报刊携带方便、阅读性强、善于新闻评论和深度报道，但其劣势是时效性差。电视视听感强、声画兼备，但是线性传播，不易保存。网络互动性强、信息海量、无时空限制，但是可信度不高，需要有选择地接收。鉴于各类媒体在传播过程中分别具有不同的特点，所以在媒体竞争中既要保持自己的长处，又要取他家之长为己所用，这样就需要媒体之间发生互动与融合。无论是物理反应还是化学变化，只要运用得当，通过不同媒体间的合作与互融，都能够达到扩大传播范围、提升媒体影响力的目的。

但是，在传媒学界和业界对"融合"众说纷纭之中，也出现了关于"媒体融合"乱象的一些表现，需要对这些概念模糊（或偷换概念）的说法加以甄别，以便后文更好地对媒体互动与融合进行深入剖析；而通过这些分析，又能反过来解释为何本书要将媒体互动与媒体融合分开探讨。

①"台网互动"并非"媒体融合"

在有些文章中，认为"台网互动"就是"媒体融合"，持这种观点的人大多没有辨明媒体互动和媒体融合的真正含义。以电视台开办对应网站为例，许多人认为这种台网互动是将原先独立经营一种媒体扩展到了经营多种属性的媒体，是一种融合，但这种合作其实只是为电视传播增加了一条渠道而已，是内容层面上的互动，没有生成新的媒介产品，不能算是融合。

②"网络"并非"融合媒介"

认为网络是融合媒介的人大多是混淆了概念。网络是一种传播渠道和接收终端，它能够传播文字、声音、图像、视频等多种视听元素，具有互动性、即时性和匿名性特征，这是由其自身的媒介属性所决定的，就像电视、广播、报刊一样，网络只是一种传播媒介，而融合媒介则是指两种或多种媒介形式的交融合并。

③"多媒体经营"并非"媒体融合"

　　多媒体经营只是一种市场手段，是传媒集团为了自身需要而实施的一种经营策略。不论该传媒集团旗下拥有多少种类的媒介形式，只要各类媒体界限分明就无法实现融合。而真正的融合则像坦帕新闻中心一般，电视台、报纸和网站共享一个办公区域，实行大新闻中心的概念，所有记者、编辑同时为三个平台服务，人员、资源、平台全部打通，才为媒体融合。

　　④"跨媒体传播"并非"媒体融合"

　　跨媒体传播是媒体互动的一个层次，是在激烈竞争的传媒环境中，媒体通过相互合作而采取的一种传播手段，这样能够降低报道成本，实现资源共享，但是绝非融合。只有当跨媒体传播（多媒体传播）生成了新的传播形态，比如网络自制剧、微电影、网络电视台等专门根据网络平台特点而打造的新形态，才能称之为融合。

第二节　电视媒体和网络媒体的特征分析

　　一种新技术与新思想的联合改变了媒体的性质。1833 年，一个名叫本杰明·戴（Benjamin Day）的年轻印刷业者开始印制一张名为《太阳报》的报纸，在街头只卖 1 分钱（1 penny）。在当时，普通的报纸要卖到 6 至 7 分钱，《太阳报》以其低廉的价格迅速赢得了读者的青睐。可以说，至少每一代人都曾经被一种"新兴"的大众媒介形式深深影响过。

　　从 20 世纪初的照相术和无声电影、20 世纪 20—40 年代出现的调幅无线广播和有声电影，到 20 世纪五六十年代的电视和调频无线广播，再到 20 世纪七八十年代的卫星电视和有线电视，以及 20 世纪 90 年代兴起的互联网和如今的手机媒体……我们注意到，媒介形式在不断变化、不断丰富，人们摄取信息的能力也进一步增强，但是新兴的媒体并不能完全取代传统媒体，正如电视不能取代报纸、广播，对于新兴的网络和手机媒体亦是如此。虽然在新闻报道的快捷度上，广播要强于报刊，电视强于广播，网络强于电视，但它们各自都具有独特的传播功能，拥有各自的生存和发展空间。

　　本节对电视媒体和网络媒体的发展概况及特征进行分析，并在此基础上深入探讨电视与网络互动融合的动因和价值。表1-3列出了电视与网络的传播特征和受众特征，两者相较可以看出，丰富的内容资源是电视媒体最大的优势，其信息采集网广泛，拥有固定的受众群体。从受众观赏体验这个角度来看，电视媒体更贴近日常生活，它的语言是口语化的，具有亲和力，但不足在于互动程度低，参与性差。

表1-3 电视媒体与网络媒体的特征比较

		传统电视媒体	网络媒体
传播特质	传播介质	无线、有线、卫星、数字传输 接收终端为电视机	电脑、手机、电视等， 渗透性高
	传播方式	点对面	点对点
	传播范围	受地域、监管等限制	传播无界限
	传播模式	单向、闭合	多向、开放
	画面质量	高	受网络速度影响
受众特质	收视环境	家庭环境	私人及公共场所
	观赏体验	贴近日常生活，不需要集中 注意力观赏，低仪式感	融入日常生活，彻底 丧失仪式感
	传受关系	互动程度低，受众参与度低	互动程度高，受众与 传播者融合，难以区分
	受众规模及构成	受众规模大，各年龄层均有， 现趋于中老龄化	规模增长迅速，年龄结构 年轻化

一 电视媒体的发展概况及特征

"电视"一词来自希腊语，由"tele"和"vision"两部分组成。"television"一词最早由法国科学家康斯坦丁·伯斯基在1900年参加国际会议时提出，并正式使用至今。"television"形象且直观地表达了电视的技术本质——电视是一种将声音、文字、图像等信息转变成某种信号（电子或数字），通过有线或无线的方式进行远距离传播、供大众收看的传媒（徐沁，2009：24）。同其他伟大的发明一样，电视的发明和电视事业的发展也凝聚了许多科学家和电视从业者的心血与智慧。

梳理电视的发展脉络，可以看出，在其不到百年的发展历程中，从构想到现实，从机械到电子，从黑白到彩色，从广播到有线到卫星电视，从模拟电视到数字电视……电视事业的发展不仅日新月异，而且方兴未艾。时至今日，它已经成为影响当代人类社会的最强有力的媒介之一。通过无所不至、无处不在的电波，整个地球上的人已经可以同时了解世界上发生的重大事件，世界通过电视而处于信息共享的时代。

2011 年 8 月，群邑和 CSM 合作开展了一项关于电视和互联网两屏受众情况的调研。结果显示：在中国的两屏家庭中，电视媒体的到达率为99.8%，网络媒体的到达率为 88.2%，两屏同时使用家庭为 40%。在两屏同时使用的家庭中，电视媒体日户均接触总时长为 437 分钟，网络媒体日户均接触总时长为 87.9 分钟（刘牧，2012：44）。由此可见，传统电视虽然面临诸多挑战，但在许多方面仍然具有较大优势。为了更直观地呈现电视媒体的内外部特点，本书使用了 SWOT① 分析法，对电视传播的优势、劣势、机会和威胁进行分析，总结出电视传播的三大特点。

优势	内部	劣势
1.电视的传播媒介是图像和声音，兼有广播、报纸的双重优势。 2.信息传播速度快。 3.电视的报道手段多元，素材多样，表现手法丰富。 4.电视对突发新闻的报道可以充分发挥现场直播的优势。 5.电视节目编排相对灵活，可以随时调整报道的计划和节目内容。 6.电视语言通俗易懂，容易接近大众。		1.顺序单向传播、选择性差，图像稍纵即逝、声音过耳不留等。 2.电视报道往往对信息本身的报道多，对事件的深度报道投入不够。 3.常常使用现场直播的报道形式，对报道内容的衔接和关联度要求较高。 4.电视不能及时反馈，无法建立与受众的沟通，互动性弱。
1.电视技术进步提高了报道的水平，电视的时效性大大提高。 2.电视的观众覆盖面广，节目的到达率较高，对保证收视率具有良好的作用。 3.电视的影响力较大，利于品牌的持续建立，对于重大新闻的报道具有优势。		1.网络媒体不仅利用电视的内容，还具有比电视更多的信息量，对电视造成冲击。 2.电视对重大新闻事件的报道投入大，成本高。 3.现场直播对电视的报道人员的素质要求较高。
机会	外部	威胁

图 1-1 电视传播的 SWOT 分析

---

① SWOT（Strengths Weakness Opportunity Threats）分析法，又称态势分析法或优劣势分析法，用来确定研究对象自身的竞争优势（strength）、竞争劣势（weakness）、机会（opportunity）和威胁（threat），从中得出一系列相应的结论。

其一，电视的画面生动逼真，能够带给受众强烈的真实性和现场感。尤其是在新闻报道中，电视能将栩栩如生的形象、逼真的声音呈现出来，让受众有"听其声、见其状、观其形"的感受。此外，现场直播、当事人连线等形式能够充分调动受众的认同情绪，提升电视传播的真实感和可信度。

其二，电视的报道手段多元、素材多样，表现手法丰富。无论是何种题材、何种内容，电视媒体均可将视觉的影像、字幕，听觉的对话、音乐、音响等元素综合在一起，涉及的技术包含摄影摄像技术、声音采集技术和画面剪辑技术等，再加之如今的电子技术，使电视的艺术表现手法呈现出丰富多彩的特点。在编排方式上，电视节目的编排相对灵活，可以随时调整报道的计划和内容。

其三，电视的语言通俗易懂，而且是口语表达，容易亲近大众。此外，电视是以家庭为接收单位的媒介形式，这一固定场景有别于其他媒体，也使得电视的观看被赋予了一种轻松、随意的温馨感。

但是，电视媒体的劣势也是十分明显的。电视的传播方式是顺序单向的、选择性差，受众只能无条件接受电视传播的信息和内容，无法自由选择，而且图像和声音都是稍纵即逝的，无法保留。电视报道的可信性强，但是深度不够，往往只是关注信息本身的报道，深层次、有内涵的内容较少。电视受到明显的时空制约，有地域局限性，地面频道的节目不能和区域之外的受众"见面"，影响力自然无法提升。电视缺乏互动，也不能做到及时反馈，在满足受众需求方面略显滞后。

与此同时，全球范围内，电视媒体的受众年龄结构正逐步趋向老龄化。在我国，主要电视观众的年龄结构是45岁以上，而在美国和日本，该年龄结构已经超过了50岁。2010年，我国有4000万人表示平时一般不看电视，全国电视收视率一年要下降13%左右，北京地区每晚百户的电视开机率是38%，而2007年的调研结果则是75%。

二 网络媒体的发展概况及特征

1994年4月20日，是中国互联网发展史上一个"开天辟地"的大日子——这一天中国全功能接入互联网①（闵大洪，2014）。互联网具有的新闻及信息传播的特质，使之成为新兴的"网络媒体"。20 年来，它的地位得到不断提升，作用和影响力不断扩大，它对中国传播格局和媒体市场带来一波又一波的冲击和挑战，至今没有停息。

如今，网络媒体的迅猛发展已经渗透到了社会生活的各个领域，并且产生了极为广泛的影响。与此同时，网络的快速发展也给信息传播领域带来了根本性的突破和巨大的变革。由于网络本身携带的信息容量大、传播速度快、覆盖范围广、传受互动强等多项优势，使得其已日益成为文化传播活动和社会经济活动的重要载体，网络媒体也被公认为是继报刊、广播、电视之后的"第四媒体"。

> 按照传播媒介的不同，人们把以传统的纸制媒介、广播为代表的电波媒介以及基于图像传播的电视分别称为第一、第二和第三媒体。相应地，互联网作为其后产生和发展起来的新生媒介，被称为继报刊、广播和电视后出现的"第四媒体"。1998 年 5 月，时任联合国秘书长安南在联合国新闻委员会年会上的讲话中提到"在加强传统的文字和声像传播手段的同时，应利用最先进的第四媒体——互联网，以加强新闻传播工作"，正式提出了"第四媒体"的概念，从此，"第四媒体"广为使用。但从 2000 年起，"网络媒体"的称谓开始出现，因为网络媒体在概念上较"第四媒体"更为准确，所以逐渐得到了业界和学界的认可。

（一）中国网络媒体 20 年

梳理中国网络媒体 20 年的发展历程，从传播的角度可以划分为 4 个阶段，其中每 5 年都会有一些大的变化。

1994 年至 1998 年是初始阶段，也是中国网络媒体发展的摸索期。在这个时候，人们对它的了解是非常模糊的，没有人会把这个新兴事物与"媒体"二字联系在一起。即便是 1995 年 1 月 12 日上网的《神州学人》

---

① 国内最早译为"国际互联网络"，1997 年 7 月 18 日全国科学技术名词审定委员会确定译为"因特网"，港台及海外则译为"网际网路"，国内现普遍使用"互联网"。

（中国第一份网络刊物）和当年 10 月 20 日上网的《中国贸易报》（中国第一份网络报纸）都只是把自己看作是传统纸质媒体的电子版，而没有想过这在日后会成为一个独立的媒体类型。

1999 年至 2004 年是第二阶段，网易（1997）、搜狐（1998）、新浪（1998）等门户网站和人民网（1997）、新华网（1997）、千龙网（2000）等新闻网站的相继成立拉开了网络媒体的序幕，也奠定了"第四媒体"的地位，这时一个叫作"Web 1.0"① 的词进入国人视野，越来越多的人也通过接触互联网感受到了它快捷、自由、互动的传播魅力。

随后，Web 2.0② 和 Web 3.0③ 相继出现，同样也引领了中国网络媒体的第二个十年。2005 年至 2009 年，以博客、播客为代表的网络媒体成就了自媒体的局面。而自 2010 年以来，以微博、微信、移动客户端为代表的网络媒体新样式又将社会化媒体引入时代的潮头。可以说，互联网传播的每一次"升级"，均是在新技术的引领下出现新应用、新业态，进而推动传播格局和市场发生变化。

（二）网络媒体的特征

网络媒体④是集人际传播、组织传播、大众传播于一身的媒体类型，兼具互联网和媒体的双重特性。与传统电视媒体相比，网络媒体有着更为突出的优势：

其一，传播介质的高渗透性和私人化。网络媒体的传播介质并不局限

---

① Web 1.0 是以编辑为特征，网站提供给用户的内容是网站编辑进行编辑处理后提供的，用户阅读网站提供的内容。这个过程是网站到用户的单向行为，Web 1.0 时代的代表站点为新浪、搜狐、网易三大门户。

② Web 2.0 更注重用户的交互作用，用户既是网站内容的消费者（浏览者），也是网站内容的制造者。微博、社区、自媒体等加强了网站与用户之间的互动，网站内容基于用户提供，网站的诸多功能也由用户参与建设，实现了网站与用户双向的交流与参与。

③ Web 3.0 用来概括互联网发展过程中可能出现的各种不同的方向和特征，包括将互联网本身转化为一个泛型数据库；跨浏览器、超浏览器的内容投递和请求机制；人工智能技术的运用；语义网；地理映射网；运用 3D 技术搭建的网站甚至虚拟世界等。

④ 网络媒体是以计算机网络为基础，从事新闻与信息传播的机构，它是互联网与传播媒体相互渗透的产物，是一种将人际传播、组织传播和大众传播相结合而产生的新型传播媒体。由于网络媒体所包含的内容太过庞杂，除了不同规模、不同性质的各类网站外，还包括论坛、搜索、网络游戏、社交网站、购物、即时通信、微博、博客等多种形态，本书所研究的网络媒体主要是指具有一定资质的、利用互联网传输平台来传播信息的网站。

于单一媒体，通过广播或流媒体的传输方式，网络的内容和信息可以在电脑、手机等各种终端介质上进行同步或异步传播。此外，智能手机的高普及率，也在一定程度上保障了我国手机网民的数量。截至 2014 年 12 月，我国手机网民规模已达 5.57 亿，较 2013 年增加了 5672 万人。网民中使用手机上网的人群占比由 2013 年的 81.0% 提升至 85.8%（CNNIC，2015）。同时，由于平板电脑、手机等接收终端的高普及率、便携性等特点，传播介质也具有私人化的特征。

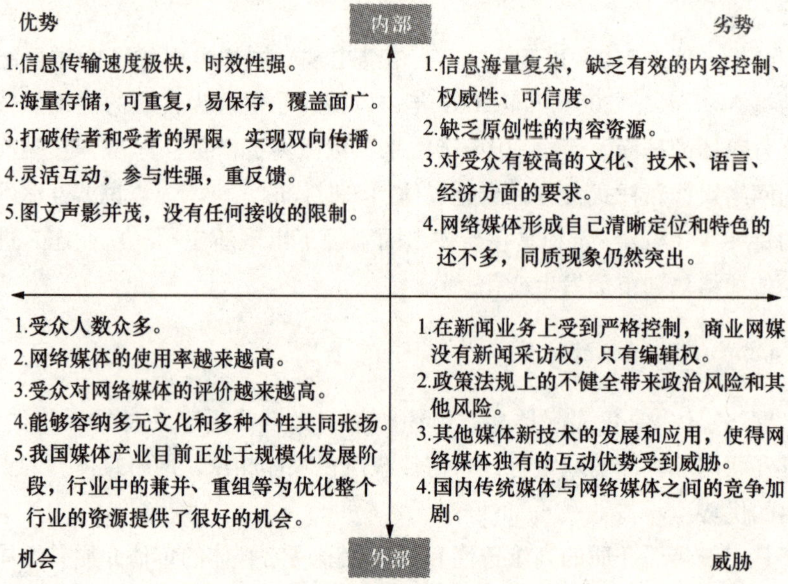

优势　　　　　　　　　　　　　内部　　　　　　　　　　　　　劣势

1. 信息传输速度极快，时效性强。
2. 海量存储，可重复，易保存，覆盖面广。
3. 打破传者和受者的界限，实现双向传播。
4. 灵活互动，参与性强，重反馈。
5. 图文声影并茂，没有任何接收的限制。

1. 信息海量复杂，缺乏有效的内容控制、权威性、可信度。
2. 缺乏原创性的内容资源。
3. 对受众有较高的文化、技术、语言、经济方面的要求。
4. 网络媒体形成自己清晰定位和特色的还不多，同质现象仍然突出。

1. 受众人数众多。
2. 网络媒体的使用率越来越高。
3. 受众对网络媒体的评价越来越高。
4. 能够容纳多元文化和多种个性共同张扬。
5. 我国媒体产业目前正处于规模化发展阶段，行业中的兼并、重组等为优化整个行业的资源提供了很好的机会。

1. 在新闻业务上受到严格控制，商业网媒没有新闻采访权，只有编辑权。
2. 政策法规上的不健全带来政治风险和其他风险。
3. 其他媒体新技术的发展和应用，使得网络媒体独有的互动优势受到威胁。
4. 国内传统媒体与网络媒体之间的竞争加剧。

机会　　　　　　　　　　　　　外部　　　　　　　　　　　　　威胁

图 1-2　网络传播的 SWOT 分析

其二，网络传播形态的系统性与碎片化共存。系统性体现为网络媒体提供的并不是单一的内容和信息，互联网的交互性和海量存储空间使得受众可以根据个人喜好和需求进行随意组合。在网络传播中，"碎片化"的目的是为了凸显传播者的主体性、信息需求的个性化，以及话语权的去中心化。网络模糊了传者和受者的界限，使得受传一体化，网络媒体自身的特性以及其对受众主体性的凸显开创了碎片化传播时代的到来。

其三，网络传播模式的开放性和对话性，这一特性主要是针对网络媒体的交互性和去中心化来说的。网络的开放和包容能够容纳多元文化和多种个性共同张扬,在网络平台上,话语权的下放使得人人都可以充当传播者;灵活互动、参与性强的特征使得网络传播模式变为多点多向的开放式传播,传受关系从单向走向多方对话。

不过,网络媒体的劣势也是显而易见的。一方面,以开放、自由、去中心化为标签的网络媒体,鲜有"把关人"角色出场,面对海量复杂的信息,网络媒体仍然缺乏有效的内容监管和控制。另一方面,网络媒体在内容上存在困境,虽然其主打"原创"和"草根",但 UGC(用户生成内容)良莠不齐,与专业制作机构的内容相比,仍旧缺乏竞争力。

小　结

本章从互动融合的概念入手,梳理辨析国内外关于互动、融合的研究成果和相关理论,并在此基础上,结合论题对"媒体互动"、"媒体融合"进行重新界定,认为媒体互动是多种媒体之间开展合作的动态信息传播过程,媒体融合是传媒产业的一个渐进发展过程。

与此同时,在本章第一节,笔者还围绕着(1)为什么在全球化视角下探讨媒体互动与融合?(2)为什么要将互动与融合分开探讨?(3)为什么用"媒体融合"而不用"媒介融合"?这样的三个问题对选题原因进行了深入思考和补充交代。第二节对电视媒体和网络媒体的发展概况及特征进行了分析,通过列表和 SWOT 分析比较得出,传统电视媒体的优势在于内容,其信息采集网更成熟,有丰富的内容资源,拥有品牌优势以及内容生产和集成播控的牌照资源。从终端来看,电视媒体的终端普及率更高,画面质量和流畅性更好。从受众的观赏体验这个角度来看,电视媒体更贴近日常生活,它的语言是口语化的,具有亲和力,但不足在于互动程度低,参与性差。而网络媒体的优势则在于其互动性和开放性,用户可以自主选择需要的内容,而且网络媒体的终端便携性更高。

第二章　互动融合的驱动因素

过去由任何一种媒介提供的服务，不管这种媒介是广播、电视、报纸还是电话，现在都可以通过几种不同的物理手段来提供。过去存在于一种媒介及其用途之间的一对一的关系正在消逝。

——伊锡尔·德索拉·普尔（Ithiel De Sola Pool）

推动传媒产业的进步，向来是以技术、规制和市场力量的变化与互动为动因的。近几年来，由于数字化网络技术的快速进步，技术力量成为传媒发展的第一推动力，随之而来的是市场热情和政策跟进。第一章（理解媒体互动与融合）为本书奠定了理论基础，也对电视与网络各自的媒介属性做了对比。那么，为什么要互动融合？作为一项复杂的系统工程，电视与网络媒体互动融合的发生需要哪些驱动因素？它的实现又具有怎样的价值？对于这些问题的研究，将有助于我们看清电视与网络互动融合的本质。

第一节　为什么要互动融合？

未来，人们将如何接触媒体？随着电视、网络和手机的融合，哪一种形式的媒体产品会更受欢迎？虽然一系列围绕带宽、速度、终端和商业模式的讨论正在当下的学界业界展开，但归根结底还是要考虑在受众层面更习惯于用哪种屏幕或终端去看节目、电影和浏览网页。

事实上，在日复一日的生活中，我们已经能够察觉到人们消费媒介的方式在时刻发生着改变。传统媒体纷纷涉水网络媒体、移动手机领域，并且将网络和手机平台作为它们商业结构的重要组成部分；社会化媒体的蓬勃发展，使得传统媒体纷纷成为其中的一颗棋子，时不时通过微博、博客等社交平台收集信息，并发出自己的声音；话语权的转移和下放，使得普通百姓拥有了更多实现自我表达的机会，公民新闻、公民媒体在世界范围内的兴起，更加丰富和扩展了当下的传媒生态系统；分流的还不只有受众，广告商也集体向网络媒体转移，经营压力使得传统媒体不得不加快步伐，寻求与网络媒体的合作与融合……如此这些，都告诉了我们为什么要进行互动与融合。

数据是冰冷的，但也是最直观的。皮尤研究中心发布的一项调查显示，自 2008 年起，美国网络媒体的影响力已经超越了除电视以外的其他媒体，而且正在成为人们获知国内外新闻的主要渠道。有 40% 的民众表示，其获取国内外信息的主要方式是通过互联网，其中 35% 认为网络的作用已经大大超过了报纸和电视。皮尤强调，对于年轻人来说，网络已经完全超过电视成为大家获取新闻的首选，有 59% 年龄在 30 岁以下的年轻人认为他们只通过网络来获得信息，而且其中 60% 的网络内容最初来源于传统的电视媒体（Pew，2009）。在 2012 年，美国报纸的影响力与 2000 年相比又缩减了 30%，而全职从业者的数量则不足 4 万，成为自 1978 年以来从业人数最少的一年。

在获取信息的方式上，受众这种向网络媒体"大迁徙"的行为如今仍在加速。美国报纸（包括电子版）在 2009 年的广告份额下跌了 26%，持续 3 年下跌，总跌幅达 41%。电视台的广告份额也下跌了 24%，跌幅是 2008 年的 3 倍（Pew，2012）。

在英国，上议院传媒研究委员会发布的一项报告显示，不论在英国还是其他国家，新闻机构都面临读者或观众大量减少的难题，越来越多的年轻人转向新媒体去获取新闻资源，广告商也纷纷转至网络媒体（House of Lords，2008）。作为传统媒体一方，纸媒和电视机构也正在对这些变化做出积极回应，例如通过开办网站呈现更加吸引受众的内容。然而，即便是传统媒体在网络经营方面做得很好，收回的广告收入也难以弥补损失的份额。这样的结果，导致传统媒体不得不节约成本，压缩在新闻资源收集、节目制作和人力资源上的投入。与此同时，委员会还引用了一系列数据去支持这项结论，他们对成年人每日阅读报纸的情况做了调查，发现在 1992 年至 2006 年期间，英国成年人每日读报的人数从 2670 万减少到 2170 万，降幅为 19%，而若是将 14 年间人口增长的数量考虑进去，每日读报的英国人减少了24％。

　　同样的情况在中国和其他国家也普遍存在。受众和广告商集体向网络媒体转移，直接导致全球范围内商业媒体和传媒产业阵营的重新洗牌。这也在很大程度上解释了为何这些原先的传统媒体都如此迫切地开拓新媒体市场。当然，其中也有其他原因，比如电视受众数量和节目吸引力逐年下降，人们工作节奏加快、生活方式改变导致媒介消费模式发生变化等。

　　随着技术的发展，新媒体技术运用起来不仅越来越便捷，而且技术门槛也越来越低，电视进入互联网领域也得到了国家和有关部门的大力支持。因此，在新媒体迅速发展的时代，要想突破"瓶颈"，实现电视与网络的互动融合可以说是一种不错的选择。两种媒介的互动、整合与融合，带来的最优化结果就是形成了一股强大的传媒合力，这种合力是任何单个媒介都不能比拟的。

第二节　电视与网络互动融合的推动力

　　两种媒体进行互动融合的优势非常明显：其一可以有效节省人、财、物资源的使用，降低竞争成本；其二可以整合各种资源，发挥各家之长，变无序竞争为有序竞争；其三可以充分调动两种媒体的影响力，形成舆论强势；其四可以提升市场覆盖率和影响力。

　　由此看来，电视与网络互动融合的进行有其必然性。其中，技术创新、受众需求变化、市场竞争需要、政策法规扶持和国际化潮流驱使这五大因素（见表2-1）成为互动融合行为发生的推动力。

一　技术平台的创新

　　在前文梳理互动融合的概念时，笔者写到最早提出"融合"概念的是美国学者普尔。在普尔所处的那个年代，他就是从技术的层面嗅到了媒体融合的可能性，其笔下的"技术融合"是指不同媒介形式呈现出多功能一体化的趋势。诚然，媒介技术的演进促成了新媒体形态的生成，从最早的报纸、期刊，到广播、电视，再到网络、手机，每一种新媒体的出现和普及，都是建立在数字技术发展到一定阶段的基础上的。

表 2 –1 　　　　　　　　　　互动融合发生的驱动因素

序号	驱动因素	说　明
1	技术创新	数字技术的发展，使得不同媒体之间可以互相支持内容的输出。在这一情境下，电视媒体和网络媒体原先所表现的不同传播方式也逐渐具有了共性。一方面，它们在各自领域呈现出技术融合、终端融合、业务融合和内容融合的趋势；另一方面，越来越多的人也逐渐适应了在网上看新闻、看视频，在电视上查信息、玩游戏等新形式。因此可以说，电视与网络的互动融合是以技术演化为核心的，技术的发展是电视与网络互动融合的第一条件。
2	需求变化	人类所接触的最早媒体是部落化的，眼睛用来看、耳朵用来听，所有感官都是综合的，这是人类对媒体的本质需求。后来有了文字，发展为"眼睛的媒体"。有了广播，发展为"耳朵的媒体"。有了电视，发展为视听结合的媒体。再到如今，媒介之间的互动与融合实际也是为了适应人类对于媒体整合的需求。
3	政策扶持	近年来，世界上多数国家都开始由对传统媒体、信息产业及电信产业进行严格限制，逐渐向解除管制并发布相关政策积极扶持转变，这一转变不但鼓励了媒体企业之间的相互竞争，还成为宏观上推动新旧媒体融合的关键力量。
4	市场竞争	新媒体对于传统电视资源的分割已经从原先的分流到现实的争夺，并且表现为受众、广告、内容和人才的全方位争夺。
5	国际趋势	近年来，国际传媒巨头纷纷以对新媒体公司进行兼并和收购拓展自己的业务边界，新闻集团（News Corp）、Google、Facebook、Amazon、Apple 等公司，通过销售产品和服务，已经深深地渗透进人们社会生活的各个领域，一种"大融合"的媒介观正在欧美国家实践着。

　　我们看到，数字技术在网络时代的推广和应用能为传统媒体的发展带来新的增长点，使电视媒体和网络媒体在相互竞争中互相汲取有利于自身发展的因素，在互补中形成竞争性共融环境。其实，中国的电视媒体对于新技术的使用价值是敏感的，看一看全国各电视台的采编播系统，条件稍微好一点的都已经引入了数字化高清系统，这便是一个最好例证。再如，近年来，IPTV 与数字电视始终保持着持续发展的势头，4G 时代的来临和"三网融合"的推进，使得电视媒体与网络媒体的互动融合也逐渐显露，

下一代广播电视网（NGB）、高清电视、互联网电视、网络电视台等新产品和媒介新形式日益成为电视行业的关键词，值得关注和探讨。由此可见，新技术推动下的网络传播平台在技术和资本的双重作用下，前进的步伐势不可当，而电视媒体的生存压力也正越来越清晰地呈现出来。

二 受众需求的变化

互联网的推广和应用，不仅赋予了受众新的内涵，还以海量、高速、去中心化、包容性强的优势，将网络的触角逐渐延伸至社会生活的方方面面，把越来越多的个体受众召集在自己麾下。截至2014年12月，中国网民规模达到6.49亿，较2013年年底增加3117万人；互联网普及率攀升至47.9%，较2013年年底提升了2.1个百分点（CNNIC，2015）。其中，政府、运营商和企业三方面的扶持带动了2014年网民数量的持续快速增长。

政府方面：2014年政府更加重视互联网安全，中央网络安全和信息化领导小组于2月份成立，全力打造安全上网环境、投入更多资源开展互联网治理工作，消除非网民上网的安全顾虑；同年8月，中央全面深化改革领导小组第四次会议审议通过了《关于推动传统媒体和新兴媒体融合发展的指导意见》，推动传统媒体与新媒体融合的工作正式提上社会经济发展日程，推动互联网成为新型主流媒体、打造现代传播体系，对非网民信息生活的渗透力度持续扩大；"宽带中国2014专项行动"持续开展，进一步推动了互联网宽带的建设和普及。

运营商方面：2014年中国4G商用进程全面启动，根据工信部发布的《通信业经济运行情况》显示，截至2014年12月，中国4G用户总数达9728.4万户，在网民增长放缓背景下，4G网络的推广带动更多人上网；运营商继续大力推广"固网宽带+移动通信"模式的产品，通过互联网OTT①业务和传统电信业务的组合优惠，吸引用户

---

① OTT（Over the Top 的缩写），是通信行业非常流行的一个词汇，这个词汇来源于篮球等体育运动，是过顶传球的意思，指的是运动员在他们头顶上来回传送而到达目的地。OTT 是互联网公司越过运营商，发展基于开放互联网的各种视频及数据服务业务，强调服务与物理网络的无关性。

接入固定互联网和移动互联网；随着虚拟运营商加入市场竞争，电信市场在 2014 年出现活跃的竞争发展态势，相比基础运营商，其在套餐内容方面灵活度更大，获得很多用户的认可。

企业方面：2014 年新浪微博、京东、阿里巴巴等知名互联网企业赴美上市，使"互联网"成为频频见诸报端的热点词，互联网应用得到广泛宣传，互联网应用与发展模式快速创新，比特币、互联网理财、网络购物、O2O 模式等一度成为社会性事件，这些宣传报道极大地拓宽了非网民认知、了解、接触互联网的渠道，提高非网民的尝试意愿。

（CNNIC，2015）

由此可见，网民规模的持续扩大代表着大众对于网络这一媒体终端的选择，而逐年激增的态势也反映出网络在人们心中的地位和分量；从另一侧面来说，网民数量的大幅上升也必然导致传统媒体受众的快速分流。

经济合作与发展组织①发布的关于"参与式网络：用户生成内容"的调查显示，随着用户生产内容的需求越来越强烈，传统媒体的地位和规则已经发生了改变，其中影响最大的六个社会经济学观点是：

1. 去中心化的创造力；

2. 受众接触媒体的自由化程度提升（自由选择时间、地点和终端），一系列对受众关注度、广告收入和内容资源的新型竞争由此展开；

3. 涌现出一大批"专业和业余混合的"（pro-am，professional/amateur）内容制作人；

4. 参与、再使用和修改编辑，成为用户消费媒介的主要方式；

5. "长尾理论"在媒体融合过程中的体现；

6. 开放的媒体平台。

（OECD，2007）

---

① 经济合作与发展组织（Organization for Economic Co-operation and Development），简称经合组织（OECD），由 30 多个市场经济国家组成的政府间国际经济组织，旨在共同应对全球化带来的经济、社会和政府治理等方面的挑战，并把握全球化带来的机遇。成立于 1961 年，目前成员国总数 34 个，总部设在巴黎。

社会生活的日益丰富和消费方式的多样化，使得人们对媒介信息的需求也发生了巨大变化。对于受众来说，他们不再满足于原先那种通过单一媒体获取信息的方式，他们想让信息的消费场所根据自己的需求而改变。比如，电视不一定要在家里或客厅里看，互联网也不一定非要用电脑才能连上……一台数字电视、一个笔记本、一部手机，就可以满足他们所需要的这种多媒体混合式的媒介消费。另一方面，受众还需要对所要接收的信息内容进行分类，这样既满足了他们选择信息的主动性，又利用聚合技术实现了对海量信息的细分。

对于新近发生的事，人们不仅要在第一时间获取新闻信息，满足自己的"求知欲"，还要在公共领域具有话语权，获得信息沟通、思想沟通和情感沟通。而在传统媒体的传播格局中，人们几乎没有话语权，传播完全是单向的。即便是有反馈，也常常因为无法及时送达而"被沉默"，但这并不意味着人们就不需要定制化的信息和个性化的服务。

在网络时代，人们可以畅所欲言。对待同一个问题时，网民可以就自己的看法表达不同的见解。在互联网上，身份、地位、权力几乎是不存在的东西，所有人都是平等的。这一点，也使得霍尔提出的媒体"编码—解码"① 理论得到了新的阐释：受众不仅承担着解码的任务，同时也参与到编码的过程中，参与到媒体话语"意义"的生产之中。

与此同时，网络时代的受众还不光是有"表达欲"，还需要有事情做，网络的包容和自由让他们的品味迅速升级，想在电视上实现"行动欲"（McQuail，1997）。受众更深层次的需求给电视提出了挑战，也预示着电视和网络互动时代的到来是一种必然。

此外，在现实生活中，每个人都同时扮演着不同的角色，身份是社会赋予的，人们无法自己选择，也无法擅自改变。传统电视媒体的传播话语权是牢牢掌握在传播者手里的，受众的声音是微弱的，或者说是沉默的。而互联网给予了人们选择角色、转换空间的自由。一个人不但可以拥有多个角色类型，而且可以在同一时间、同一场合扮演不同的角色。他可以建

---

① 《编码/解码》发表于1980年出版的《文化·媒介·语言》（Culture, Media, Language）一书。霍尔将受众对媒介信息的解读立场分为三种，首先是"主导—霸权式立场"，意指受众对讯息的解读"完全遵照编码者的意图进行"。这一立场使用的是"专业代码"。第二种代码为"协商代码"，其中"同时混合着适应性因素与反抗性因素"。最后是反抗代码，意指受众在解码时持有与编码者"截然相反"的立场。

立自己的网站、写博客、发微博，也可以在论坛和不同的聊天室表达自己的观点。网络为人们的角色扮演提供了条件，网民可以抛开现实环境中个人所遭遇的时空限制，寻求精神上的自由。

在看待当今受众角色和特征的变化时，艾德·理查德（Ed Richards）认为：一种温和的、逐渐展开的自由主义形态深深影响着受众角色的转变（Starks，2007：188）。在今天，受众成为消费者、收看者、收听者、编辑、记者，他们有权决定自己要看什么、要听什么，他们有自己的时间表，可以发布新的内容并对内容进行编辑，他们甚至还有专属的定制服务。这些都还在继续进行着，体现为一种权力关系的转变，从电视台（广播公司）、经销商、技术供应商，到观众、听众和消费者。

斯塔克（Starks）在《电视的数字化转变》一书中提出传统的广电媒体应当更加注重受众的收视体验，通过多样化的频道设置让受众能够再次收看已经"存档"（Archived programming）的节目，同时要强化媒体的互动特征（2007：185）。具体来说，在传统媒体进行新媒体实践时，应当注重提升声画质量（比如说高清电视和更好的声音效果）、便捷性（定时移位录像、易于遥控、移动性）以及个性化（自我调控、个性定制）的特征，所有这些都会对我们收看电视的方式带来极大改变。

显而易见，无论是对信息接收的多媒体混合，还是对信息内容的逐项细分，都是网络媒体与生俱来的优势，这些优势不仅吸引了受众，更重要的，它还吸引了尾随受众而来的广告主。在这种情形下，传统媒体的脚步逐渐向新媒体市场迈进，通过与新媒体的互动和融合，以期获得更多的受众和更高的市场收益。

三　政策法规的支持

任何一种技术革新所引发的经济现象和行为，都离不开政策制度的保障和支持，对于传媒产业而言，同样如此。正如布利安·温斯顿（Brian Winston）所说，"社会、政治和经济的力量在新技术的发展上扮演着强有力的角色，各种发明和技术的广泛采用并不仅仅取决于技术上的优势。更为重要的，新技术的开发总是伴随着机遇和来自社会、政治或经济方面的刺激因素。"（1995：54）温斯顿将强烈的文化视角与媒介技术的历史结合起来，对新媒介的产生和发展做出全面的解释。鉴于传媒产业的特殊性，世界上任何一个国家都会根据自己的国体、国情对媒体的发展制定相应的政策规制。

长期以来，我国的广电管理体制较为保守，虽然缺乏改革创新的动力，但不断涌现的新技术已经给原有的管理体制以强有力冲击，使得广电部门不得不面对制度问题进行必要的改革。尤其是近年来，为了适应传媒产业发展的要求，我国传媒发展的政策环境也开始趋于宽松。

以三网融合为例，我们知道，三网融合的核心价值在于实现不同网络之间的相互准入，而牵扯到的部门不仅有广电部门还有电信部门。早在1999年，国务院颁布实施的第82号文件①就禁止广电业和电信业相互渗透。而到了2003年2月10号，国家广电总局颁布实施了《互联网等信息网络传播视听节目管理办法》（15号令）。在该管理办法中，首次提出要对视听节目的网络业务实行许可管理，也就是说，通过信息网络向公众传播视听节目必须持有《网上传播视听节目许可证》。相比早年发布的第82号文件，15号令的颁布实施为电信和广电业务的相互渗透打开了缺口，双方之间的壁垒开始松动。再到2010年1月，国务院发布了《关于印发推进三网融合总体方案的通知》（国发〔2010〕5号）②。从1999年到2010年，经历了十多年的争论与协商之后，三网融合就此正式启动。进展如何虽然还无法得到公开的评估信息，不过从2011年底国务院办公厅公布的第二批40个试点城市名单这一事实可以看出，三网融合的尝试正在为越来越多的城市和市场所接受。

四 市场环境的推动

如果说技术的进步和政策的支持，是引发电视与网络互动融合的内外因素，那么一个开放自由的媒体市场，则会为互动融合的进一步发展提供无限空间。消除市场壁垒后，竞争压力随之增大，同行间的竞争与国际传媒格局的变化，使得各家媒体不得不抓紧时间"强身健体"，努力跟上时

---

① 国务院82号文明确规定：电信部门不得从事广播电视业务，广播电视部门不得从事通信业务。

② 国发〔2010〕5号文件明确指出，符合条件的广播电视企业可以经营增值电信业务和部分基础电信业务、互联网业务；符合条件的电信企业可以从事部分广播电视节目生产制作和传输。

代发展的潮流。

市场环境，顾名思义，指的是媒介发展的外部环境。电视与网络媒体之所以会进行互动融合，很大程度上离不开市场的推动。一方面，媒体市场的自由与开放，能为互动融合的进一步发展提供无限空间。与此同时，消除市场壁垒后，竞争压力随之增大，媒体同行间的竞争与国际传媒格局的变化，使得各家媒体不得不做出改变。比如视频网站拥有绝好的传播渠道和大量的年轻用户，但却囿于内容的限制，尤其缺乏正版内容，而对于电视媒体来说，丰富的内容又恰恰是其优势，因此二者应当进行合作。

在我国视频网站的发展初期，优酷、土豆等都是模仿 YouTube 模式，即注重原创，视频多为网友上传，没有版权模式。到了 2008 年以后，由于资本市场看好 Hulu 依靠网络广告盈利的运作模式，以优酷、土豆为代表的一批视频网站又开始转型模仿 Hulu。如今，我国视频网站和电视媒体合作已经成为一种发展趋势，优酷、土豆、酷 6 等视频网站均是 YouTube 和 Hulu 的结合体。

另一方面，在网络时代，网络媒体的表现是完全的电子化和日益成熟的数字化。正因如此，其传播速度是惊人的，而其传播的成本与电视媒体相比，又较为低廉。因此，在广告主的媒介选择中，网络媒体也就处在了一个很有意思的位置上：其一，在电视广告投放中获得巨大回报的广告主们会对网络媒体心存疑虑，不知网络是否能够成为广告产品新的传播利器；其二，广告主们又因同质化市场竞争对广告的依赖以及持续飙升的电视广告费用，而迫切需要寻找一种成本低廉又能让广告信息继续传递的载体。不过，网络媒体的出现，只是大大丰富了广告主的媒介选择，其迅猛发展并不是靠分食或压缩电视广告份额而一夜鹊起的。对于广告主而言，无论是在电视投放广告，还是在网络投放广告，都符合其整合营销传播的需求。正如我们所见，许多品牌并非只在单一媒介传播，而是采用多媒介、多渠道的途径进行宣传和推广。

五 国际化潮流的驱使

现如今，数字革命已经进入了一个新时代。智能手机使得任何人在任何时间、任何地点都能够连入互联网。在美国，40% 的成年人拥有可以上网的智能手机，20%的成年人拥有自己的平板电脑，就连新生产的汽车也都具有了联网功能，互联网和移动终端正在以前所未有的速度深入人们的社会生活（Pew，2011）。

这种趋势在中国同样如此。截至2014年12月，使用手机上网的网民达到5.57亿，较2013年增加5672万人，我国网民中使用手机上网的比例持续增长，从81.0%上升至85.8%，其中，2014年上半年手机网民增速为5.4%，下半年为5.6%（CNNIC，2015）。而对于2014年新增的网民群体，最主要的上网设备是手机，使用率为64.1%，而使用台式电脑的比例为51.6%。

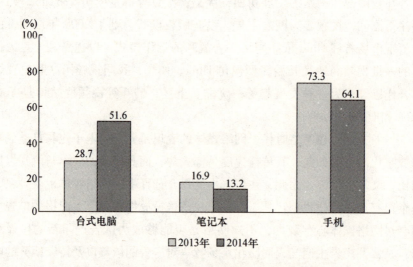

图2-1 2014年新网民互联网接入设备使用情况

资料来源：CNNIC，2015。

这种变化不仅反映了受众关注度的转移，更显示出人们对于媒介产品消费观念的转变。据皮尤（Pew）调查显示，在2012年受众接触媒介的范围更广了，出现了一大批使用媒体的杂食者。在一天之内，人们会用到多项电子设备，如智能手机、平板电脑、笔记本和台式机。大约有34%的台式机/笔记本使用者同样会通过手机来获取新闻；27%的手机使用者也会通过平板电脑来阅读新闻信息。因为人们接触媒介的方式变得更便捷、更容易了，所以对于新闻事件的关注度大大提升了，对新闻阅读和思考的时间也越来越长了。

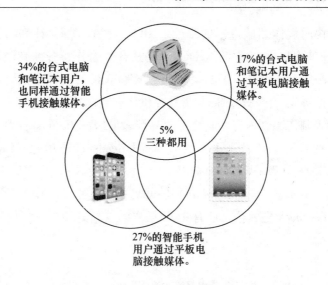

34%的台式电脑和笔记本用户，也同样通过智能手机接触媒体。

17%的台式电脑和笔记本用户通过平板电脑接触媒体。

5%
三种都用

27%的智能手机用户通过平板电脑接触媒体。

图2-2　美国用户使用智能手机、平板电脑
和笔记本/台式机获取新闻的情况

资料来源：Pew Research Center，2012。

在新闻领域，还有两个明显变化，证明传统新闻媒体和科技公司之间的鸿沟将变得越来越大。一方面新型传播平台和社交媒体的兴起，使人们拥有了更多自由表达的空间，而传统媒体则必须时刻关注网络媒体，以此才能跟上受众的步伐。

另一方面，我们熟悉的一些科技公司也开始将力量向传媒领域倾斜，不仅生产硬件，还希望能用软件来渗透人们的生活，如Google（谷歌）、Amazon（亚马逊）、Facebook（脸书）、Apple（苹果）等科技公司不仅生产硬件产品供民众使用，还推出了网络搜索引擎、杂志、电视、邮件系统、社交媒体、在线购物等功能。

值得注意的是，所有这些服务都能使科技公司们清楚地了解每一名消费者的个人信息、爱好和兴趣点，从而便于广告商进行个性化的广告推销和定制服务。在2011年，Facebook、Google、Yahoo、Microsoft和AOL五家科技公司占据了美国网络广告收入47.4%的市场份额，其中还不包括Amazon和Apple，因为这两家公司的盈利方式主要是网络购物、软件下载和产品售卖。

如此高额的经济效益和回报在前，也就不难理解为何科技公司们如此

迫切地加快向媒体领域进军的步伐。2011 年，YouTube 计划向原创电视
内容制作商转型，因此它与 Reuters（路透社）合作，资助其制作原创电
视内容。2012 年上半年，Yahoo!（雅虎）和 ABC（美国广播公司）签署
了内容合作协议，由 ABC News 为其提供所有新闻视频内容。AOL（美国
在线）为了制作原创内容，收购了赫芬顿邮报（*The Huffington Post*①）。为
了发展一种名为"社交阅读网"（Social Reader）的理念，Facebook 与
《华盛顿邮报》（*The Washington Post*）、《华尔街日报》（*The Wall Street
Journal*）、《卫报》（*The Guardian*）等知名报纸建立了合作关系。2012 年
的 3 月，Facebook 还收购了已有 98 年历史的《新共和杂志》（*New Repub-
lic Magazine*）。

表 2 – 2　　　　2011—2014 年美国网络在线广告收入排名及预测②

	2011	2012	2013	2014
Facebook（脸书）	14.0%	16.8%	17.7%	17.1%
Google（谷歌）	13.8%	16.5%	19.8%	21.7%
Yahoo!（雅虎）	10.8%	9.1%	8.1%	7.5%
Microsoft（微软）	4.5%	4.4%	4.3%	4.4%
AOL（美国在线）	4.3%	4.0%	3.8%	3.7%
总份额	47.4%	50.7%	53.8%	54.4%
总金额（十亿）	$ 12.40	$ 15.39	$ 18.57	$ 21.91

资料来源：Company reports，2011 – 2012. eMarketer。

与此同时，美国的传统媒体也没有停下向新媒体寻求合作的脚步。美
联社向 24 家网络新闻机构颁发了授权证书，允许其分享新闻内容，并向
其收取特许版权使用费。还有一部分报纸公司在网站上开展网络版的征订
或者设置一道"支付墙"（Pay wall），允许读者阅读一小部分免费内容，
而另外的内容就需要支付费用。

这些都显示了在内容互动和融合方面，欧美传媒机构和科技公司所做

---

① The Huffington Post（赫芬顿邮报）是一个集网络报纸、视频社区和新闻博客为一体的网
站，在第八章中有详细介绍。

② eMarketer. "Revenue Gains Push Facebook to Top of US Display Ad Market". http：//
www.emarketer.com/Article.aspx? R = 1008859&ecid = a6506033675d47f881651943c21c5ed4.

出的努力。而在所有权融合方面，自 2004 年至今，在全球资本市场上，不同媒体间的并购与重组也时常发生，其中大多数是传统媒体与新媒体的并购，也有少量是网络媒体与移动媒体的重组。

表 2 - 3　　　　　　　　实现所有权融合的美国和英国媒体

类别	媒体名称	所属集团
社交网络	MySpace	News Corp
移动手机媒体	Jamba	News Corp
财经新闻	Dow Jones and Co	News Corp
游戏	IGN Entertainment	News Corp
社交网络	Del. icio. us	Yahoo!
图片分享	Flickr	Yahoo!
博客	Weblogs, Inc	AOL
社交网络	Bebo	AOL
游戏广告	Massive	Microsoft
内容接入平台	Nokia	Microsoft
搜索和地图	Planet 3 mobile portal	Google
网络内容集成	AOL	Google
社交网络/内容集成	YouTube	Google
图片/视频分享	Photobucket	Fox Interactive Media
社交网络	Friends Reunited	ITV
内容发行和销售	ITV	BSkyB
移动和宽频内容	The Football League	Virgin Media

资料来源：Dwyer, Media Convergence, 2010：55。

在过去的十年间，国际传媒集团纷纷着手收购网络媒体，并开展了一系列的并购与重组。2006 年，新闻集团（News Corp）用了 15 亿澳大利亚元收购了“New Breed”网络公司，涉及的业务包括网络社区、游戏、电影、运动，同时让其与深受年轻人喜爱的 MySpace 进行合并。

其实，对于市场资本超过 700 亿美元的新闻集团来说，付出 15 亿澳元收购网络媒体只占了很小的份额。然而，据当时新闻报道，这次网络媒体的并购重组极大地提升了新闻集团旗下 Fox（福克斯）电视和电影内容的受众关注度和市场占有率，而且也使得新闻集团能够更好地使用网络平台来推销和展示自己的新产品、新服务。

与此同时，新闻集团还向美国网络游戏公司 IGN Entertainment 注入了6.5 亿美元资金。根据协议，IGN 旗下 IGN. com、GameSpy、FilePlanet、Rotten Tomatoes、TeamXbox① 都陆续并入新闻集团福克斯互动电视网。这些变化暗示出国际传媒集团已经在调整策略，以此应对广告客户逐渐从传统媒体向网络媒体转移的事实。

小　结

本章第一节对为什么要互动融合进行了分析，第二节对电视与网络互动融合的五个驱动力分别做出深入剖析。

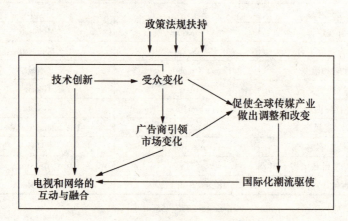

图 2-3　五个推动力关系图

笔者认为，技术创新、受众需求变化、市场竞争需要、政策法规扶持和国际化潮流驱使这五大因素本身是存在相互联系的：技术创新带来了受众需求的变化，受众注意力的转移导致广告商集体迁移，市场变化促使全球传媒格局和传媒生态系统发生变化，从而形成了国际化各类媒体互动融合的大趋势，在政策法规等外部环境的扶持之下，共同推动中国电视与网络互动融合向前发展。

---

① IGN. com、GameSpy、FilePlanet、Rotten Tomatoes、TeamXbox 均为 IGN Entertainment 旗下的科技公司，主要从事网络游戏研发、营销和在线互动。

第三章 视网互动与视网融合的关系探讨

新闻、娱乐和信息的市场将日趋完美，受众能够准确地看到他们想看的节目。当筛选的力量没有限制时，人们能够进一步精确地决定，什么是他们想要的，什么是他们不想要的。受众设计了一个能让他们自己选择的传播世界。

——凯斯·桑斯坦（Cass Sunstein）

20 世纪 90 年代末，罗杰·菲德勒就曾指出：

> 媒介形态变化学说不那么像一个理论，倒更像是思考有关传播媒介技术进化的一种统一的方法。它不是孤立地研究每一种形式，而是鼓励我们考察作为一个独立系统的各个成员的所有形式，去注意存在于过去、现在和新出现的各种形式之间的相似之处和相互关系。通过研究作为一个整体的传播系统，我们将看到新媒介并不是自发地和独立地产生的——它们从旧媒介的形态变化中逐渐产生。当比较新的传媒形式出现时，比较旧的形式通常不会死亡——它们会继续演进和适应。（2000：19）

因而，在进行下一步深入研究之前，我们有必要先对"视网互动"与"视网融合"这两个关键词的关系做出判定，一方面为后几章的分类探讨厘清思路，另一方面也能进一步强调信息技术发展对媒体形态和传播过程的影响，这也正是传播学研究所关注的焦点。

作为一门社会科学，传播学关注的并不是纯粹的技术开发，而是新技术的出现与普及对政治、经济、文化的推动作用以及与人的观念、价值、生活方式变化之间的关系（郭庆光，1999：12）。在网络时代，信息技术的发展使得传统媒体和新媒体的存在形式发生了变化，电视、广播、报刊等传统媒体的受众逐渐分流，网络、手机等新媒体的影响力逐渐扩大。这种此消彼长的关系促进了传统媒体与新媒体的互动融合，不论是电视媒体还是网络媒体都希望能借助他者的力量完善自身，完成从"渠道介质"到"复合媒体"的华丽转身。

总体来说，视网互动与视网融合的关系体现为共生关系和递进关系，本章分别对两种关系进行论述。第一节从四个方面论述了视网互动与视网融合是共同存在、共同推进的。第二节通过电视与网络互动融合的行为层次来阐述二者的递进关系。

第一节　视网互动与视网融合的共生关系

无论何种形式的传播，都会紧紧地交织于人类传播系统的结构之中，而不能在已有的文化体系中彼此独立地存在。在导论部分梳理传统媒体和网络媒体的关系时，本书提到网络媒体和传统媒体是共同存在、共同演进的，网络媒体会为传统媒体提供新的传播特征和新的技术手段，同时也会带来传媒格局的变化与调整，但是这些新媒体形式不会取代传统媒体，反而会呈现一系列不断变化的新的内部合作方式。当传统媒体进行重构或是调整自己的内容和传播模式时，也同样会影响网络媒体的发展进程。

所以每当一种新的形式出现和发展的时候，它就会长年累月且程度不同地影响一切其他现存形式的发展。结果是：各种媒介形式共生互融、共同演进，而不是彼此取代和相继进化。

共生来源于生物共生论，它的传统定义是两种密切接触的不同生物之间形成的互利关系。在生物界，平等的众生之间既互相排斥又互为补充。对于它们来说，"斗争"与"妥协"是一种生存方式，随着自然环境的改变，这种共生关系也会发生相应变化。

在整个传播生态系统中，电视与网络的关系也是如此。20 世纪 90 年代网络刚出现时，从传播学界到业界，许多人看到网络媒体的大潮涌来，纷纷惊呼传统媒体会被网络媒体取代，于是便有了"报业寒冬论"、"电视已死①"等说法。如今 20 年已过，报纸、电视、网络仍旧独立存在着，按照各自的方式在传媒生态圈中生存发展。

正如生物圈里的"共生"一样，不同属性的媒体通过不同的渠道和传播方式向人们展示多样化的内容，在媒介生态环境的变化和更迭中，各类媒体都能找到自己的位置和发展的空间。电视集视听手段于一身，通过影像、画面、声音、字幕、特技等多方面传递信息，给受众以强烈的现场感和冲击力。它的功能体现在：不仅是人们获得外界新闻和信息的主要手段之一，还是人们丰富多彩的文化生活和休闲娱乐的主要提供者。然而，随着信息技术的发展，曾经备受青睐的电视已经不能满足社会、受众、市场等各方面的需求。对此，美国学者道格拉斯·洛西科夫（Douglas Rush-koff）形象地写道：

> 电视正在回归它这个名字本身所暗含的目的：它允许我们了解其他地方所发生的事情，它的角色已经发生了变化，从受众被动吸收节目的源头转为一种远距离观察的工具。（转引自格巴哥，2006：20）

那么，究竟是什么原因导致了这一转变？菲德勒给出了一个答案，他认为，"传播媒介的形态变化，通常是由可感知的需要、竞争和技术革新的复杂相互作用所引起的（2000：19）"。除却这方面原因，快节奏的现代生活和高强度的工作压力，也使得人们专门用于媒体的时间越来越少。

当然，这并不是一个新问题。自工业时代以来，由于快节奏的生活所造成的时间压力已经成为无法摆脱的事实。只不过，如今的人们可以自由支配的时间更少了，他们难以抽出相对完整的时间去看电视，尤其是年轻人，更不可能每天固定时间守在电视机前。当他们试图解决这一时间难题时，最常见的方法就是——在同一时间内做几件事，而且时间段的选择由人们自己来决定。这也就解释了为何连续剧、电视节目、电影、晚会等原本专属电视的内容产品，反而会在网络上"火"了起来。如今的电视已不再是人们享受多彩文化生活和娱乐的唯一途径，至少网络媒体已经从电视的受众群中分得了一杯羹。这一点，从近年来持续攀升的网民数量可见

---

① 麻省理工学院媒体实验室的亨利·霍尔茨曼提出"电视已死"的说法，他认为：电视和电脑越来越一致；节目已逐步转化为用户体验，运营可以不通过电视完成；电视台消亡，视频兴盛，这些都是导致电视消亡的关键因素。

一斑。

人类同步进行多种媒介输入的能力似乎一代比一代都有扩大，相反，耐心和注意力持续的空间却在不断萎缩。从视觉接受心理学的角度来说，当人们习惯于速度奇观所提供的存在范式之后，"快看"与"看快"就成为受众视觉接受的典型形态——他们不会仅仅满足于观看一个节目，而是会同时浏览十几个节目（网页），他们以自己的方式在整个媒体世界里纵横驰骋，不会遵循任何一个电视台为他们"精心设计"的路线。

与此同时，传播媒介的内容互动、技术叠加、网络融合，也使人体得到了极大延伸，传播的时空得以扩展后，受众也会对传播的效果产生全新的期待。一方面，人们希望能有一种媒体来帮他们实现对时间的自由化选择，摆脱空间的捆绑。另一方面，对外界新闻和信息的渴求，也使得人们更希望能随时随地接收重大或热点事件的有效信息，而不是等到晚上回家以后再收看电视新闻。简言之，人们更需要的是便捷和集中化的传播，一种类似于"购物中心"的信息集纳场所。正如杜克大学教授马克·汉森（Mark Hansen）在一次论坛上所说：

> 我们今天所需要的媒体，不再仅仅是记忆的补充，不再是过去经验的记录、储存和传输方式，而是能打开通往时间共通性领域之门的一把钥匙，它的发生是独立于意识以外的。在这样的环境模式下，媒体能让我们参与到过程中，参与到世界共同的动态中，参与到通往未来世界的开放性中。[1]

从这一层面上说，网络媒体的出现和普及让人们的自由之路更向前迈进了一步。互联网改变了人们社会化和界定自己的方式，在网络空间里，每个人都可以做到想是谁就是谁，他甚至可以像换衣服一样随意改变自己的身份。互联网的即时、海量、交互、去中心化等特质又让"时间的无限性"和"空间的流动性"得以实现，让人们能够参与到传播的过程中。

显而易见，无论是受众选择信息的主动性，还是信息接收的集中式消费，都是网络媒体与生俱来的传播优势。在这种情形下，越来越多的传统

---

[1] 《解放集团第二十八届文化讲坛实录》，《解放网》，http://old.jfdaily.com/whjt/zt/17_64048/12/200910/t20091027_786258.htm。

媒体开始探索新媒体市场，或与网络媒体进行合作，或以并购的方式创办新媒体，以期获得更高的市场收益。这就为视网互动与融合的实现提供了平台，也推动了互动与融合的进一步发展。

- 视网互动与融合的发生源于传媒格局的变革及多种需求的变化。

在论述物质生产与精神生产的关系时，马克思这样写道：当人开始生产自己的生活资料时，这一步是由他们的肉体组织所决定的，人本身就开始把自己和动物区别开来（1995：67）。

用这个观点来考察人类社会的信息活动，我们同样可以看到，视网互动与视网融合的观念并不是凭空产生的，这种意识的觉醒是在传媒格局变革、传统媒体生存空间受到挤压、新媒体影响力越来越大、受众需求多样化、市场竞争升级以及国际化潮流驱动等多重因素共同作用下才产生的。与此同时，新媒介绝不会自发和孤立地出现，它们都是脱胎于旧媒介的形态变化。当比较新的媒体形式出现时，比较旧的就会去主动适应并且继续进化而不是消亡。新出现的媒介形式会增加原先各种形式的主要特点，而这些特点会通过数字化语言这一传播符号传承和普及开来。

- 视网互动的进程对视网融合的发展起着至关重要的作用。

也就是说，视网融合的发展是以互动的实现和推进为基础的，没有电视与网络在议程、内容、渠道等方面的互动交往，就不会有真正意义上的电视媒体和网络媒体的融合。正如不论是美国未来学家丹尼尔·贝尔（Daniel Bell）[1] 对"后工业社会"（信息社会）所做的分析，还是阿尔文·托夫勒（Alvin Toffler）对"信息时代"到来的预言，都未敢低估第一产业——农业和第二产业——工业发展的作用，因为信息社会并不是空中楼阁，它的产生必须建立在农业社会和工业社会充分发展的基础之上。相同道理，视网融合也是在视网互动发展到一定阶段后才产生的，视网互动是基础，与视网融合共同存在于当今的传媒格局之中，相互影响，相互

---

[1]　丹尼尔·贝尔（1919—2011），美国批判社会学和文化保守主义思潮的代表人物，著有《意识形态的终结》、《后工业社会的来临》等书。

促进。视网融合的实践虽晚于视网互动，但它的影响力却更为深远，与视网互动呈现递进关系。

● 视网互动与视网融合的关系反映着信息技术发展对当今媒介形态和传播模式的影响。

在新的传播环境下，视网互动与视网融合是一种共生关系、递进关系，一种辩证的相互作用关系。作为媒介之间相互作用的两种方式，互动与融合会相互依存、共同存在，共同推进媒介形态的变化和传播模式的发展。视网互动是视网融合发展的基础，倘若各类媒体之间没有互动交往的尝试，就不可能有"融合"理念的诞生，更不用谈及"融合"一词在不同媒体之间的实践。

当然，视网互动与视网融合又各自有其特点。正如第一章在交代互动与融合的定义时所说，电视和网络的互动可以看作是一种物理变化，而二者的融合可以看作是化学变化，根本区别在于有无新的媒体产品、形态、服务、产业生成。而二者的关联性，体现在互动融合的驱动因素和价值上，因为不论是电视与网络的互动，还是电视与网络的融合，根本目的是要实现资源效益最大化，造就"双赢"局面，以此来适应当今媒介发展的要求。可以说，视网互动与融合的关系是无法分割的，二者共同存在、相互影响，没有明确的先后之分、主次之别。互动和融合都是随着信息技术发展和传媒格局变化而产生的，是媒体适应时代的明智选择。

● 视网互动与视网融合构建了一个不断扩大的、复杂的自适应系统。

在这个系统中，所有形式的媒体都存在于一个动态的、互相依存的大环境中。当外部压力产生、新技术手段被引入后，传播的每一种形式都会受到系统内部自然发生的自组织功能①的影响。正像物种进化是为了能在

①　自组织理论是 20 世纪 60 年代末期开始建立并发展起来的一种系统理论。当科学家研究复杂系统的行为时，他们发现在有机系统内部发生着大量的交互作用，这种作用在适应不断变化的外界条件时实现自发的自组织功能。换句话说，复杂系统是有适应性的，"它们并不是仅仅消极地回应事件，像地震中的岩石那样四处滚动。它们积极地想方设法让无论发生着的什么事情都朝着对它们有利的方向发展。"（M. Mitchell Waldrop, Complexity: The Emerging Science at the Edge of Order and chaos. New York: Touchstore, 1992, 11.）

一个不断改变的环境里更好地生存一样，各种形式的传播和现存的媒体企业也必须这样，这一过程是视网互动与融合的精髓。

第二节　视网互动与视网融合的递进关系

电视与网络的互动融合是分阶段、分层次进行的过程，互动与融合之间呈现一种递进关系。其中，互动是基础，是电视与网络合作的初级形态。这一阶段的特征是各媒体依然保持着原有的传播方式和媒介属性，只是在议题、内容和营销方式上实现了一定程度的交叉与互动。电视与网络的系统性整合是中级形态，通过外力助推和内部生长两种方式将不同载体的媒介形态集合在同一组织内部，从而形成一个多元异质媒介的整合体。电视与网络的大融合是高级形态，一方面，通过融合创新，形成新的媒介形态；另一方面，在"三网融合"的大背景下，借力于其他产业的积极参与，传媒业的边界也将得到进一步拓展。

一　电视与网络的合作式互动

电视与网络的合作是指这两种媒介之间的传播力的链接，从传媒市场发展的规律看，视网合作是二者规模化竞争达到一定阶段的必然产物，它的出现有助于优化资源配置，降低生产和传播成本，从而凝聚合力，在传播效果上形成规模影响力。

视网互动是电视与网络合作的初级层次，其特点是各媒体之间依然保持着原有的传播方式和媒介属性，只是在议题、内容和营销方式上实现了一定程度的交叉与互动，也可以称为电视的网络化生存，因为这种传播介质的形态转换并不影响电视媒体的基本性质，但是它会进一步增强电视和网络的影响力和渗透力。笔者认为，这一层次的合作还只是浅层次的，并未能给媒体之间的关系性质带来任何改变，因而只能算是电视媒体与网络媒体互动的初级形态。

电视与网络媒体的合作是其在新媒介环境下必须做出的改变，以适应新的传播格局。在二者的合作式互动中，电视媒体看重的是利用网络与受众加强互动，把网络作为受众对传统媒体的信息参与方式和评论方式，以及电视媒体对受众的信息推广方式和调查方式。而对于网络媒体而言，主流电视媒体所具有的权威性和其掌握的核心资源，都是新媒体无法企及的。因此，二者的互动能使两种基于不同平台的媒介形成协同效应、资源共享，互相支持优化功能并扩大彼此的影响力，实现真正的"双赢"。

探究电视与网络的互动方式，比较典型的是在节目设置中将网络作为一个重要的互动元素。一方面，可以在节目的策划阶段即通过网络调查民意，收集网民对于该节目的意见和建议，从而制作出更有看点、更符合受众收视心理的节目内容。另一方面，也可以在节目之中体现网络的议题、内容，引入网络连线、网民互动等多种形式，丰富电视节目原有的内容样式。目前，大多数电视媒体都是将这两方面结合起来应用。

《天下被网罗》是凤凰卫视于 2009 年 11 月推出的栏目，也是电视与网络合作式互动的一个很好案例。该节目将目标受众锁定为"非电视爱好者的网民"，充分利用网络资源，提供最及时的网络舆情，用电视这个传统媒体的形式和网民进行互动，形成新旧媒体手段的结合。

在 2015 年 1 月 2 日开播的第二季《最强大脑》中，江苏卫视与优酷土豆合作，不仅通过台网联动实现了对网络平台的覆盖，还利用优酷土豆的平台优势完成了对参赛选手的招募。优酷土豆在专题页面中设置了招募入口，未被节目发掘的拥有特殊脑力技能者可以通过上传自身技能展示视频完成节目报名，获选者也会以优酷牛人的身份获得参加比赛的机会。除此之外，在综艺节目所需要的播前预热和关注保持方面，网络赛区的精彩视频也发挥了关键作用。

对于视频内容的制造者而言，这种合作可以使其更直接地察觉到观众的倾向，从而有针对性地优化自己的内容，量身定做一些新的作品。作为优酷土豆双平台之一的土豆，也有类似的优质视频作为核心节目内容的补充和延展。

上述两个例子中，凤凰卫视和江苏卫视等电视媒体运用互联网的目的十分明确，即抓住网络媒体即时、迅速、深植草根的特点，扩大传统电视节目的互动性和影响力。

此外，通过互换平台、资源共享，电视和网络也可以在内容上实现互动式传播。天津卫视与新浪等联合推出的《百万粉丝》被称作是一档真正意义的视网联动节目，不仅因为此节目打破了过去电视与网络联播的形式，而且在节目内容上直接体现了网络生活，把网络生存这件事借由电视荧屏来进行更为直观的展现。节目里的大任务会涉及当下社会最热门的事件及公益行动等，在微博上活跃的社会各界名人、"大V"也会参与其中，进而形成社会传播的风潮。

在综艺晚会中，电视媒体与网络媒体的合作也十分普遍。以我国观众最熟悉的央视春节晚会为例。早在2002年，央视春晚就与央视国际网络进行了互动式合作。在晚会现场设立了网络专区，电视主持人以网络主持人的形象出现在海内外电视观众和网友面前，和他们互动交流，畅谈中华民族传统佳节的热门话题，展示晚会现场的生动细节和电视无法展现的一面，让网民们也有了畅所欲言的新渠道。从晚会形式上看，网络的动态和舞台表演式的静态形成了互补，相得益彰。此外，在晚会前后，央视网还通过在线主持、深度报道，以及开展"我最喜欢的春节晚会节目"评选等多种形式，及时、权威、准确地传递信息。这种合作式互动理念的引入，为电视与网络的"双赢"提供了新的思路。

再如2011年5月10日，四川广播电台携手全国22家省级卫视直播《感恩中国》晚会纪念汶川地震三周年，四川卫视首次大规模引入微博平台合作，鼓励观众全程参与互动。在晚会进行的1小时53分钟内，有超过280万条微博参与评论，借助主流媒体与网络媒体的互动，源发于时代主题的感动，成功凝聚影响力。

此外，重大新闻事件的报道也是电视与网络合作的重头戏。当重大突发事件发生时，视网互动的优势更为明显。电视媒体担当了议程互动的意见领袖，它们具有权威性和资源优势，能够首先设置议题，同时为网络媒体提供信息来源和参考架构，并对新闻议题进行深度分析。网络媒体介入推动事件继续发展，同时对电视媒体的新闻内容进行归纳和编排，引发网民对新闻事件进行评论和探讨，从而再使网络舆情成为电视媒体报道的焦点。随着事件的纵深发展，网络又再度将这些新闻信息集结，后期二者在新闻报道上呈现出议题互补的态势，议题从电视媒体流向网络媒体，再由网络媒体流回到电视媒体，两种媒体实现了媒介之间的议题交换和延续。

二　电视与网络的系统性整合

几乎所有的电视台都希望能跨媒体经营，而绝大多数的网络媒体又希望能获得更多的原创内容资源和对重要事件的采访权，两方面的诉求相互结合就有可能产生媒体所有权的整合，即通过外力助推和内部生长两种方式将不同载体的媒介形态集合在同一组织内部，从而形成一个多元异质媒介的整合体，我们将之称为系统性整合。因为这个层面上的整合已经将电视与网络看成是同一套系统，整合的目的就是寻求系统功能的最大化，构建整合型的媒介传播网络。

系统性整合比合作式互动的程度要深，而且是在互动的基础上建立了一种长效机制，不仅能最大限度地做好内容产品，还能最大限度地占领受众市场和广告市场。

2011 年 1 月 10 日，暨南大学新闻与传播学院"中国媒体融合发展报告"课题组发布了"中国媒体融合先锋榜"，上榜的十家媒体均为系统性整合的先行者。其中的典型代表有中央电视台、凤凰卫视、湖南广电集团、新浪网、上海文广新闻传媒集团和第一财经等。其中，中央电视台、湖南广电集团和上海文广新闻传媒集团在电视与网络融合的道路上走得更远，此处以凤凰卫视和第一财经为例。

在 2011 年 3 月份发布的 Alexa 排名[①]中，凤凰网凭借"两会"、日本地震等重大事件的优质报道一举冲入门户网站前三甲。而在 2005 年之前，其还只是凤凰卫视的官网，内容完全来自凤凰卫视的电视节目。不到六年时间，凤凰网就完成了从单一电视媒体辅助平台到新媒体平台的过渡，在这背后依托的是凤凰卫视的系统性整合，以及其对凤凰新媒体平台的全力打造。作为与网络融合最成功的电视媒体之一，凤凰卫视以电视频道为基点，推动台网整合，实现了电视节目网络化、移动终端化，构建起了以凤凰网为核心的"凤凰新媒体"，融合互联网、无线通信网和网络视频三大平台，全方位整合内容资源、技术平台和传播渠道。

在网络与电视的整合互动方面，凤凰卫视也非常领先。凤凰卫视和凤凰新媒体在内容上相互使用，在报道上相互联动，在渠道平台上相互推广，这些都是顺应全球媒体融合趋势的发展要求。

一方面，凤凰网拥有大量凤凰卫视的节目内容，包括凤凰卫视已经播出和未播出的，还有许多凤凰卫视主持人的博客、访谈，这些都使得凤凰

---

① Alexa 是一家专门发布网站世界排名的网站，提供网站排名讯息，网络流量数据，关键词搜索分析，网站用户统计及更多功能。

网在内容资源上具有独家性。另一方面，受众通过凤凰卫视也能看到大量来自凤凰网的内容，比如凤凰卫视在节目中会大量融入互联网元素，包括民意调查、网友跟帖、留言、即时连线等，凤凰卫视的主持人也会参与到线下活动中。

除此之外的最重要一点，是凤凰卫视与凤凰新媒体还在营销、广告等方面互相推进，实现跨平台传播。凤凰卫视的节目不光有电视平台的推广，还有凤凰网、凤凰周刊和凤凰户外大屏幕等平台，这些都是凤凰卫视系统性整合后的品牌互动渠道。

受益于三网融合的进程，上海东方传媒集团（SMG）是我国广电媒体中最早的多终端业务探索者，占有我国 IP 电视市场 90% 以上的份额。其利用 2010 年上海世博会契机，率先探索三屏融合的技术、内容、投资合作，积极而稳健地推进其“新闻与娱乐并重、内容与网络并举”的媒体融合战略，实现从地方广播电视播出机构向内容提供商和内容服务商的转变。第一财经隶属于 SMG，作为一个地区性质的财经媒体，其集广播、电视、报纸、网站为一体，旗下拥有第一财经频道、日报、广播、周刊、网站、研究院，在报道中实现了真正的全媒体内容整合和共享，充分挖掘内容资源的价值。

通过分析凤凰卫视和第一财经在电视与网络系统性整合方面的实践与经验，本书得出如下结论，系统性整合可以让原本有限的资源（内容资源和人力资源）发挥最大的功用，实现效能和效益的最大化。一方面能将电视、网络等传播载体各自的优势发挥出来，达到“三度”——速度、深度和可信度；另一方面又弥补了二者各自的缺陷与不足，在一个统一的传播平台上资源共享，既降低了内容产品的成本，又提高了传媒集团的效益。

三　电视与网络的大融合

当电视与网络的系统性整合达到一定深度，二者的边界就会越来越不分明，再加之传播技术的快速发展和传媒生态的剧烈变化，内外因素相互交织，共同推动视网融合向着更深层次发展，从而实现电视媒体与网络媒体的大融合。一方面通过融合创新，形成新的媒介形态；另一方面，在“三网融合”的大背景下，借力于其他产业的积极参与，传媒业的边界也得到进一步拓展。

　　区别于互动式合作和系统性整合，大融合的特点在于融合创新，即改变了原有产品的市场需求特征，创造出新的媒介产品或服务，进而开拓出全新的市场空间。其中，最典型也最具影响力的就是网络视频，其影响力可以从逐年递增的用户数量和各传统媒体争相开办网络电视台的高涨热情中窥得究竟。

　　中国互联网信息中心发布的《第 34 次中国互联网络发展状况统计报告》显示：截至 2014 年 7 月，我国网络视频用户 4.38 亿，在网民中的渗透率约为 69.4%。与 2013 年 12 月相比，网络视频用户的人数在六个月内增长了 1000 万人，半年增长率为 2.5%。报告认为，随着国内网络视频服务水平的提高，网络视频已经成为人们获取电影、电视节目、视频等数字内容的重要渠道。同时，从传统视频到高清视频、从网友自愿分享到正版影音资源云集，网络视频的用户基础、技术水平、内容服务和行业发展都有了显著提高，在互联网行业中的地位不断凸显。

　　现阶段，基于网络视频的视网融合主要有三种表现形式，其一是由传统电视媒体兴办的网络电视台，如中国网络电视台、芒果 TV、上海网络电视台等，其二是以新浪视频、搜狐视频为代表的大型门户网站自办的视频频道，其三是以土豆网、优酷网、酷 6 网为代表的分享型专业视频网站。

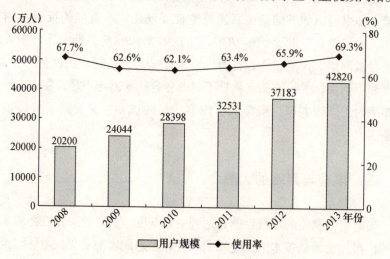

图 3 - 1　2008—2013 年中国网络视频用户规模
资料来源：CNNIC 中国互联网络发展状况统计调查，2014。

三者之中，对传统电视媒体最为重要的是网络电视台的出现。它是电视与网络融合的新产物，是电视媒体利用互联网扩大自身影响力，延伸电视传播的一种全新的媒介样式。网络电视台没有时间和空间的限制，没有专业和草根的区别，对于网络电视台而言，黄金时间就等于任何时间，它是一种可以随时随意点播收看的电视。此外，在节目的制作方式、传播方式和存放方式上，网络电视台也与传统的电视媒体完全不同。

以 2009 年 12 月 28 日正式开播的中国网络电视台（CNTV）为例，该平台以"参与式电视体验"为理念，融网络特色与电视特色于一体，在对传统电视节目资源再生产、再加工及碎片化处理的同时，着力打造网络原创品牌节目，鼓励网友原创和分享。目前，中国网络电视台已全面部署多终端业务架构，建设了网络电视、IP 电视、手机电视、移动电视、互联网电视五大集成播控平台，通过部署全球镜像站点，覆盖全球 190 多个国家及地区的互联网用户，并推出了英、西、法、阿、俄、韩 6 个外语频道以及蒙、藏、维、哈、朝 5 种少数民族语言频道，建立了拥有全媒体、全覆盖传播体系的网络视听公共服务平台。①

新媒体种类的逐渐增多，使得新旧媒体间的融合方式和手段也变得日益丰富，由此生成的新媒介产品层出不穷，并且不仅限于电视媒体与网络媒体的相互融合。

随着"三网融合"作为国家战略的部署和推进，数字电视、IPTV、手机电视等极具发展潜力和市场前景的媒介产品应运而生。它们具备全新的市场需求特征，能够从根本上改变受众的媒介消费习惯。其中，数字电视不单纯等同于传统模拟电视的数字化改造，双向互动是其最大卖点；IPTV 的出现消解了广电、电信和互联网三种产业的边缘，其中的点播和时移功能，更是开创了一种全新的媒介使用方式；而手机电视，则可以通过无线通信技术实现信息传输的无远弗届，进一步促进媒体的融合化和信息分享行为，推动网络在人们生活中的深层次渗透。

---

① 关于 CNTV，参见 http://www.cntv.cn/special/guanyunew/PAGE13818868795101875/index. shtml。

四　从互动到融合的演进

视网互动　　　　　　视网融合

合作式互动　——→　系统性整合　——→　大融合

图 3 – 2　合作式互动—系统性整合—大融合

探究电视与网络互动合作的初衷，不论是电视媒体还是网络媒体，都希望双方能够更好地传播自己的内容产品，实现"双赢"。因为在多元的媒介格局中，单一渠道的声音很容易被淹没，电视媒体若想掌握话语权，就要尝试跨媒体合作，借助网络媒体的传播力和影响力，实现媒体间的优势互补，从而共同扩大各自的受众群。

然而，从目前情况来看，这种合作式互动还只是基于使用层面的合作，是一种工具式的互动，网络媒体也只是作为媒体融合的使用工具，虽然在互动的过程中发挥了各自的优势，实现了资源共享，但这种功能的发挥始终是临时的、表层的。因为单一栏目与网络的合作或是重大事件报道中电视与网络的合作都是有一定时限的，栏目停播或是事件结束也就意味着二者之间合作的终结。

此外，从电视栏目的角度来看，由于栏目性质、节目内容的不同，对于是否适合与网络合作，以及网络互动方式的选择也都是有一定限制的。因此，对于电视和网络来说，单纯依赖内容和营销上的互动是远远不够的，更进一步的融合才是生存之道。

1. 从互动到整合

系统性整合后，在传媒集团这把大伞的庇护下，各类传播载体都能得到更多的养分，可以共谋市场、资源共享、协同联动。各自的受众群体也能在不同类型的媒体间实现自由流动与自主选择，在此基础上，传媒集团再逐步扩大自己已有的受众市场，这样在广告的经营上，也可以进行打包销售，实现资源售卖的集约化。

美国的坦帕新闻中心就是一个系统性整合的很好佐证，在本书导论部分已有所提及。该新闻中心由报纸、电视和网站三类媒体组成，分别是《坦帕论坛报》、坦帕电视 8 频道和 TBO 网站。三个不同类型的媒体在同一座大楼里办公，虽然各自拥有独立的人员、办公区域和运作机制，但实行资源共享，设有一个突发新闻指挥台，能在第一时间将突发新闻传递给分布在其四周的三家媒体，并有专人指挥、协调对新闻的采访。此外，坦帕新闻中心还推出了一份"广告套餐"，可以通过比较优惠的价格选择三家媒体平台进行广告投放，这对广告主而言非常有吸引力。不同媒体之间系统性整合的好处显而易见，但在我国，这种整合还面临诸多困难，如政策上的限制、缺乏全能人才，以及整合管理难度较大等。

首先，采访权并没有向所有媒体放开。如大多数网络媒体没有新闻采访权，虽然在 2014 年 10 月 29 日国家互联网办公室和国家新闻出版广电总局联合下发了《关于在新闻网站核发新闻记者证的通知》[①]，通知要求，在全国新闻网站正式推行新闻记者证制度，但是能够核发新闻记者证的新闻网站仍然存在很高门槛，必须是经国家互联网信息办公室批准的且取得互联网新闻信息服务许可一类资质并符合条件的新闻网站。由于商业门户网站属于二类资质网站，因此不在此次颁发记者证的范围中。同时也不允许网络媒体兴办电视台、报纸和杂志。在这样的情况下，系统性整合所需要的多媒体合作平台就很难搭建起来。

其次，系统性整合需要培养更多的全能型记者，能够独立完成供多种媒体平台使用的新闻素材，但目前能符合这一要求并熟练掌握多媒体报道技巧的记者非常少，这对新闻人才的培养提出了极大的挑战。

最后，综观已有的大型传媒集团，在内部管理方面，大多数仍旧是各自为政，整合能力不强，更多的只是业务上的合作，还没有形成"一盘棋"的思想。对于传统电视媒体来说，要想把自身影响力延续到网络媒体上，一方面要强化自己在内容方面的优势，另一方面还要整合和盘活自己的媒体资源、人力资源，搭建起真正有效的管理平台。

2. 从整合到融合

现阶段，传统电视媒体和新媒体之间的"大融合"主要是在两个层面展开：一是内在层面，是传媒产业内部进行的各种媒介形态融合；二是

---

① 《关于在新闻网站核发新闻记者证的通知》，http://media.people.com.cn/n/2014/1030/c120837-25938459.html。

外在层面，是传媒产业与其他相关产业的融合，尤其以传媒业、电信业和互联网业之间的交叉互动最具代表性。由于传媒产业有限的内在空间，束缚了媒体融合的积极性和能动性，因此融合本身并不能释放出对产业发展的推动力量，而借力于其他产业的协同作用，更能使大融合的边界得到深远拓展。正如凯文·曼尼（Kevin Manny）所言：

> 各个公司和不同的科技都在汇流和整合，准备形成一种新兴产业，要创造人类取得资讯和娱乐的新技术、新方法，它将像电子和汽车那样深刻地改变人们的生活方式和生活观念。这是一种全方位的传播革命，这一新产业和新概念就是"大媒体"。（1998：27）

由此看来，电视与网络的大融合是二者互动交融的高级形态，虽然目前，它对整个传媒市场的影响还只限于创造新媒介产品和开拓新市场的层面，但随着"三网融合"的逐渐推进和日益成熟，大融合还将成为传媒产业结构升级的重要推手。同时，借力于媒介新技术和新产品的"创新—扩散"效应，大融合也会对广电行业、通信行业和互联网行业之间的产业融合产生积极的影响。

小　结

第三章的关注点在于探讨视网互动与视网融合的关系，通过上述分析，笔者认为，二者的关系体现为共生关系和递进关系。共生关系是指互相存在、共同演进、共同获取互利内容。其一，视网互动与视网融合的发生源于传媒格局的变革及多种需求的变化；其二，视网互动的进程对视网融合的发展起着至关重要的作用；其三，视网互动与视网融合的关系反映着信息技术发展对当今媒介形态和传播模式的影响；其四，视网互动与视网融合构建了一个不断扩大的、复杂的自适应系统。递进关系体现在从互动到融合的演进过程上，其中互动是基础，是电视与网络合作的初级形态，中级形态是系统性整合，高级形态是大融合。

第四章　跨界传播：中国电视与网络互动的形式及效果

新媒介的发展并不只在于建成个人信息传输的网络，而使这些人的基本社会关系仍然保持原状。相反，媒介和传播的发展创造了新的行为与互动形式，以及新的社会关系，它们区别于在人类历史的绝大部分时间里占据主流地位的面对面的互动关系。

——约翰·汤普森（John Thompson）

《经济学人》杂志在2011年7月的一篇文章中写道："即使你不是一个新闻爱好者，也能够很明显地感受到当今新闻业所承受的巨大变革。"互联网的快速发展和社交网络的广泛应用削弱了传统媒体的力量，广泛参与、快速分享、关注社会事件、视角更为多元等特征，使得网络媒体在人们心中的重要性日益提升。在这样的背景下，跨界传播成为众多传统媒体和网络媒体实现互动的必然选择。

从"硬件"上看，随着数字技术的发展，电视与网络互动融合的技术条件已经成熟。而从"软件"上看，目前在国内，通过与网络媒体的共同发展，助推电视发展的思路已经得到业内人士的广泛认同和大力支持，国内几乎所有具有影响力的电视媒体都已涉水这一领域。传媒人的思想意识"到位"，无疑给电视和网络的互动融合提供了强劲的执行力。

事实上，即便是各种条件都已具备，互动融合的实现也并非一蹴而就，而是在摸索和尝试中稳步推进的过程。那么，电视媒体与网络媒体的互动过程究竟是怎样的？视网互动对电视形成了怎样的补偿，带来了何种效果？上述问题正是本章继续探讨的重点内容。

第一节　电视与网络的互动形式

电视媒体与网络媒体的互动，体现为议程互动、内容互动、渠道互动和传受互动四类。当前，这四类互动形式并不是以一种"从……到……再到"的关系呈现，而是相伴发生、同时存在。

表 4 - 1　　　　　　　　　　　电视媒体与网络媒体的互动形式

分类		特点	形式
互动形式	议程	网络媒体的即时性、草根性使其成为事件的首发点，在反应速度上电视媒体略逊一筹。但通过议程互动，电视媒体人可以从网络上快速筛选值得回应的话题，并做出与网络声音相呼应的评论和报道，从而形成强势传播。	各种舆情爆料形式有：网络新闻、微博、论坛、博客
	内容	电视的优势体现在其对内容资源的掌控和强大的制作力量上，而网络媒体擅长抓取一手资料，尤其是一些"原生态"资料 ①在电视节目尤其是电视新闻节目的制作过程中，将网络视频穿插运用，不仅能丰富电视内容的表现形式，也能增强现场感。 ②电视节目在制作过程中也会相伴产生大量花絮，随着网络视频的迅速发展，这些在电视上看不到的花絮、加长版，都能在网络上找到相应的视频，许多栏目都愿意出两个版本，一个用于电视台播放，另一个拿到网络平台播放。	电视台官方网站、网络电视软件（PPS等）、网络电视台、视频网站
	渠道	电视和网络互相借助彼此的渠道进行传播和推广的过程。	电视台和网络媒体共同策划、宣传、推广，联合播出
	传受 （传者—受者）	在传播者和接收者之间建立一条关系纽带，能够促进民意表达，形成意见和建议的有效沟通。	网民通过论坛或博客、微博等途径，参与节目讨论

以凤凰卫视的评论节目《时事辩论会》为例，在内容互动方面，该节目除了每天 12 时 30 分在凤凰卫视资讯台播出之外，凤凰网也会及时更新，网友可以在凤凰视频同步收看或点播收看各期节目。在渠道互动方面，借助凤凰网传播平台，《时事辩论会》还专门建立了自己的网页，不仅对每一期新节目进行预告，还诚挚邀请网友参与辩论、完成网友调查，在与众网友的沟通和交流中，传受双方的互动也随之体现出来。

对应这四类互动形式，下文分别从电视和网络的议程互动、跨界传播和视网互动培育"双向度的人"三个方面展开论述。

一　电视和网络的议程互动

媒体是信息传播活动的主体，能够在议程设置上发挥重要作用。尤其是在网络时代，纸制媒体、广电媒体和网络新媒体三足鼎立，不同类别的媒体之间既要共生又要竞争，这种关系决定了当热点事件或重大新闻发生时，肯定会有一家媒体最先设置议题，其他媒体迅速跟进，用各种形式的报道来强化这一议题。

具体到网络和电视媒体，就是网民先提供新闻线索，比如网民可以在论坛上发帖、在博客上发文，随着这条帖子或文章在网上讨论渐热，电视媒体就可以适时介入，将帖子或博文中的内容作为新闻线索进一步采访，以核实其真实性，形成适合电视媒体播发的报道。当然，等电视报道出来后，媒体接触面会进一步扩大，这一新闻又可能重新在网上引起更大反响，进而在一段时间内成为众人皆议的舆论热点。通过这种优势互补、共同协作的方式，电视和网络可以实现对热点事件的强势传播，同时也为二者的议程互动提供了条件。

议程是指在某一时间点，按照重要性等级进行传播的一系列问题，多指较为宏观的社会问题，如经济问题、外交问题、环境问题等。在传播学界，美国新闻工作者沃特·李普曼（Walter Lippmann）① 在其 1922 年所

---

① 沃特·李普曼（Walter Lippmann, 1889 - 1974），重要的政治专栏作家，曾为多位美国总统做过顾问。他撰写了颇有影响的《舆论学》（1922）一书，这部著作对公众舆论、宣传和议程设置等方面的传播研究都产生了作用。

著的《舆论学》（Public Opinion）一书中首次提出了"议程设置"[①] 理论，并对该理论进行了相关研究。在这部著作中，他描绘了议程设置在《舆论学》的第一章"外在的世界和我们头脑中的图像"中，李普曼论证说，大众媒体是现实世界的某个事件和我们头脑中对这个事件的想象之间的主要联结物（罗杰斯，2012：242）。在他看来，真实的世界太大，太复杂，变化太快而无法直接去了解，人们需要一个简单化的图景来把握外在的世界，通过求助媒体，并形成拟态环境来实现。虽然在那时，李普曼并没有使用"议程设置"这个词，但他的观点已经构成了"议程设置"理论的原型。

40 年后，政治学家伯纳德·科恩（Bernard Cohen, 1963）以隐喻的方式提出：媒体在决定人们如何想（telling people how to think）方面作用不大，而在告诉人们想什么问题（telling readers what to think about）上非常成功。这一原理的提出也为"议程设置"理论的进一步研究奠定了基础。

1968 年，美国学者马克斯韦尔·麦库姆斯（Maxwell MoCombs）和唐纳德·肖（Donald Shaw）通过对当年美国总统大选期间新闻报道对选民的影响进行调查，对李普曼的思想进行了定量研究。四年后，麦库姆斯和肖在《舆论季刊》上发表了《大众传播的议程设置功能》一文，作为此次实证性研究的总结。他们指出，大众媒介对于某些问题的格外关注，本身就可以影响公众舆论，而人们一般也倾向于了解这些被新闻媒体所强调的事件，并采用新闻媒体对这些问题的排列次序来确定自己对这些问题的关注程度。他们的研究标志着一个新的传播效果理论的诞生，也揭示了"议程设置"理论的内涵。

（一）电视和网络互动下的新闻信息采集

对于消费者来说，网络使得新闻更具参与性和社会体验感。随着公民参与新闻报道的频率越来越高，公民记者的队伍越来越庞大，这些普通公民一方面可以为新闻机构直接提供素材，另一方面也可以发表帖子、评论、照片和视频，供新闻媒体挑选和再次发表。面对公民记者的蓬勃发

---

① "议程设置"作为一种理论假说，认为大众传播往往不能决定人们对某一事件或意见的具体看法，但可以通过提供给信息和安排相关的议题来有效地左右人们关注哪些事实和意见及他们谈论的先后顺序。议程设置是大众传播媒介影响社会的重要方式，其观点主要来自政治学，李普曼的《舆论学》最早提出该思想，被认为是传播学领域的奠基之作。

展，职业媒体记者最初将他们看成一种威胁，但随着公民记者发挥的作用越来越大，职业记者也充分感受到了他们的优势。一些新闻机构还招募了公民记者和志愿者去收集和筛选数据，创造了一种新闻业的"众包"①（crowd sourced）模式。读者同样可以与朋友分享他们读到的新闻事件（故事），通过社交网络，最受欢迎的故事往往会得到成千上万次的推荐和分享。

事实上，早在二十年前网络媒体发端之时，新闻来源还仍旧是掌握在传统媒体手中的。传统媒体设置议题，引导舆论，而受众也只能是通过传统媒体的报道去获知新闻事件的来龙去脉。随着网络技术的发展，短短几年间，新闻来源的主导权就悄然落入了网络媒体之手。传统媒体越来越多的是回应网络媒体，因为网络媒体已经成为新闻事件的首发点，成了舆论的第一现场。

如今的读者也正被卷入一个不断扩大且极具活力的新闻生态系统，他们不仅消费新闻，还与别人分享，并广泛地推荐给别人。在这个新闻关系网中，他们需要同时扮演好几种角色，是信息源、参与者还可能是发布者。在这个新闻生态系统中，不仅有微博/Twitter、人人网/Facebook、百度/Google等这类知名度很高的社交媒体或搜索引擎，还会衍生出一些新型的专业新闻机构，比如维基解密（WikiLeaks）和一些非营利的新闻机构，它们都专注于某一领域的新闻收集和发布。这些新出现的新闻组织形态大多还是依靠传统的新闻组织，利用它们的影响力和信任度来建立自己的品牌。

在这样的背景下，网络和电视的议程互动就显得更为重要了。一方面，网络媒体丰富了新闻信息的来源渠道，极大地冲击了传统媒体的主流发布地位；另一方面，在海量信息扑面而来之时，民众更希望听到的是有公信力、权威性的主流媒体发出的声音，这也正是电视与网络议程互动的意义所在。

2005年，在美国报纸编辑协会（The American Society of News Editors）的一次研讨会上，默多克（Murdoch）谈到报业在互联网时代遭遇的困境时说：

---

① 众包，指的是一个公司或机构把过去由员工执行的工作任务，以自由自愿的形式外包给非特定的（而且通常是大型的）大众网络的做法。

新闻由少数编辑记者控制的时代彻底结束了，报纸正失去对内容的控制权，尤其是对"头版"的控制权，而这正是报纸权威性和社会价值的基础。

（转引自 *The Economist*，2011：10）

新闻的本质改变了，默多克的这段话不仅是对报业编辑和出版人的警告，更是对整个传统媒体行业的警告，当然包括我们所着重谈论的电视。

因为社交媒体的兴起，新闻不再只由媒体记者收集并报道出去，一种包含记者、新闻源、读者和观众相互交换信息的新媒介生态系统已经形成。这种变化起源于 1999 年，那时博客刚刚走入人们生活，并在随后的几年中得到了极为广泛的应用。这种转变的结果是把原先的受众都变成了生产或传播新闻的"工具"。尤其是当社交网络的使用范围越来越普遍时，人们就可以通过链接分享这一方式简便快捷地将新闻信息传播给所有人，而不需要得到传统媒体的许可。从某种意义上说，人们这种"接收—发送"的行为已经可以等同于独立运营一个小型的广播电视网。

最初，传统媒体的工作者在对待这些新出现的"新闻工具"时充满了敌意。这场由主流媒体和博客主导的对抗战在 2004 年达到顶峰。2004 年 9 月，美国最著名的电视新闻节目主持人丹·拉瑟在"CBS 晚间新闻"节目中引用了一份未经证实的文件，称小布什当年是因为家族关系得到特殊照顾才进入国民警卫队服役，没有前往越南战场作战，因而未能完成服兵役的要求。节目一经播出，立即有博客作者发表博文对其真实性表示质疑。对此，CBS 前任新闻总监还以嘲讽的话语进行了回击，称博客作者只是"一群穿着睡衣坐在卧室里随便发表感想的人，他们的话毫无价值"。然而，最后的结果却证明了博客作者是对的。而在该文件被证实为伪造之后，丹·拉瑟对此进行了公开道歉，并于 2005 年初离开了工作了 43 年的"CBS 晚间新闻"。

也就从那时起，主流媒体对于网络公民记者的态度一下子转变了。其中的一个标志性事件，是 2005 年 5 月赫芬顿邮报（*The Huffington Post*）的成立。该报是一份网络报纸，采用"实时聚合新闻"的方式 24 小时不间断更新新闻、汇总讯息。在呈现方式上，该报邀请众多名流作为评论员，在网站上开博客写评论，利用这些精英人群的声音吸引读者。在人员配置上，该报没有一名职业记者，有的只是网络编辑，与此同时，编辑的角色也不再是原先的"守门人"，而是变成了众多内容的"调节者"，他们不再专注于做文字工作，而是运用一切手段"调节、刺激"各个社群之间的对话，让读者不仅看到新闻，更主动参与到新闻的发现、分享和评论中去。

在 2012 年的美国总统大选报道中，各家媒体纷纷亮出绝活，赫芬顿邮报也不甘示弱，早在当年年初就推出了一个名为"Off the Bus"的项目，目的是发动广大民众参与大选报道。该项目会设置许多采访任务，比如追踪总统候选人奥巴马和罗姆尼在全美 50 个州的拉票情况，然后将这些细化的任务分给成百上千的普通民众，每个领到任务的民众只需要关注两位候选人在自己所在州的演讲和拉票情况，并在统一的表格上写上自己的观察，然后将素材发回给赫芬顿邮报的网络编辑即可。这么多人齐心协力，每人每天只需用上几十分钟，便可完成一个记者几个月的工作量。这种方式能最大限度地调动起民众的兴趣，还可以集合群众的智慧来制作不同风格的新闻。

赫芬顿邮报的创始人阿瑞安娜·赫芬顿（Arianna Huffington）认为，这是一个融合了传统媒体和新媒体、专业记者和公民记者的新型平台。传统报纸和电视台也同样需要在这个平台上创建自己的博客，招募博客作者，并允许读者随意发表评论。赫芬顿邮报还会邀请读者上传图片、视频或者分享网络上的其他内容，这样就为新闻系统培养了一大批公民记者。

与此同时，职业记者也变得越来越依赖于博客、微博等社交媒体。在《纽约时报》的马丁·尼森霍尔兹（Martin Nisenholtz）看来：

> 网络可以让我们这些传统媒体的记者在极短的时间内了解到读者的兴趣点，知道应当报道些什么样的内容去吸引读者，并调动他们参与评论和相互分享的积极性。网络上的这些内容，能够对我们所做的工作形成有益的补充。（转引自 The Economist，2011）

在我国，传统新闻信息的发布仅限于媒体、政府机构和社会组织，而现在随着互联网及其衍生物的产生和发展，信息的发布已不再是政府、社会组织和传统媒体的特权，个人或由个人临时组成的松散型小团体（张朝辉，2006），如论坛、网络社区、博客（博客群）、微博（微群）等都成了信息发布的新渠道。相比前面几种人们比较熟悉的媒体形态，微博算是个新生力量。

按字面意思，微博是一种微型博客，但它又和博客有很大区别。因为微博更像是一种即时通信工具，如短信息、微信、QQ 和 MSN。不过，微博与这类即时通信工具又有所不同，它不是点对点的传播，而是点对面的传播，每个人都可以生产内容，都同时扮演着受众、通讯员、记者、编辑的多种角色。

此外，用户通过关注与被关注，在微博上结成了一个庞大的传播网络，有分享价值的信息能够在层层转发中呈现核裂变式的大规模扩散。理论上，任何人借助于微博，都有可能产生足以挑战主流媒体的传播能量。

2011 年夏天的郭美美事件，微博在其中扮演了重要的角色。事件的线索来源于微博本身，因郭美美的微博认证身份和在其微博中的炫富行为，事件的发展因微博裂变式的传播特征形成规模效应，成为社会公共议题，乃至事件的结论之一，也包含了对微博自身认证管理漏洞的质疑。

郭美美事件中，除议程设置外，微博还表现出了强大的舆论引导力，它引发了红十字会的信任危机，进而成为促进中国慈善事业规范运作的重要推力。这种舆论引导力在温州动车追尾事故、佛山小悦悦事件等新闻事件中也都有充分体现。如温州动车追尾事故发生后，不少当事人的个人微博立即变成了信息发布的"通讯社"。浙江省血液中心的官方微博发布"血浆告急"信息后，众多温州市民迅速前往献血；而铁道部在事故中的态度和行为，也在微博上引发了公众的愤怒和追问。

2014 年 8 月，上海交通大学舆情研究室发布了《中国社会舆情与危机管理报告（2014）》，通过对 2013 年影响较大的舆情热点事件进行统计分析，得出舆情事件微博首次曝光的比例为 15%，虽比 2012 年的 20.7% 略有下降，但从事件发生至微博首发的时间差而言，2013 年微博的反应速度有小幅度提升。2013 年事件发生至微博首发时间差在 24 小时以内的占比为 69.7%，这一比例高于 2011 年的 57.9%，与 2012 年的 68.4% 基本持平。就 2013 年而言，事件发生至微博首发时间差在半天以内的比例最高，达 36.0%；微博首发在一天以内的事件占比为 69.7%，成为网络舆情事件的主要参与平台①。

――――――――――

① 《中国社会舆情与危机管理报告》，http：//yuqing. sjtu. edu. cn/index. php? option = com
_ content&view = article&id = 4435：2014&catid = 49：2010 - 10 - 14 - 10 - 43 - 21&Itemid = 85。

短短 140 字的微博，之所以能产生如此强大的传播力和影响力，是因为其身后特有的传播机制的支撑。相比传统媒体，微博更真实，尤其是实名微博。原因在于，传统媒体的传播是单向的，批评和质疑能否呈现出来取决于媒体的自身觉悟。传统媒体上，激烈的语言并不鲜见，只不过大家习以为常罢了。而在微博时代，类似的神话会被"秒杀"。粉丝们热烈地欢呼你的错误，兴奋莫名地抢转你的奇闻，然后不停地刷屏，计算着自己粉丝量的增长。由此看出，微博的确能够带领大众走向言说的狂欢。

尤查·本克勒告诉我们：社交网络以其迅速、快捷的传播特征在网络用户中普及，它为文化提供了一个公共空间，更进一步说，是文化公共领域。

> 以 Twitter 和 Facebook 为代表的社交网络给人们的生活带来了质的变化。越来越多的人会变成一个个潜在的"发言人"，他们很容易受到公共领域（Public Sphere）的影响，由被动的听者、读者、观众变为参与者、发言人。公共领域里的每一个人用他的人格和行动证明着自己的价值。（Benkler，2006）

就是这么简简单单的"140 字信息，即时分享"却建构了一个大众言说的空间，具有广泛的公开性。一方面，它已从互联网的新生产品跃升为信息传播的主要平台之一，开启了"人人都是记者"的自媒体时代，也引发了传媒生态的变革；另一方面，它的媒体特性正在深刻影响着中国社会的方方面面：流行文化、政务管理、商业营销、舆论监督、公益慈善……微博正在引发社会生态的变革。当然，这种变革也削弱了传统媒体的力量。它影响了人们通过观察获取信息的数量和结构，影响了事件的表述方式和评论路径，影响了信息过滤和把关的过程，并撼动了"把关人"的地位。

从全球市场看，许多传统媒体已经在主动适应当前传媒生态的变化，接受微博并将其作为自身的助力者。如《纽约时报》、《华尔街日报》、英国天空电视台等诸多平面和电视媒体都开通了 Twitter 账户，获取信息源，扩大影响力。而在国内，有数据显示，截至 2011 年年底，仅新浪微博上经过认证的各类媒体的官方微博就已超过 2000 家。

传统媒体利用微博追踪社会热点，将微博信息作为重要的新闻来源。

微博信息缺乏深度和理性，为传统媒体施展身手提供了空间。借助微博平台，传统媒体改变着传统的信息营销推广方式。传统媒体设专人专职管理运营微博，将微博纳入其发展战略，同时，微博也不断借力传统媒体提升其影响力和在用户中的渗透率。

图4-1 受众与信息来源系统关系的变化

（二）网络时代的信息传播模式

根据网络媒体信息传播的新特征和传播格局的新变化，我们可以构建出网络媒体时代的信息传播模型。

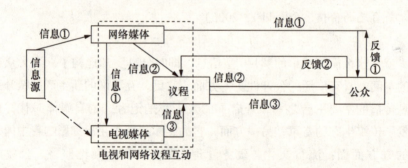

图4-2 网络媒体时代的信息传播模型

如图4-2所示，由信息来源系统发出的原始信息有两条可供选择的传播路径，分别流向网络媒体（信息①）和电视媒体，其中网络媒体的优势更为明显，这一点在近期发生的诸多热点事件中都得到了验证；而电视媒体在占取原始信息上略逊一等，由于速度、时效性和新闻容量都无法与网络媒体相抗衡，当社会热点事件和突发事件发生时，越来越多的电视媒体是在网络上筛选值得回应的话题，因此图中从信息源流向电视媒体的过程用了虚线来表示。

当社会热点事件发生时，事件的亲历者、当事人能够借助微博、微信朋友圈、博客等平台将原始信息传播出去。由于互联网的即时性，信息①一经网络平台发布，其影响力、传播速度和范围立即得到无限度的放大。此时的信息①既可以直接流向普通民众，也可以被媒体的新闻采编人员所获知，包括报纸、广播、电视等传统媒体和网络、手机等新媒体。

对于网络媒体而言，虽然其没有新闻采访权，不能由自己的员工来采写新闻，但是网络媒体的突破口在于它可以不受版面和空间的限制，而且拥有强大的搜索功能。当网络编辑发现微博或其他网站有值得报道的话题时，他可以迅速设置议程、建立专题，在专题版面中梳理、提炼和整合已有的新闻内容，将信息②传播出去，并不断增添新的内容。如在纵向上，可以挖掘新闻的深度，对新闻进行二次解读（网络新闻评论）和深层加工（网络深度报道）。同时，由于网络媒体的互动性，打破了传者和受者之间的单向线性传播，受众还可以就自己感兴趣的新闻信息发表意见（反馈②），这些受众的意见通过网络平台，就可以得到快速的发散式传播。

网络技术的发展拓展了电视等传统媒体的信息来源途径。通过搜索引擎，电视采编人员可以很容易检索到与新闻热点相关的关键词，这些信息经过专业采编人员之手，在核实、采访、写稿、编辑之后，便成了规范化的标准报道文稿（信息③），可信度和真实性都有保障。

（三）新闻的可视化——以《雪崩》为例

《雪崩：特纳尔溪事故》（*Snow Fall：The Avalanche at Tunnel Creek*）是《纽约时报》在 2012 年年底做的一期数字化专题报道，这一专题的作者约翰·布兰奇（John Branch）因此获得了 2013 年的普利策新闻奖。

《雪崩》包括六部分扣人心弦的故事，通过交互式图片、采访视频以及知名滑雪者的个人传记等多元化的方式将故事一一呈现。这一数字化报道在发布后的 6 天之内，就以出色的表现获得了 290 万的访问量和 350 万的页面浏览量，连普利策奖评审委员会的专家们也对该专题给出了溢美之词：

> 《雪崩》对遇难者经历的记叙和对灾难的科学解释使事件呼之欲出，灵活的多媒体元素的运用更使报道如虎添翼。（普利策奖评审委员会颁奖词，2013）

　　为什么一组看似常规的新闻报道能够获得如此高的评价？答案非常简单，就在于它为读者提供了独一无二的用户体验。

　　作为传统内容生产者的《纽约时报》并没有把《雪崩》仅仅看作是从印刷版到网络的延伸，相反，他们是把它看作一种崭新的媒体产品，为多设备、多屏幕世界而专门制作的数字化报道。而且，这期报道最先出现在《纽约时报》的官网，3 天后才见诸报端，也就是说买报纸是收费的，而网络点击收看却是免费的。在整个报业在线付费之风四起而收入却不断下滑的阴霾里，《雪崩》却让人看到了新的希望。

图 4 - 3　《纽约时报》Snow Fall 数字化专题（《雪崩》六部分的首页）

　　资料来源：纽约时报，http：//www. nytimes. com/projects/2012/snow-fall/#/？part = tunnel-creek。

　　点开《雪崩》的首页，一幅动态的雪山画面映入眼帘，阵阵寒风吹过，烟雾袅袅，让人顿生寒意。画面空白处显现报道标题"Snow Fall：The Avalanche at Tunnel Creek – By John Branch"，好似大幕拉开，精彩即将上演。随着光标向下拖拽页面，全篇专题徐徐展开。在行文之中，视频、幻灯片、地图和历史照片贯穿其中，仿佛读到任意部分都能立刻有一种现场感，也正因为有了这些元素，长达 1.8 万字的报道一点也不枯燥，而这种体验在以往的平面化报道中是不可能有的。

《雪崩》为"新闻的可视化"提供了一个非常好的例子。通过阅读这样的报道，读者已经不是在看新闻，而是以更加直接的方式触碰新闻，以身临其境的状态感知事实。

图 4－4　Snow Fall 专题的多媒体呈现方式

（依次为视频、幻灯片、地图/线路、历史照片）

资料来源：纽约时报，http：//www. nytimes. com/projects/2012/snow-fall/#/？ part = tunnel-creek。

二　电视和网络的跨界传播

视网互动的第二种表现形式是跨界传播，一方面表现为内容上的互惠共享，另一方面表现为传播渠道的互动。

电视的优势体现在其对内容资源的掌控和强大的制作力量上，而网络则占有渠道优势。网络媒体擅长抓取一些一手资料，尤其是一些"原生态"资料，它们虽没有经过加工，却具有价值，倘若能在电视节目（尤其是电视新闻节目）的制作过程中，将其穿插运用进去，不仅能丰富电视内容的表现形式，增强现场感，同时也能最大限度地利用网络资源。

此外，电视节目在制作的过程中也会相伴产生大量花絮，这些都是很有意思的内容，但囿于节目时长的限制，编导只能忍痛割爱，而最后真正能与观众见面的只是那些经过剪辑筛选过后的精华部分。随着网络视频的迅速发展，这些在电视上看不到的花絮、加长版，都能在网络上找到相应的视频，许多栏目都愿意直接制作两个版本，一个用于电视台播放，一个拿到网络平台播放，电视台播放的收视群体是该节目的常规受众，而网络平台的收视群体更为多元，因为其最大看点是"未删减"，因而除了网络受众外，一些在电视上已经看过该节目但未觉过瘾的观众也会选择再通过网络平台收看一遍。

2011 年 4 月 15 日，天津卫视《非你莫属》在新浪网推出了网络抢先版节目。网络版的《非你莫属》完全不同于电视播出版本，时长只有 30 分钟，收录了在电视上被完全删减掉的求职者，以及不曾播出的幕后花絮等内容，而 BOSS 团和求职者之间的对话也会完整体现，而且在上线播出后长期保留，以便网民随时收看。

2011 年 7 月 21 日，江苏卫视也在网络平台再次出击，推出了《非诚勿扰》完整无剪辑版，在江苏网络广播电视台上线。相比电视版 60 分钟的时长，120 分钟的双倍容量引来众多网友的"围观"，截至首播当晚 21 时 30 分，90 分钟的点播量达到近 20 万，甚至导致网站访问一度拥堵。

以上例子足以说明，在电视节目的平台格局中，如今的网络媒体已不再仅仅是一种补充性的传播渠道，还可以成为内容本身的生产载体。

20 年前，一部《北京人在纽约》点燃了全国观众的热情，不仅给人们讲述了一个北京人在纽约奋斗与挣扎的生存故事，也让大家记住了其中的一句经典台词——如果你爱她，就送她去纽约，因为那里是天堂；如果你恨她，就送她去纽约，因为那里是地狱。20 年后的今天，当我们想着该用何种方式去描述"网络的力量"时，或许可以套用这句话。

2012 年春节前夕，一段来源于天津卫视职场节目《非你莫属》（2012 年 1 月 7 日）的视频"海归女对掐主持人"在网络爆红。在这段长达 16 分钟的视频中，"80 后"海归女孩刘俐俐跟主持人张绍刚以及现场 BOSS 团针锋相对，场面几度失控。这段视频又因微博的推波助澜，惹得众多网友争论不休，也引来姚晨、洪晃、李开复等文化娱乐界名人围观。虽然没有准确的数据统计，但不可否认，这段视频的大众认知度远远大于《非你莫属》节目本身。这一点在许多节目中都有体现，如《中国达人秀》、《非诚勿扰》、《中国好声音》等，它也告诉我们，在如今的网络平台上，最吸引网民眼球的已经不是某期节目，而是某个热点人物和事件。诚然，这也源于当前电视节目自身的碎片化特征，梳理现在的几档热门节目，不难发现，几乎每期都是由独立的人或事连接而成的。

除此之外，网络视频的碎片化特征也在对电视内容的再次传播中得以最大化凸显。2011 年走红网络的"军大衣哥"朱之文便是一个很好的例证。他只是一个普通的山东农民，参加了央视《星光大道》节目济宁地区海选，其中一段演唱视频被网友用手机拍下发到了网上，随后便在网络爆红。知名度的急速上升使这位"军大衣哥"一下子成了公众人物，无数网友都被他的真诚、朴实所打动，也被他无懈可击的嗓音和唱功所折服。2012 年的央视春节联欢晚会，当朱之文以一袭红色唐装出现在中国"最华丽"的舞台上时，网络的力量再一次得到了验证。

渠道互动是指电视和网络互相借助彼此的渠道进行传播和推广的过程。一个较为典型的例子便是热门电视剧的宣传和推广。当前，热门电视剧宣传电影化已经成为一种潮流，巨大的投入背后是一个涵盖了首映式、网络媒体、传统媒体、户外媒体以及线下互动等多个环节的整体宣传工程，电视剧推广已经在某种程度上脱离了简单宣传的范畴，而是成为频道总体经营、资源整合以及战略合作的一个组成部分，尤其是视网互动的推广模式正被越来越多的频道所采用，成为当前电视剧推广的首选。

在具体操作方式上，主要有三种：一是电视台依托网络平台为热播剧做宣传。如 2011 年，奇艺网分别与湖南、江苏、安徽、东方、天津、深圳卫视等达成战略合作，推出"特色卫视剧场"专区，推广、包装、联合播出上述各卫视的新剧。二是网络自制剧借助电视台渠道播出。如 2011 年 11 月，旅游卫视新开设了一档名为"网剧来了"的栏目，搜狐视频自制剧《钱多多嫁人记》和《疯狂办公室》作为该栏目的开播剧首次出现在卫视频道。这是网络自制剧首次登陆电视平台，也被看作是国内在线视频直播"视网联动"模式的一个里程碑。三是采用"套拍剧"模式，即一部电视剧走红后，继而网络媒体跟进，又拍成相同题材的网络自制剧。最有代表性的就是2011年湖南卫视与搜狐视频合作的《落跑甜心》和《夏日甜心》姐妹篇。其中，偶像剧《落跑甜心》在湖南卫视播出，针对的是电视用户，而《夏日甜心》在制作过程中会更尊重网民的观剧习惯，凭借相似主题、相同演员来满足不同类型受众的文化需求，同时又能形成合力影响文化潮流。

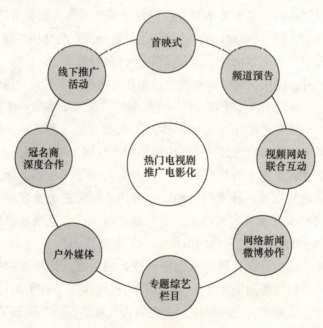

图4-5 电视剧推广多样化

三 视网互动培育"双向度的人"

法兰克福学派代表人物赫伯特·马尔库塞（Herbert Marcuse）① 在

---

① 赫伯特·马尔库塞（Herbert Marcuse, 1898—1979），德裔美籍哲学家和社会理论家，法兰克福学派代表人物，主要著作有《单向度的人》、《理性与革命》、《历史唯物论的现象学导引》和《辩证法的课题》等。

《单向度的人》（*One Dimensional Man*）一书中论述道：

> 在发达的工业社会里，批判意识已消失殆尽，统治已成为全面的，个人已丧失了合理的批判社会现实的能力……在这种生活方式之下，就产生了一种单向度的思维与行为模式，那些试图超越既有话语和行为范畴的观念、愿望和理想，要么被摒弃，要么被纳入现存体系。（1968：26－27）

在马尔库塞看来，"单向度的社会"、"单向度的思想"和"全面控制的传播"形成了"单向度的人"，也就是那些丧失了批判意识的人。古希腊时代"双向度的人"的雏形已经不复存在，而人们失去的这个第二向度就是"否定性"和"批判性"原则。在网络时代，随着受众主体地位的提升，网络的开放性、互动性和民主性使得人们逐渐拾起了曾经失去的原则，批判意识回归，社会也可以看作是走进了"双向度的社会"，尤其是在新媒体技术不断发展的今天，人们更愿意做一个"双向度的人"。

对应到媒体中，"传受互动"是培育"双向度的人"的充要条件。只有传播者和接受者通过媒介形成了有效循环的"发送—接收—反馈"机制，"双向度的人"才具有了形成的初始条件；而受众，作为一群"双向度的人"，还必须要有质疑和批判的精神，积极参与社会事件的传播，更加自由地发表自己的观点，形成"意见的自由市场"。

在网络时代，"意见的自由市场"是通过官方和民间两个渠道搭建而成的。官方渠道是由权威媒体推动形成的自上而下的网络民主环境，这里的权威媒体主要是指传统媒体的网络平台，如央视国际、新华网、人民网等主流网络媒体，它们依托传统媒体的影响力和公信力，能够迅速吸引受众，形成强势传播效应。民间渠道是指民间自发的网络公众议题，人们可以通过微博、博客、论坛等网络渠道，对社会热点事件进行即时"关注"、分享与评论。

在对互动的本质进行了解读之后，我们可以将其从空间的深浅层次来进行分析。电视媒体是单向传播的、反馈滞后，而网络媒体则是双向传播，能够促进民意表达，形成意见和建议的有效沟通。网络媒体利用双向传播优势构建交互性和共享性平台，突破了演播室内互动的局限，使得节目互动的时间和空间都得以延伸和扩展。

传播者与接受者的互动建立在渠道互动和内容互动的基础之上。具体表现形式有：网民通过指定的网站、社区论坛、微博或手机短信等方式参与节目讨论与互动，这是当今电视节目最常见的一种互动方式。其中，湖南卫视将这一手段运用得最为纯熟，在其各类节目样式中，均加入了网络、手机互动的元素，或者将观众的观点以字幕形式在屏幕下方不断飞出，或以观众投票的结果来影响节目的进程，最大限度地调动观众的参与热情。

此外，电视与网络的有机嫁接也可以使大众对于电视文化和社会问题展开讨论、形成关注，并及时反映到电视节目的策划和制作中去。比如通过网络媒体进行调查和投票，网络调查可以让传统媒体将来自受众的意见信息数据化，从而更直观地表现舆论的倾向和流向，这也就是所谓的延伸性互动，是将电视和网络的互动功能延伸至节目播出之前或之后，网络可以成为电视节目的策划和民意调查中心，从而形成良性互动。如央视"新闻1＋1"栏目，在每周一至周五的节目播出后，中国网络电视台都会随时更新相应的视频和文字链接，网友在看过视频和播出稿之后便可发表评论。2012年3月27日，"新闻1＋1"做了一期名为"恨来了，爱回去"的节目，便是围绕着网友关于3月26日节目的评论和留言展开的探讨。做这期节目的缘由，在于一些网友发表了不寻常的留言和评论。

正如主持人白岩松在节目开头所说：

在昨天晚上"新闻1＋1"节目当中关注了发生在哈尔滨医科大学第一附属医院的凶杀案。节目的标题叫"杀医生，我们可能也是凶手"。节目播出之后，整个节目的播出稿会在网络上刊登出来，但是不幸地看到，在节目稿的后面依然会有着很多充满着暴戾之气、充满着仇恨、充满着偏激的留言。

随便举两个例子，今天晚上5时39分一位网友说，"我也很高兴，就和贪官被杀了一样的高兴。"今天晚上将近8时，"杀得好，现在医生没医德，没良心，大家都拍手叫好。"看到这样充满暴戾之气、充满着仇恨、充满着偏激的留言，而且还有很多。我没有意外，因为让这样的事情在一夜之间就消失几乎是不可能的。但是有的时候我也会对这样的网友，带着仇恨跟这个世界相处的人，有一些担心，也有一些同情，可能这也是一种疾病，而且是一种传染病。汇聚在一起的时候可能在告诉我们这个社会病了，仇恨可能有万千的理由，但是回应这种仇恨却只有一种方式，那就是用爱去回应、去沟通、去寻求理解、去改革、去改变，怎么办？因为毕竟还有这样一个留言在提示我们。（"新闻1+1"，2012）

由此可见，传统媒体通过新媒体进行意见性信息的采集和汇聚，不仅能充分揭示主题，提升新闻价值，而且还能更贴近群众的生活，聆听他们的声音，达到语言朴素、生动、影响力深远的效果。

第二节　互动对电视和网络的补偿

法国社会学家大卫·埃米尔·涂尔干（David Emile Durkheim）曾经提出两种人类社会的结合方式，分别为机械团结和有机团结。他认为，在文明程度较低的传统社会，人际关系体现为一种机械式的团结，而在社会分工基础上的现代社会，每个成员都为社会整体服务，同时又不能脱离社会，分工就像是社会的纽带，因此社会变迁的趋势体现为从机械团结向有机团结演变。套用涂尔干的理论来分析网络媒体对当今社会的影响，我们可以说，从前的未被分化的受众是一种"机械融合"，而经各种网络媒体，特别是博客、论坛、社区、微博等自媒体形式分化后重新整合起来的受众是"有机融合"的受众，他们既是信息的接收者，又是传播者、评论员，或许还会是事件的亲历者。

一　公民记者与电视记者的互动

随着博客、播客、论坛、社区、微博、微信等自媒体形式席卷全球，我们已经强烈感觉到了一种新的舆论形态——人人都是报道者。在过去几年中，许多重大新闻事件最先都是由"公民记者"通过自媒体平台播发和推动的，最后才有了传统媒体的介入。这些基于网络技术生成的自媒体，以其对个体话语权的尊重被称为是一场"草根话语的狂欢"，没有任何压力的自由发声让草根阶层在世界范围内获得了极为广阔的话语空间——知情范围的扩大、公共监督权的加强、公民参与社会话题的机会增多、公共协商的渠道拓宽……一切都通过互联网平台淋漓尽致地展现了出来，并由此推动着整个社会的观察与思考。

（一）国内外公民记者的出现

哥伦比亚大学新闻研究院院长尼古拉斯·莱曼（Nicolas Lehmann）在《纽约客》里将"公民记者"解释为：从事类似新闻报道但从未被新闻机构雇用的人。更通俗地讲，就是在新闻事件的报道和传播中发挥记者作用，却不是专业新闻传播者的普通民众。在当今时代，公民记者与传统媒体记者是互为补充、互相促进的，甚至可以为传统媒体设置某些议程。公民记者的背后体现的是"参与式新闻"的理念，换句话说，就是公众在收集、报道、分析和传播新闻和信息过程中能发挥主动作用；公民记者的出现带来了新的传播模式，有助于受众更清晰地认清事实真相。

关于"公民记者"这一称谓，国内认为始于 20 世纪 90 年代的美国，伴随着公民新闻概念的传播而诞生。1998 年，马特·德拉吉（Matt Drudge）的个人网站德拉吉报道（Drudge Report）先于所有传统新闻媒体曝光克林顿"性丑闻"事件，这使得德拉吉成为全球第一个获得"公民记者"称号的人。

图 4-6　"德拉吉报道"主页（2014 年 10 月 14 日）

在传统媒体人心中，准确和客观是衡量新闻价值的标准，而以德拉吉为代表的公民记者则更看重速度与真相，因为他们不属于任何媒体，不代表任何立场，更不会被金钱和权力所左右。作为一名公民记者，德拉吉只需要一个人就可以支撑网站的运营，他不需要雇用记者、编辑和网络技术人员；他需要的是一台电脑、一部电话和三台电视机，每天用电脑浏览35 份网络报纸，接收来自世界各地的"线民"发来的近千封电子邮件和电话，同时三台电视机分别放着 CNN、MSNBC 和卫星电视。就这样，被传统新闻界认为"不准确、不道德"的德拉吉报道，却成了不少人了解新闻的首选。尤其是 2001 年发生的"9·11"事件，更确立了德拉吉报道与新闻巨头一样的影响力。那些日子，"德拉吉报道"的访问量节节升高。在 2001 年 9 月 16 日，德拉吉报道首次跻身网站访问量的前 20 名，一举超过了《今日美国》（USA Today）和《华盛顿邮报》（Washington Post）的网站。即便是在 13 年后的今天，德拉吉报道的风采依旧不减。截至 2014 年 10 月 14 日，其日均访问量仍高达 3076 万人次。德拉吉曾在博客中写道："网络使一个电脑迷——比如我，拥有了与 CEO 或国会发言人同样的发言权，人人都变得平等了。"他成了公民记者运动的形象大使，400 万的"德拉吉"支持者热衷于业余主义，他们将自己视为精神和道德领域的战士。他们宣称，缺乏教育和资历并没有阻碍他们对真理的热情和追求，公民记者比传统记者更能避免偏见、减少挑剔和接近事实。

在美国，另一位与德拉吉不相上下的公民记者是加勒特·嘉勒夫（Garrett M. Graff），他善于写博客，并且能够通过博客影响成千上万的美国人。2005 年 3 月，嘉勒夫获得了白宫颁发的第一张"博客记者采访证"，这表明美国的官方机构开始认可非专业记者的正统性。

除了可以在个人博客中撰写独立于主流媒体的报道外，一些独立的公民新闻网站也会鼓励普通人成为公民记者，以报道形式介入社会诸多议题。OhmyNews 就是其中很有代表性的一个。2000 年 2 月 22 日，韩国人吴连镐创办了这个新闻网站，提出了"每个公民都可以成为记者"的理念。而仅仅用了 5 年，OhmyNews 就一跃成为韩国最有影响力和最具关注度的新闻媒体之一。对于其成立的初衷，发表在 2010 年 8 月 1 日一篇名为"OMNI 为公民新闻开启了一扇窗"的文章中做出了解答——"我们的目的是要展现全世界各个地方发生的事，每一位注册会员都将成为公民记者，他们来自不同的国家，每天面对不同的新闻，这个平台可以将他们汇聚在一起，记录、分享自己所知道的一切。"①

---

① 译自 "OMNI's New Approach to Citizen Journalism" 一文，http：//english. ohmynews. com/ArticleView/article_ view. asp？ menu ＝ A11100&no ＝ 386159&rel_ no ＝ 1&back_ url ＝ 。

　　如今，OhmyNews 在韩国已有数万名公民记者。他们每天提供来自各地发生的新闻，从综合新闻、政治经济到娱乐、体育、旅游、文化，几乎涵盖了传统媒体的全部栏目。公民记者可以在承担责任的基础上自由发表言论，每篇报道后面都会有大量跟帖，形成了网站鲜明的个性色彩。同时，OhmyNews 还充分利用互联网即时性、互动性、分众化的特点，巧妙地与传统媒体及在线版本形成差异化竞争。

　　在中国，2007 年发生在重庆的"钉子户"事件被认为是中国公共新闻的发迹，周曙光被称为大陆"公民记者第一人"。受到世界公共新闻蓬勃发展的影响，中国也陆续诞生了一些为普通民众发表言论而设计的网站。

图 4 – 7　OMNI 主页

（二）公民记者与专业记者的联手

　　公民记者的出现和发展，对于传统媒体记者尤其是电视记者来说起到了很好的补偿作用。各式各样的社会事件时刻在发生，作为传统媒体的记者不可能总在现场，即便是在最短时间内赶到了现场往往也错过了关键时刻。而公民记者不然，不论他们是旁观者，还是事件的亲历者，只要愿意拿起手中的相机、手机将过程拍下来，或是发送一条微博到网上，便为传统媒体的新闻报道提供了极为宝贵的一手资料。

丹·吉尔摩（Dan Gillmor）是美国公民记者中的一位领军人物，曾写过《我们即媒体：民治、民享的草根新闻》（*We the Media：Grassroots Journalism by the People, for the People*）一书。他认为，"新闻应该是和普通百姓的对话，而不是希望大众像接受真理一样去盲目接受的讲话……公民记者的价值体现在他们满足了那些被主流媒体忽视的市场需求的能力。"因此在很多时候，是公民记者最先发现了新闻线索，通过网络平台对外传播，随后才会被传统媒体所关注。可以说，公民记者是一个"晴雨表"，构成了对主流媒体的一种反馈机制。

2012年3月18日，一条"四川某地地震后外界捐助的救灾物资至今尚未开包"的微博引起了网友关注。众多网友质疑："震后将近4年了，救灾物资却还未开包，难道全国人民的爱心就这样被封存起来了吗？"随后，《人民日报》、《第一财经日报》、新华电视台等多家媒体记者纷纷奔赴微博所指的地点——四川省北川县进行调查采访，并随后发表了客观中肯的求证式报道，为公众解答疑惑。

此外，在一些传统媒体最先报道的新闻事件中，随着公民记者的加入，事件的影响力会越来越大，公民记者与传统媒体记者的联手，推动了社会舆论共识的形成，一种具有更强参与性的民意显现了出来。2012年3月26日，中央电视台新闻频道"新闻1＋1"栏目以《杀医生：我们可能也是凶手》为题做了一期节目，探讨的是3月23日发生在哈尔滨医科大学第一附属医院患者用刀杀死医生的恶性事件。在节目中，主持人白岩松表示，这种事件的发生，本身就是对全国医生的一次严重伤害，而更令人寒心的是几小时之后，腾讯网的一项调查，"读完这篇文章之后您心情如何呢？"当时参与调查的人数是6161人，而选择"高兴的"居然高达4018人，占到了总人数的65%。网民对于这件事的反馈与态度，引发了电视媒体的关注，也促成了这一报道的核心话题。

值得注意的是，尽管公民记者在世界政治和社会发展中扮演了如此多样和重要的角色，我们也要清醒地认识到，公民记者传播的内容是良莠不齐的。网络追求的是速度、广度和精简度，尤其是微博，它所呈现的内容是碎片化的，信息流动很快，而且带有较强的主观色彩和偏向性。因此，凡是具有冲击力的信息，大家在看过之后，往往会直接转发或是评论，而不会先去求证，这样就很容易造成信息的误传，并直接导致谣言的生成。

凤凰卫视原新闻总监闾丘露薇曾在2010年5月前往泰国曼谷采访红

衫军事件。当时，有个人把婴儿放在汽车轮胎上，拍了张照片取名为"红衫军 Baby"，这张照片后来在网上广为流传，还成了 YouTube 上一个非常有影响力的视频，几乎所有看过该照片和视频的人都会谴责红衫军极其残忍，缺乏人道主义精神。就在随后几天，闾丘露薇作为凤凰卫视特派记者前去红衫军总部采访。对于这张照片的来源，她觉得很奇怪，为什么都是国外媒体在广泛发布，而泰国本地媒体却没有一家用过。在和泰国同行聊天之后，她才知道这张照片是这样来的——当时有很多记者在场，有一个记者说，把这个小婴儿放在轮子上拍些照片。在那时，既没开枪也没着火，很多人都觉得不是一件太大的事。所以泰国的记者虽然每人都有这样的视频和图片，但是一直都没有用（闾丘露薇，2010）。

人们常说，有图有真相，但是有新闻图片并不一定就代表真相，图片背后到底有怎样的内涵，拍摄者想传递些什么思想，这些都是需要非常小心去处理的事情，如果在没有确认的情况下就误传信息，会严重误导公众对于事件的判断。

正如 OhmyNews 网站在"OMNI's New Approach to Citizen Journalism①"一文中所说，经过了十几年的发展，公民新闻和公民记者已经不再停留在"初始阶段"，而是进入了蓬勃发展的时期。当然，一系列问题也随之而来。首先，我们缺少有效的新闻关注点。我们的公民记者遍布全球，他们记录的是世界上可能发生的一切，要想对这些事情进行持续关注正变得越来越困难。其次，审稿、编辑的难度逐渐增大。对于一些来自阿富汗、巴西、津巴布韦或其他国家的公民新闻，我们的编辑几乎不可能做到准确地分辨真伪。而我们做这个网站的最重要原则就是发布真实信息，所以对每一条消息进行核实是我们必须要做的。

在我国，尽管公民新闻对于推进社会民主进程发挥了如此重要的作用，但是公民记者的发展也并非一帆风顺。正如"中国公民新闻的独特创造和意义"一文中指出的，公民记者在我国会遇到三方面的现实：

> 一是合法性没有保障，国家对新闻记者的严格监管导致公民记者并无合法地位；二是认同危机，传统媒体记者出于对自身职业的捍卫

---

① OMNI's New Approach to Citizen Journalism, http：//english. ohmynews. com/ArticleView/article_ view. asp？ menu = A11100&no =386159&rel_ no =1&back_ url = .

而对公民记者采取排斥的态度；三是评价不实，民众对记者帮助解决问题的过高期待可能造就公民记者的公信力真空。（胡泳，2011）

其实，媒体记者和公民记者之间最大的区别，就是要在"先瞄准后开枪"和"先开枪后瞄准"之间做出选择。媒体记者有专业的方式和职业操守，在这样的前提下，他们去讲述一件事，会保持尽量客观、中立的立场，因此当他们拿到新闻，会先把关、过滤、编辑之后才进行传播。而公民记者不然，他们认为先瞄准后开枪是过时的，理想的状态是实现"信息的自由市场"，任何人都可以自由发声，倘若错了也自然会有人出来纠正，最终总能获得正确的信息。

二 微观信息补偿宏大叙事

传统的信息传播模式强调的是新闻信息的客观性、准确性和真实性，因此在传播过程中，各类媒体大多遵循"5W 模式"，即"谁—说什么—通过什么渠道—对谁—达到什么效果"，这种线性的传播模式力求以简单、明确的语言表述事件本身，清晰直观、一目了然，可以说，在当今这个速度和时间决定一切的信息化时代，这类新闻叙事模式无论在国内媒体还是国外媒体的报道中都占有主流地位。

以 2012 年 3 月 24 日中新社和《纽约时报》关于同一条新闻的表述为例，通过对比可以看出，两篇报道的第一段都是将主要内容做了概述性的描述，然后在文章的后面接着一步步叙述该事件的具体信息。

中新社

奥巴马提名韩裔美籍大学校长担任世界银行行长①

美国总统奥巴马 23 日提名达特茅斯大学校长金永吉（Jim Yong Kim，又译作"金辰勇"）担任下任世界银行行长。美国东部时间 23 日上午 10 点（北京时间晚上 10 点），奥巴马在玫瑰园发布关于人事变动的声明。

---

① http://www.chinanews.com/gj/2012/03-23/3769401.shtml.

《纽约时报》

College President Is Obama's Pick for World Bank Chief①

（大学校长被奥巴马提名为世行行长）

3/23/2012，WASHINGTON—The White House on Friday named Jim Yong Kim, the president of Dartmouth College and a global health expert, as its nominee to lead the World Bank.

（2012 年 3 月 23 日，华盛顿——奥巴马总统周五在白宫提名达特茅斯学院校长、医学教授金辰勇担任世界银行下任行长。）

　　传统媒体与网络媒体的互动，带来了多样化的叙事模式，使得新闻报道不再遵循传统的写作手法，而是更加灵活、多元和注重反馈。新闻学最重要的目的是追求真相，但在这个过程中传统媒体往往是有缺陷的。在报道一个新闻热点时，传统媒体要考虑多方面的因素，尽量做到客观、全面，因此报道的内容较多体现为宏大叙事；而网络媒体则不同，互联网上的信息容量巨大，内容详尽全面，其中，论坛、博客、微博呈现出的是一种信息分享和信息求证的过程，它们关注的内容是零散的、片段式的。网络媒体不断贡献信息和求证信息，电视媒体利用专业的加工能力，可以让真实的东西表现得更加充分，或者说可以得到更加完整的事实。正所谓信息是一个不断完善修订的过程，有时候，我们认为自己已经掌握了"事实"的全部，但忽然就来了一条新信息，或许会对已有的信息进行补充，或许会完全推翻所得的"事实"，所以说，网络媒体其实就是在创造这样的微循环，这个微循环对于传统媒体有很大的贡献。

　　因此，对于电视来说，倘若能够善加运用，网络上的信息将会成为传统媒体取之不尽的丰富资源。一方面，电视媒体可以通过网络媒体获取新闻线索，并运用新媒体作为采访工具；另一方面，可以利用新媒体的资源作为事实的补充，整合网络内容。

　　2009 年 12 月 2 日，中央电视台新闻频道"新闻 1 + 1"栏目播出了一期名为《拆迁之死》的节目，讲述了四川省成都市金牛区居民

---

　　① http：//www.nytimes.com/2012/03/24/business/global/dartmouth-president-is-obamas-pick-for-world-bank.html？_r=0.

唐福珍为抗拒政府暴力拆迁而在自家楼顶自焚的事件。在节目中，主持人白岩松播放了一段由网友拍摄的手机视频，虽然这段视频的清晰度不高，远达不到电视媒体的要求，但却使得整个节目因为这段视频的存在而充满了现场感、真实性和震撼力。

对于网络媒体来说，与电视媒体的互动，更可以提升自身的影响力。目前，我国刊登新闻内容的网络媒体主要分为两类：其一为有传统媒体背景的新闻网站，其二为商业网站中的新闻频道。对于有传统媒体背景的网络媒体来说，其最主要的信息来源是母媒体的内容资源，另外，还有一些门户网站通过横向联合，将其他传统媒体的内容也刊载上网。

由此看出，现阶段的网络媒体在信息采集方面仍旧需要依赖传统媒体。但在后期的编辑和最终的呈现上，网络媒体优势明显。针对某一热点话题，网络媒体可以迅速建立专题，并将传统媒体的海量信息进行汇聚，通过适当的编排、加工，把对信息的选择权交给受众。

三　两大舆论场担当谣言粉碎机

西方有一句谚语："当真理还在穿鞋子的时候，谣言早已跑遍世界。"现如今，我们时常听到质疑网络信息真实性、准确性和可靠性的声音。有时，可能是发布在新浪网的一条微博，有时可能是发表在天涯或猫扑社区的一个帖子，又或许是网友上传到优酷、土豆网的一段视频。几乎每周都有新的网络谣言出现，这无疑降低了人们对于网络信息的信任度。

2011 年 8 月初，网上流传的一份"7·23 甬温线特大铁路交通事故失踪人员名单"引起了民众对铁道部公布的遇难人数的质疑。针对名单上"神秘失踪"的 29 人，《人民日报》记者通过对相关部门进行逐一采访和核查，辨析了名单的真伪，并在随后的 8 月 9 日《求证》栏目刊发了《"甬温线动车事故 29 人失踪"说法不准确》一文。就在同一天，多家新闻网站也转载了一篇题为《每个人内心深处都有追求真相的愿望》① 的文

---

① 《每个人内心深处都有追求真相的愿望》，http：//news. ccidnet. com/art/11097/20110809/2491899_ 1. html。

章，该文对微博上热心于澄清事实、还原真相的"辟谣联盟"予以关注。一边是主流媒体探寻喧哗背后的真相，一边是活跃在微博上的网友们为净化微博舆论生态贡献的力量。于是，我们从两个舆论场——主流媒体舆论场和民间舆论场的博弈中，找到了二者之间的交集——与谣言赛跑，两大舆论场担当谣言粉碎机。

（一）网络谣言缘何丛生

在一个由无穷无尽、未经过滤的用户生成内容组成的数字世界里，网络信息往往与事实的本来面貌相去甚远。由于没有编辑、校对、管理者和核实人员的监督，我们无法得知网上的信息是否属实。网络时代的民主、自由、开放，的确带给了人们很多从未有过的体验，在这样一个崇尚平等的环境中，任何人——不论政客、学者、明星还是商人，都拥有和普通民众一样的发言权。就像于尔根·哈贝马斯在谈到网络时代对西方知识界的影响时所说：

> 网络促进了平等主义的蔓延，我们也为此付出了代价，分散的读者面对的是没有经过筛选的信息。曾经沟通了读者和信息的知识分子，在这样的社会中越来越失去了创造焦点的权力。（转引自基恩，2010：51）

因此，网络时代的媒体要比以往更呼唤把关机制，更需要构建健康向上的网络舆论环境和社会发展环境。

所谓谣言，是指"一种通常以口头形式在人群中传播，且没有可靠证明标准的特殊陈述"（奥尔波特，2003：141）。此定义强调了谣言的"人际传播"和"未经证实"等特征，将谣言作为一种动态的信息形态来考察。过去的谣言是人们口口相传，如今，随着网络媒体、手机媒体的发展，谣言从人际传播渠道转向大众传播渠道，传播速度更快，传播路径更复杂，辐射面、影响力剧增。正如美国法律学者卡斯·桑斯坦在《谣言》一书中所说："在言论自由的民主社会，从来就不缺乏谣言传播的渠道（2010：32）。"

2010年3月10日，一则声称时任法国总统的萨科齐先生和夫人布吕尼双双有外遇，第一家庭亮起"红灯"的消息出现在法国著名报纸《星期日报》的网站上，之后迅速传播开来，并被多家外国媒体转载。消息一出，总统夫妇马上予以否认。当时，正值 G20 峰会即将在法国召开。谣言在这一敏感时期出现，法国政府怀疑这不是普通的花边新闻，背后可能隐藏更大的政治阴谋，迅速责令警方展开刑事调查。

根据法国法律，危害国家安全、煽动社会动乱、损害他人名誉、不实广告宣传等行为均要受到法律制裁，最高可被判处 3 年有期徒刑和 4.5 万欧元的罚款。后经调查，警方认定这则有关总统夫妇的谣言起源于 Twitter，然后被《星期日报》网站的一则博客转载，转载者是一个渴望出名的年轻记者。由此看出，网络谣言的产生并非个人行为，而是背后隐藏的无数双手共同协作，才使之成为谣言。

1947 年，美国社会学家奥尔波特和波斯特曼曾总结出一个公式：

$$谣言 = （事件的）重要性 \times （事件的）模糊性$$

换句话说，事件越重要、公开信息越有限，谣言产生的可能性和影响力也就越大。下文以一条有关 3D 影片《泰坦尼克号》的谣言为例，分析网络谣言的传播路径。

2012 年 4 月 8 日下午，网友"豆瓣逗你玩"在其个人微博与人人网同时发布了如下文字：观众和媒体质疑《泰坦尼克号》中 Rose 裸身让 Jack 作画的情节在 1998 年国内上映时并没有删减，而 2012 年上映时却被删掉，近日广电总局对此给出了解释："考虑到 3D 电影的特殊性，我们担心播放此片段时观众会伸手去摸，打到前排观众的头，造成纠纷。出于建设精神文明社会的考虑，我们决定删除此片段。"同时，这位名为"豆瓣逗你玩"的网友还特别在段子后面注明了"#假新闻#"三个字。

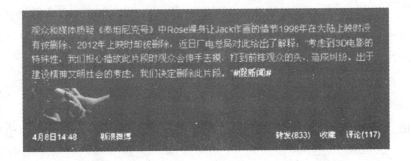

图 4-8　网友"豆瓣逗你玩"的微博原文

4月8日晚上，此条微博的转发量迅速攀升，仅4月9日一天就被转发了3339次，甚至有一些"加V"的传统媒体官方微博也参与了转发。而在转发的同时，大部分网友和媒体从业者都略去了"假新闻"这三个字，从而使得这条信息迅速在新浪、网易、腾讯等微博及各类论坛里如同触角一般展开。

随后，这条"假新闻"被凤凰网娱乐频道引用并写成了"真新闻"，将其当作广电总局的回复，不久即被编辑撤掉。但在这段时间里，新民网等新闻网站已经进行了转载。至此，一条假新闻完成了从"传"到"信"的进化。随后，包括《卫报》（*The Guardian*）、《每日邮报》（*Daily Mail*）、美国全国广播公司（NBC）等老牌传统媒体都曾把这条新闻发布在自己网站的首页上。

国内外众多媒体的报道也让《泰坦尼克号》的导演詹姆斯·卡梅隆信以为真。2012年4月12日，卡梅隆在接受美国著名脱口秀节目《科尔伯特报告》（The Colbert Report）采访时对主持人科尔伯特表示，"他听说官方担心中国男性观众会将手伸向屏幕，故而删除了这一镜头……"卡梅隆接受采访的这段视频不仅被传上了网，更被加上了中文字幕，一时间在网上再次引发热议。

就在网络舆论沸沸扬扬之际，这条消息的传播者现身了。4月14日，网友"豆瓣逗你玩"发表博文《一个世界级玩笑的诞生——〈泰坦尼克号〉伸手摸假新闻的前世今生》①进行澄清，并在他的个人微博挂出了链接进行辟谣，截止到2012年4月20日，此条微博共转发了5000余次。文中写道，"4月8日晚上，我发现我的人人留言提示不断，包含段子的那张凯特·温斯莱特剧中截图的图片浏览量迅速攀升，于是我好奇地在新浪微博搜索了一下，发现这个段子在微博世界里已经如同处于对数期的微生物那样繁殖起来。其中让我比较惊异的是，拥有机构认证的'第一财经'转发的微博不仅没有了#假新闻#标签，而且又另加上了一个#首席评论#的标签。"

作为始作俑者，网友"豆瓣逗你玩"起初曾试图一个个联系那些凭借这个段子而拥有高转发量的博主，希望他们能够对真实性做出澄清。但微博、人人网等自媒体几何级倍数的传播速度已经势不可当，正如他所

---

① 《一个世界级玩笑的诞生——〈泰坦尼克号〉伸手摸假新闻的前世今生》，http：//www.guokr.com/post/148869/。

说："当一个炸弹已经炸开的时候，你站在炸弹中央端着一盆清水泼过去是于事无补的。"

这篇长达 2000 余字的澄清文章曝光后，网友反应不一。有的网友检讨自己在转发时"未经思考"，也有的批评"豆瓣逗你玩"玩笑开得太大。4 月 15 日，《扬子晚报》、《重庆晚报》等媒体以《网友编段子调侃泰坦尼克号被删减骗倒导演卡梅隆》为题，以段子作者的澄清文章为主要依据，对此事进行了报道，人民网等新闻网站进行了转载，辟谣信息被更多的人所知。

随着真相渐渐浮出水面，国内的网络媒体和传统媒体纷纷反思，假新闻为何势不可当？通过这条"假新闻"到"真新闻"的进化过程，我们可以很清楚地梳理出谣言的传播路径：

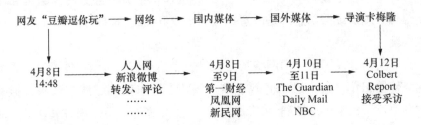

图 4-9　"《泰坦尼克号》伸手摸"假新闻传播路径图

作为这则谣言传播的关键节点，国内媒体有着不可推卸的责任。如果在假消息传播的初期，也就是 4 月 8 日晚上到 4 月 9 日期间，国内媒体能够起到信息把关的作用，那么谣言就不会像如今这样呈几何倍数无限制地传播。正如"豆瓣逗你玩"在辟谣文章最后所言：

> 当假新闻（或称谣言）突破"网络到国内媒体"这条障碍之后，由于媒体之间的相互引证，似乎已经没什么人愿意相信它是假的了。①

由此看出，迅速蔓延的网络谣言是没有国界的，从"甬温线特大铁

---

① 《一个世界级玩笑的诞生——〈泰坦尼克号〉伸手摸假新闻的前世今生》，http：//www.guokr.com/post/148869/。

路交通事故失踪人员名单"，到法国总统夫妇的绯闻事件，到日本地震后的"抢盐"风波，再到这则泰坦尼克号引发的"国际玩笑"，网络谣言的杀伤力巨大，不仅可能伤及无辜个体，影响社会稳定，甚至会威胁到国家的形象和安全。

对于网络上谣言丛生、以讹传讹的现象，本书认为，这与信息的自身特点和网民的心理特征有关。一方面，面对海量、实时更新的信息浪潮，网络注意力资源其实是极为稀缺的，倘若一条信息不够新奇，标题不够出位，那就很难引起网友的关注，这也就是为何网络"标题党"泛滥，只有够新、够奇的新闻才能吸引网友的眼球，进而形成讨论热点。另一方面，从信息发布者的角度考虑，无论是在现实生活中还是在网络平台上，每一个社会个体都希望能被别人所关注，希望自己的信息获得更多人的推广和评价。正是在这种"求关注"的心理作用下，一部分网友会发布不实信息、编造虚假信息或是故意抹黑个人或群体组织，以此来博得更高的关注度。

在美国开设了第一门网络新闻课程的罗兰·德·沃尔克曾说过，许多网络传播工作者会"追求时效、推崇技巧、讲求美感、注重效果，但有时却丢掉了根本——准确、来源可信、公正和完整，更不用说真实的判断了"。除了网络媒体自身的原因外，网络谣言的泛滥也是伴随着网络技术的快速发展而来的，由于技术的发展速度大大超前于社会对于网络的管理和监督机制，因而对网络虚假新闻的管理实际上是处于一种比较松散和无人监管的状态。

2011年3月11日，日本东北外海发生9级大地震。突如其来的灾难和震后信息的传播不畅，使得谣言在日本国内外泛滥。据日本《时事周刊》报道，震后的谣言超过90%来自网络。由于网络传播极其方便，许多人未经思考就轻松一点鼠标，随之成了谣言的传播者。

不断衍生出的网络谣言会导致突发事件的事态发展越加恶化。一方面，谣言的扩散可以使小危机迅速上升为全国危机；另一方面，任何事物都不是孤立存在的，都会与周围的环境呈现相互依存、互为因果的关系。因此，网络谣言的扩散与蔓延不仅会使网络舆论变得纷杂无序，大大增加公众的恐慌心理，而且能够迅速放大危机，呈现"蝴蝶效应"或"多米诺骨牌效应"助燃危机的传播。

（二）传统媒体把握舆论引导主动权

为澄清事实、回应关切，传统媒体往往会发挥事实核查、专业调查的优势，以辟谣报道来粉碎谣传，提升媒体自身的公信力。实践证明，这种辟谣方式的确能够在一定程度上起到正本清源的作用。正如尼古拉斯·莱曼所说："社会创造了一种能够生产和分配知识、信息和观点的权威机构——传统媒体（2010：50）。"为什么？因为这让人们知道该相信谁。我们之所以信任权威媒体的报道，是因为这些新闻从那些对真实性和准确性负责的新闻机构发布出来之前，已经经过许多经验丰富的编辑和记者的研究、筛选、核实、编辑和校对。正如 Twitter 创始人杰克·多尔西（Jack Dorsey）所说：

> 网络上非常需要能起"把关人"作用的编辑，也需要更多理性冷静的人存在。如果没有传统媒体的这种把关机制，普通民众又如何能从浩如烟海的信息中辨明真假？（转引自 The Economist，2011）

可以说，谣言泛滥之时，及时报道真相、澄清事实，是传统媒体应当承担的最基本的社会责任。然而，从现实情况来看，当谣言产生和大面积传播时，传统媒体的辟谣往往没有谣言影响大，主流媒体的舆论场有时表现得并不尽如人意。原因何在？从一些报道来看，主流媒体的新闻灵敏度较弱、反应速度也较慢。其实，很多新闻不能等到最后有结果时再公布，而应该连续不断地进行实时播报，这样既能够引导社会舆论，又能够引起社会的关注。反之，如果主流媒体反应迟钝，不能适应高灵敏度反应的微博时代，就很难占得舆论先机。

就是说，传统媒体要增强对社会舆情的敏感度和关注度，不能等到受众议论纷纷、谣言甚嚣尘上了，还无动于衷、麻木不仁或者仅仅例行公事地用几句官话、套话来敷衍。

当谣言真正来临，恰恰也为主流传统媒体重新掌握话语权提供了机会。因此，在与谣言赛跑的过程中，传统媒体不仅要成为合格的"把关人"，发挥舆论引导作用，还需要勇于承担引领媒体舆论的重任，彰显主流舆论场的威力。这样，只需要与谣言"斗争"几次，公众就能在传统媒体构建的舆论场和以网络舆论为代表的民间舆论场中做出一个理性的选择。

（三）网络媒体强化"自澄清"机制

当传统媒体正在线下努力澄清事实真相的时候，活跃于新浪网的"微博辟谣"、"谣言粉碎机"、"辟谣联盟"等微博也在短时间里聚拢了相当高的人气。尽管目前人们对微博辟谣的现象仍有疑义，但网友对微博辟谣的认知度不断提升却是不容忽视的事实。比如，为避免用户被虚假信息误导，新浪网于 2010 年 11 月启动了"微博辟谣"项目，针对微博中恶意、有害的不实信息及时进行查证和辟谣。截至 2013 年 3 月 10 日，"新浪辟谣"的"粉丝"已经超过 87.08 万人，网友向其求证或举报的信息每天可达数百条。

谈到成立微博辟谣组织的初衷，"辟谣联盟"的发起人之一、中国政法大学副教授吴丹红说：

> 上网时发现微博上的谣言越来越多，职业惯性让他萌生了组织一个辟谣联盟的想法。我们这群人都很较真儿，认为正确的观点不需要借助虚假的事实去传播。所以我们其实是"真相控"而不是"辟谣控"。成立辟谣联盟，是自媒体时代，作为公民的一种社会责任。①

图 4-10 新浪微博"辟谣联盟"截屏（2013 年 3 月 10 日）

---

① 《活跃在微博上的"辟谣联盟"：我们这群人都很较真儿》，《人民日报》2011 年 8 月 9 日。

　　如今，人人都可以在网络平台直接发布信息，操作手段既简单又便捷，但值得担忧的是，网民素质参差不齐，网络的自净功能又是相对滞后的，所以"辟谣联盟"其实就是一个网友自发结合的自律组织，一方面通过该组织约束自己的网络行为，另一方面也为净化网络环境贡献力量。

　　现阶段，信息检索是"辟谣联盟"进行辟谣的主要方式。常规做法是摘取一条微博中的多个关键词，通过搜索引擎检索消息来源和出处，如果是原创新闻，就想办法联系本人，核实来源，甚至会发动事件发生地附近的网友进行实地考察和现场调查，尽可能通过多种渠道查证信息的真实性。

　　与"辟谣联盟"这种由网友自发组织的辟谣机构不同，"新浪微博辟谣"和"谣言粉碎机"算是网络民间舆论场中的官方代表，它们依托的是新浪网和果壳网，有专业的编辑专门负责辟谣工作。

　　经过不断摸索，新浪微博辟谣目前已经建立了一套比较完善的运作机制。一是进行 24 小时不间断监控。在人员构成上，新浪网从新闻中心挑选了 7 名经验丰富、各有所长的编辑担当微博辟谣小组成员，随时对转发量较高的微博进行监控，力求将不实信息的负面影响降到最低。除专职的 7 人小组外，新浪网各频道也设专人对微博信息进行监控，发现疑似不实的信息后，马上通报微博辟谣小组进行查证。

　　二是建立用户举报参与体系。微博辟谣小组除了安排专人 24 小时接收网友的举报和线索外，在一些具体信息的核实上，还积极发动网友提供线索，让不实信息能够得到更快澄清。

　　三是采取多方核实的策略，保证证据绝对可靠。对于那些疑似的"不实信息"，微博辟谣小组大胆质疑，审慎核实，通过查找信息来源、实地探访、网络深度搜索和连线事件当事人等方式，辨析信息真伪，以此确保证据来源确实、可信。

　　当一条微博被证实是虚假信息后，辟谣小组会严格处理，在对该信息进行删除的同时，通过"新浪辟谣"平台进行公开澄清。对于发布该信息的用户，新浪微博会采取删除 ID 的方法进行处理。

　　在自媒体时代，每个人都是传播节点，正确的态度是"谣言止于你我"。"新浪辟谣"、"谣言粉碎机"等的出现，是对网络媒体"自澄清"机制的强化。虽然网络言论存在鱼龙混杂、泥沙俱下的一面，但总体而言，网络（微博）仍然是一个便捷的传播渠道，在促进公民知情权、表达权、参与权、监督权等方面功不可没。新华社、《人民日报》、人民网等主流媒体纷纷设立《中国网事》、《求证》和《人民网评》等栏目，以回应网络热点、澄清真相，履行传统媒体职责，努力维护社会公正；随着微博平台越来越多地在突发事件中发挥作用并不断强化"自澄清"机制，打通两个舆论场，通过网络和传统媒体的互动来粉碎谣言、引领舆论的观点逐渐得到越来越多业内和学界人士的认同。

图 4–11　果壳"谣言粉碎机"截屏（2013 年 3 月 10 日）

小　结

本章对中国电视与网络互动的表现形式与效果进行了深入分析，认为电视与网络的互动形式有议程互动、渠道互动、内容互动和传受双方互动四种。其中，渠道互动和内容互动更为集中地体现了电视和网络的跨界传播；而传受互动则为当今的传媒生态系统培育了更多"双向度的人"，这些人更注重按需索取新闻和其他信息，他们会用自己的标准重组媒体内容，并根据自己的喜好和态度重新设置"头版"。他们需要在一个更为广阔的语境中接触并使用媒体——获知、分享、评论或质疑。在网络时代，"意见的自由市场"是通过官方和民间两个渠道搭建而成的。

通过互动，电视和网络可以互相补偿，共同发展。网络上公民记者队伍的发展和壮大，对于传统媒体记者尤其是电视记者来说起到了很好的互补作用。他们可能是旁观者，可能是事件的亲历者，只要拿起手中的相机、手机将过程拍下来，或是发送一条微博到网上，便为传统媒体的新闻报道提供了极为宝贵的一手资料。

值得注意的是，尽管公民记者在世界政治和社会发展中扮演了如此多样和重要的角色，但他们传播的内容是良莠不齐的，此时就需要传统媒体来充当"把关人"角色，筛选、过滤各种信息，把握舆论主导权。与此同时，网络媒体也要强化"自澄清"机制，打通官方和民间两个舆论场。

第五章 中国电视与网络融合的
特征及模式

融合发生在每个消费者的头脑中，通过他们与其他人之间的社会互动来实现。我们每个人都是借助于零碎的、从媒体信息流中获取的信息来构建个人神话，并把它转换成我们赖以理解日常生活的资源。由于在任何问题上每个人头脑中所存储的信息知识都很有限，因此我们总是有额外的动力去相互交流讨论所消费的媒体。

——亨利·詹金斯（Henry Jenkins）

在媒体独立发展的时代，由于媒介形态和传播特性的不同，各媒介产品在生产技术、功能特征以及受众人群等方面存在显著差异，不同媒体之间的技术边界、业务边界及市场边界清晰明显。到了媒体融合的时代，以电视为代表的传媒业和以网络媒体为代表的互联网业相互交融，二者通过创新生成新产品、建立新部门、满足新需求。

为了更直观地展示电视和网络的融合模式，笔者绘制了电视和网络的融合模型（见图5-1）。在二者的融合过程中，从产业边界的突破到新媒介业态的生成，涉及多种内外层面的融合：首先是科技融合，这是其他融合发生的先决条件和基础。受到科技融合影响而展开的有三个领域的融合，最直接的是业务融合，主要表现为媒体形态和样式的改变；其次是产业融合，也可以称为所有权合并或是经济融合，是指发生在不同产业之间的经济结构融合；最后是管理融合，这是对媒介和人员的组织结构进行融合。

与此同时，科技、业务、产业、管理这四种融合带来的效果也是十分明显的，它们改变了受众使用媒介的方式，创新了现有的商业模式，拓宽了传媒教育的范围，更对媒体从业人员的新闻实践技能提出了更高要求。四种融合背后是更为深层的文化融合——电视所代表的传统媒体主流文化与网络代表的草根文化之间的融合，这部分是本书第六章所探讨的重点。

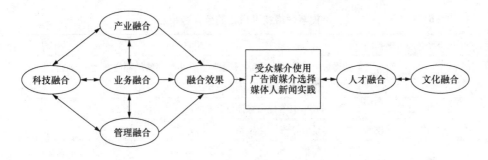

图 5 - 1　电视和网络的融合模式

第一节　电视与网络的科技融合

1983 年，普尔用"媒体之间的界限正变得越来越模糊"这种说法为"媒体融合"提供了最初的定义。在他看来，"科技融合是将传统媒体带入数字传播环境的主要力量"（Pool，1983）。

因此，科技融合就被表述为"在计算机技术的推动下，各种形态的通讯方式聚合为电子的、数字化呈现的传播模式"（Pavlik，1996：132）。当然，这种科技融合并不是说电视机和电脑将会融合为一件科技产品，而是在技术的推动下发生的传播形态和内容产品的融合。

时至今日，虽然科技融合的理念未能完全实现，但普尔笔下的"传播形态融合"已经深深融入传统媒体和新媒体的交替变革中。原本形态各异的媒介产品，无论是文本、音频、视频还是数据，都会被统一转换成"比特"。

数字技术与无线移动技术结合产生了移动电视，信息处理技术与视频传输技术结合产生了 IPTV。从点播、直播到付费播出，电视节目也在互联网平台上找到了资源输出的空间，它们借用网络的自由性和灵动性，给予受众选择权，同时受众也可以自由发表言论，电视内容供应商可以根据受众的直接反应来提升节目质量，调整战略步骤。

表 5-1	电视与网络技术融合的条件和特点
技术融合的前提条件	特点
宽带无线传输技术	使得任何人在任何时间、任何地点，用任何终端都能方便地接收信息，为下一代媒体科技融合提供技术保障。
高性能芯片	强大的 CPU 计算能力保证信息编解码处理的高效率
存储与搜索引擎技术	支持海量的存储与检索
新能源、新材料开发	待机时间更长的电池、触摸屏幕、精密传感器等，能大大改进媒体终端服务质量
操作系统与应用软件	提供丰富的信息传播手段和应用业务

科技融合是电视与网络融合的基础，正是因为有了信息传播技术的飞速发展，才使得不同媒介产品在相同平台上传播成为可能。科技融合打破了不同媒介的边界，也打造出一批新的媒体形态。

第二节　电视与网络的业务融合

业务融合是在科技融合基础上产生的一种业务集成，它不仅简化了媒体业务的提供方式，更通过融合生成了大量新型的业务形态。

从 20 世纪五六十年代走入人们视野的电视，到 21 世纪蓬勃发展的互联网，再到如今的网络视频、网络电视台，其间由技术因素推动媒介形态不断变化的轨迹清晰可见。电视与网络的结合，产生了许多功能强大的新媒体形式，它们拥有无可匹敌的整合力和兼容性，能弥补和消解传统媒体的某些缺陷，使之更具有市场竞争力。本节就以网络视频和网络电视台为例，探讨电视与网络技术融合过程中呈现出的新媒介形态。

一　网络视频：探索差异化路线

2004 年 11 月，乐视网的成立掀开了我国网络视频行业发展的序幕，随后几年，围绕着网络视频这个关键词，一系列传媒事件纷至沓来。土豆网、56 网和激动网在 2005 年上半年相继上线，优酷网、酷 6 网在 2006 年先后成立，中国视频分享网站的数量从 2004 年的 1 家跃升至 2007 年的 200 多家。2011 年，网络视频之风劲吹全球，42.5 亿美元的广告收入、3.94 亿的网络视频用户，使得这个新兴的行业呈现一派繁荣。

2012 年 3 月，优酷、土豆宣布以 100% 换股的方式进行合并。随后的 2013 年 5 月，百度以 3.7 亿美元的价格收购 PPS 视频业务，并将 PPS 与爱奇艺进行合并。2014 年 10 月，搜狐对内发布邮件称，将人人旗下的 56 网并入搜狐视频部门。由此看出，从 2004 年到 2014 年的十余年间，网络视频行业经历了从无到有、由少到多、由多到精的发展历程，通过合并重组，市面上认可度和美誉度较高的视频网站也仅有几十家而已。

进入 2015 年，各视频网站在自制内容上更是加大了投入力度。优酷土豆在网络视频的制作投入达到 6 亿元，除了和国外成熟综艺节目如《老大哥》（Big Brother）和《中国好声音少年版》（The Voice Kids）合作之外，还推出《男神女神》（第二季）、《我是传奇》（第三季）等自制综艺节目。芒果 TV、爱奇艺及乐视网也均公布了规模不低于 3 亿元的自制内容计划。在 2014 年，中国网络自制剧集数已经达到 1700 集左右，而 2015 年将达到 3000 集（艺恩咨询，2014）。

那么，什么是"网络视频"？从字面意思上看，网络视频就是以互联网为平台来播出视频节目，它是一种技术上的创新，将视频短片或电影电视节目经过压缩，在网络上实现随时随地欣赏。

在我国，网络视频已经有了广泛的受众基础，其使用价值也不断得到广大网民的追捧。在 2012 年，我国网民人均看电视时间为 12.4 小时/周，而人均上网时间达到 19.9 小时/周。其中，只看网络视频而不看电视的用户在 2009 年时有 3936 万人，而到 2011 年年底，这一数字攀升至 6440 万（CNNIC，2012）。

从电视收视市场的情况来看，自 2010 年开始，随着网络视频的蓬勃发展，我国电视观众规模和收视时长都呈现逐年下降的趋势，在 2014 年，我国观众人均每日收视时长降至 162 分钟，达到了近 5 年来的最低值。2012 年由于伦敦奥运会等重大事件的带动，收视时长有所反弹，上升至 170 分钟。到 2013 年，人均收视时长再次下降，回落至 2011 年的水平线以下（CSM 媒介研究，2014）。

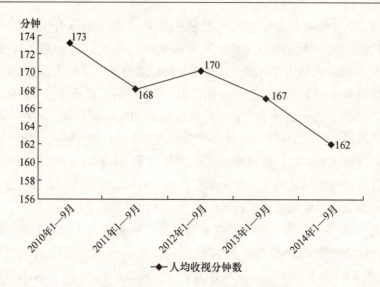

图 5 - 2   2010—2014 年观众人均每日收视时长

资料来源：CSM 媒介研究，2014。

从总体观众的收视量上看，电视观众的流失已经成为不可扭转的态势。但如果着眼于实际收看电视的观众规模和收看深度，就会发现，总体电视市场的收视量减少主要源于近年来观众规模的下降。2014 年观众的平均到达率由 2010 年的 72.4% 下降至 64.3%，相反地，近五年来每个实际电视观众的收看时长却呈现不断增长的趋势。

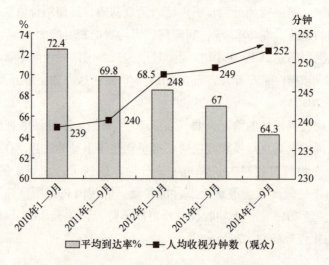

图 5 - 3   2010—2014 年观众规模及收视时长

资料来源：CSM 媒介研究，2014。

此外，在 2011 年 11 月 19 日至 11 月 30 日，笔者还通过"态度 8 调查网"向 365 位网络用户发放了"网络自制剧的传播效果认知"的调查问卷。调查结果显示，网友中没有听过或看过网络自制剧的比例仅为 11.5%。而在回答"你觉得网络自制剧的优势有哪些?"这一问题时，有 60.9% 的网友认为：比起电视台来说，网络自制剧出片更自由，有 34.2% 的网友认为：网络自制剧的发展空间还很大。由此看出，网络视频具有广泛的受众基础，其使用价值也不断得到广大网民的追捧。

表 5 - 2 视频网站的盈利模式

1	YouTube	"免费 + 短视频 + 广告"是 YouTube 一直坚持的模式，希望能通过用户上传时长在 10 分钟以内的短视频进行免费分享，而主要的经营收入则是依靠广告主的广告投放。
2	Hulu	"免费 + 版权 + 广告"是 Hulu 的盈利模式。Hulu 由 NBC 环球和新闻集团合资成立，随后迪斯尼集团也加入其中。至此，Hulu 得以把美国三大电视网 ABC、NBC 和 Fox 的内容全部收入囊中，强大的内容资源使其享得天独厚的优势。
3	我国视频网站	"版权分销 + 广告 + 付费点播"是我国各家视频网站的盈利模式。其中，版权分销和广告在盈利总额中占据较大比例，而付费点播的表现并不理想。

目前，我国的互联网视频行业已经形成四大阵营：一是以乐视网、爱奇艺为代表的"正版 + 高清"阵营，也被称为"中国的 Hulu 模式①"；二是以优酷、土豆、酷 6 为代表的 UGC 阵营，初期是采用 YouTube 模式，即依靠用户自己生产、上传内容，以累积流量的多少来吸引广告商注意。但是受到带宽和服务器成本迅速增加的影响，这些视频网站只能靠增加融资来维持运作。所以如今的优酷、土豆、酷 6 的 UGC 模式已经转移到了"Hulu + UGC 模式"；三是以 PPTV、PPS、风行、UUSee 为代表的 P2P 阵营，均有相应的网络电视客户端下载；此外，四大门户网站（新浪、搜狐、网易、腾讯）也纷纷进军互联网视频领域。尤以搜狐视频表现最为突出，通过购买版权和自行拍摄，搜狐在电视剧长视频上拥有较大优势；

---

① 美国视频网站 Hulu 于 2008 年 3 月上线，上线当年即获得近 1 亿美元的收入，成为第一家开业首年就产生盈利的主流视频网站。

新浪通过微博的传播带动资讯、娱乐、体育等方面的短视频；腾讯依托QQ 的庞大群体，培养了无数的潜在用户；网易视频则下大力气投资"网易公开课"项目，并同时宣布与其他媒体合作，推广正版视频资源。

表 5 - 3　　　　　　　　　　　　网络视频的内容划分

1	传统影视内容	视频时长超过 30 分钟，由正规的影视企业制作，内容以电影、电视剧、综艺节目为主。
2	自制内容	自制剧：由网络视频运营商参与制作环节，自行选择题材、组织剧本、拍摄内容。
		自制节目：各视频网站独立策划的原创栏目，具有制作成本低、流水线生产、商业推广灵活等特点。
		微电影：在电影和电视剧艺术的基础上衍生出来的小型影片，具有完整的故事情节和可观赏性。
3	UGC	全称为 User Generated Content，是用户生成内容的意思。UGC 的概念最早起源于互联网领域，即用户将自己原创的内容通过互联网平台进行展示或提供给其他用户。

通过表 5 - 3 分析得出，目前网络视频的主要内容有传统影视内容、自制内容和 UGC 三大类，而其盈利模式也主要是通过广告、版权分销和付费点播三种模式。与美国的 YouTube 和 Hulu 相比，我国的视频网站并没有形成鲜明的自身特色。视频网站追逐热播剧和电影，在很大程度上导致了我国视频网站内容的同质化，同质化继而成为用户集中的主要原因。艾瑞咨询研究显示，从 2009 年第一季度至今，市场排名前五的视频网站占据了用户数量和行业收入的 80% 左右，市场集中度相当高。艾瑞认为，在内容相同的情况下，用户自然会选择知名度较高的企业。此时，有用户就有广告，有广告就有资金（刘奥，2010）。因此，探索差异化路线是视频网站必须要做的。正如土豆网前 CEO 王微所说："视频本身只是一种表现形式，跟文字是一样的，最终还是要看到底要做什么事①（2008）。"在这样的需求下，网络自制剧、网络自制节目和微电影这三个脱胎于互联网视频平台的新兴产品脱颖而出。

---

① 《土豆网王微：网络视频必须要有差异化》，新浪科技，http：//tech. sina. com. cn/i/2008 - 09 - 25/09402478442. shtml。

（一）网络自制剧

网络自制剧，顾名思义就是由网络媒体自己投拍，专门针对网络平台制作并播放的影视剧。这一定义除了指明网络自制剧的平台特征外，对其制作环节的指向性也给予了明确。虽为专门针对网络平台而制作，但其在制作流程和结构上也必须符合"剧"的要求。同时，这一定义还对该剧的制作主体也做了限定，要求网络媒体必须参与其中，但并非要求独立完成，可以与其他制作公司、导演等机构或个人联合制作。

网络在全球的迅速发展，不仅改变了人们的信息传播和接收方式，改变了社会文化的结构，还让电视剧市场发生了许多变化，原本各自独立的电视剧和互联网也发生了融合。

尤其是近几年来，各视频网站纷纷"触电"，向网民奉献出了一批原创影视作品。2014年，腾讯视频推出了《快乐Elife》、《探灵档案》，搜狐视频有《匆匆那年》、《屌丝男士》（第三季），优酷土豆有《万万没想到》，乐视网有《光环之后》、《XGirl》，爱奇艺有《灵魂摆渡》……一时间，这种由视频网站与传统影视剧结合而成的新兴艺术形式——网络自制剧，日益受到社会各界的广泛关注。

其中，搜狐视频的《屌丝男士》单集最高播放量达1700万，《屌丝男士》第一季与第二季累计播放量相加总数突破4亿，渗透超过6000万网民；优酷迷你剧《万万没想到》两季总点击量达11亿，而乐视的首部网络穿越剧《唐朝好男人》一度在百度古装剧搜索排名稳居第三位、紧随《陆贞传奇》和《甄嬛传》，仅PC端就创下了近3亿播放量，另一部《女人帮·妞儿》第二季也创下了"8集过亿"播放量的纪录且移动端播放量超50%比重，仅播放8集便有超过两千万的人数覆盖，以票价50元计算，相当于10亿票房电影的社会影响力。

在2011年，爱奇艺第一部网络剧的点播量为2000多万，到了2014年，这个数字仅是一部网络自制剧一集的播放量。3年来，网络自制剧的发展与市场的认可度取得巨大提升。截止到2014年8月25日，我国主流视频网站共出品自制剧55部，共计1242集，其中未上线自制剧有23部，占总数的41.8%。（艺恩咨询，2014）

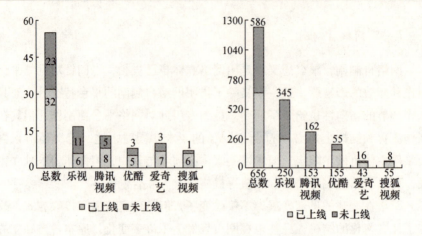

图 5 - 4　2014 年主流视频网站自制剧规模（截至 2014 年 8 月 25 日）

资料来源：enTVbase 电视决策智库，2014。

　　根据生产主体的不同，我们将现有的网络自制剧划分为三种类型。第一类是由视频网站与成熟的内容制作方联合制作的，具体说来，网络媒体可以投资新锐导演制作具有创意性的网络自制剧，如《Mr. 雷》。第二类是视频网站专门为广告客户量身定制的网络剧，如《嘻哈四重奏》、《女生宿舍那点事儿》等。

　　还有一类就是制作精良、投资规模堪比传统影视剧的自制剧，如《匆匆那年》、《欢迎爱光临》、《女人帮·妞儿》。在制作成本上，《匆匆那年》每集的投入规格超过百万，俨然是一线电视剧的制作成本，在拍摄规模上，该剧首创互联网 4K 高清拍摄，在后期剪辑和宣传上也都采用了电影级别的人员和资源投入。再如土豆网的《欢迎爱光临》，三位主演分别是郑元畅、李菲儿和裴蓓，首席顾问也为台湾著名制作人苏丽媚，从策划、剧本、选角、制作，到营销、推广，都由土豆网亲力亲为。这种"制播合一"的模式，意味着视频网站也正在由单纯的"平台提供商"向"平台提供商 + 内容出品方"的双重角色转换。

　　从行业格局的角度看，网络自制内容正由视频网站一家"独战"转向制作公司、影视剧公司、电视台四方竞合发展的局面。作为自制内容行业的先行者，视频网站基于平台优势和资源优势，能够通过用户研究快速了解用户喜好，从而垂直深耕网络自制内容；制作公司除了承接视频网站的外包内容之外，也自主研发有创意和特色的内容项目，实现渠道发行；

影视剧公司和电视台属于自制内容行业的后入者，凭借其专业团队和丰富经验，在传统受众分流的背景下，也面临传统企业的互联网转型，而视频网站是影视剧公司新媒体发行的重要渠道；作为强势的媒体平台，电视台通过引入优秀的网络自制内容，也可以实现视频网站对电视台的反哺。

与传统电视剧相比，网络自制剧有三个特征：

一是内容紧凑、节奏较快、篇幅短小。

传统电视剧一般为45分钟一集，但如今的电视剧是越拍越长，动辄一部就要几十集；而网络自制剧要充分考虑网络受众的收视习惯和年龄结构，若是时间过长，就会使受众的忍耐力大大下降，因此网络自制剧更倾向于短时间叙事，大多采用10分钟至20分钟的剧集长度。

二是题材多元化、演员选择偶像化，这一点与网络受众的年龄结构有关。

截至2014年6月，我国30岁以下各年龄段网民占网民总数的57.3%，其中，10—19岁网民占比为24.5%，20—29岁网民占比为30.7%（CNNIC，2014）。网络受众的年龄层级越低，意味着自制剧的题材选择也应越来越多元化、国际化，同时演员选择也要走年轻化、偶像化的路线。

在题材方面，网络自制剧的题材更加现代和多元，在内容上也更多了一份现实观照。针对受众人群具有年龄和思想年轻化等结构特征，网络自制剧的题材普遍采用了易于被年轻人接受和理解的爱情偶像剧，如《匆匆那年》、《欢迎爱光临》、《我用音乐说爱你》、《苏菲日记》等，这一类剧情节奏轻松愉快，造型青春亮丽。另外一部分题材设定为夸张风格的搞笑短剧，很符合当下流行的"恶搞"文化，如《屌丝男士》、《Mr.雷》、《扁豆先生》等。

三是成本低廉，门槛较低，互动性强。

传统电视剧的制作经费庞大，成本较高，动辄就要远赴影视城或其他城市拍摄，技术细节也力求精良，因此，除非有相当实力的专业制作公司，普通民众往往难以涉足。相比之下，网络自制剧的生产制作门槛较低，不需要动用大量人力，而且即拍即播，在推广上，也因网络平台的天然优势而省力不少，因此吸引了一大批中小型制作公司和非专业人士前来策划拍摄，其中也不乏令人惊叹的创意火花。

在传播方式上，传统电视剧是"你拍我看"的单向性传播，而网络自制剧不同，其在剧本创作和拍摄过程中更强调互动体验。例如，激动网在2010年曾制作了一个较为创新的互动剧，在观看过程中，受众可以对剧情进行竞猜，在互动剧的基础上，还开发出了"角色扮演"、"恋爱养成"、"悬疑推理"等多种新玩法，由受众自己参与其中体验剧情。此外，视频网站还可以与游戏厂商合作拍摄网游动画片，这样不仅能够直接向对方销售内容，还能为网络受众提供延续性的互动体验。

1. 网络自制剧的发展动因

近几年来，优酷、土豆、乐视、爱奇艺、搜狐视频、新浪视频等视频网站或门户网站先后参与推出网络自制剧，虽然都取得了不俗的效益，但这个结果并非一蹴而就。在网络自制剧的"公元前"时代，互联网技术的发展与普及、受众结构和收视习惯的变化、产业链整合的需求等因素，都为网络自制剧的快速崛起做好了铺垫。

首先，互联网技术的发展与完善，是网络自制剧产生并发展的根本原因和技术保障。回顾历史，电视剧的产生得益于无线电传输图像的技术革命，它的出现是为了满足电视这一当时新兴媒介的传播内容需要，反过来，电视剧的繁荣又促进了电视这一传统媒体的全面进步（张森、杨舒，2011）。同样，网络自制剧的出现也正是随着互联网技术的蓬勃发展而逐渐产生的。

20世纪末到21世纪初，互联网技术飞速发展，从拨号上网，到网速高达20M的宽带以及城市中日渐普及的无线网络，互联网传输高清视频的能力已非昔日可比。同时，传统电视剧行业产能过剩的现象，也为网络自制剧的发展提供了内容资源。

改革开放30多年间，我国电视剧产业呈现蓬勃发展之势。广电总局发布的数据显示，2011年全国电视剧拍摄制作备案申报公示的剧目共1435部、49190集，同意公示的剧目共1040部、33877集，较2010年同意公示的951部、29738集增长14%，而申报公示的剧目较2010年的1204部、36145集增长近36%（万梦，2012）。不可否认，中国电视剧行业投资热情空前高涨。2011 年,中国更是跃居电视剧产量第一大国。然而,在看似繁荣的电视剧产值数据背后,我们发现,综合近三年来电视剧审批数目和已播出数目,近一半数量的电视剧在申报备案后并没有按时生产出来。此外,审批数目与实际播出的电视剧比例仅为 10:1,这一数字意味着,在每年审批立项的电视剧中,10 部中只有 1 部制作出来能够在电视台播出,国内电视剧市场已经饱和。众多电视剧制作出来却无法播出,造成了巨大的资源浪费。目前,这部分产能正在逐渐向网络媒体转移,为网络自制剧的发展提供了强大的内容支撑。

其次,受众结构和收视习惯的变化,是网络自制剧产生并发展的重要推动力。互联网的迅速发展,剧烈撼动了电视媒介之王的地位,并使得电视剧的收视人群大量分流。截至 2014 年 6 月,我国网民数量已达 6.32 亿,其中网络视频用户 4.39 亿,占网民总数的比例为 69.4%(CNNIC,2014)。

在收视习惯上,传统电视剧具有平面化、单向性、收看时间固定、播放集数固定的特点,在当今社会,这样的传播方式已经显得过于保守和缺乏活力。而网络自制剧则是借助新媒体平台成长起来的新兴艺术样式,其所具有的灵活性、开放性和互动性传播特征,不仅大大丰富了人们的感官需求,也十分契合当今时代人们生活和工作的高频率和快节奏。

最后,上下游产业链整合的需求也为网络自制剧的发展提供了直接动力。互联网技术的发展催生了一大批网络媒体,尤其是以提供视频服务为主的视频网站,如优酷土豆、酷6、乐视,以及各门户网站开设的视频频道等,均如雨后春笋般纷纷涌现。相比传统的电视媒体,视频网站更具有平台优势,可以在短时间内聚集大量的内容资源。但问题也随之而来,内容资源该何处去找?

在没有自制剧之前,各视频网站的普遍做法是购买传统的电视剧资源,然后将其拿到网络平台播放。这种单纯的视频分享方式是零碎的,很难真正提升网络受众和广告客户的体验度,进而创造商业价值。

另一个不容忽视的事实,是这两年影视剧的网络版权费上涨幅度很大。在 2009 年年初,视频网站所获得的热门电视剧价格还在 3000 元左右一集,如《金婚》、《士兵突击》均为 3000 元/集;可到了 2009 年第二季度,这一价格就迅速涨至 30000 元一集,如《神话》;再到 2010 年年初,新版《红楼梦》、新版《三国》的网络版权费竟然一下子就涨到了二三十万元一集，而 2011 年的涨幅更是以平均每月数十倍的速度来计算。2011 年年底，让业界哗然的是，腾讯竟以 185 万一集的价格拿下了《宫锁珠帘》的网络版权，也打破了搜狐维持了没多久的 3000 万元购买《新还珠格格》独家播放权的版权纪录。在视频正版化日益成为行业共识的情况下，暴涨的版权费让原本就盈利堪忧的视频网站更加不堪重负。

在业内人士看来，近年来电视剧网络版权费水涨船高的原因不外乎两个，一是因为版权正常价值回归，对于网站来说，以内容为王不正常，因为盗版的内容远比正版的丰富。一些视频网站上市，需要一个"干净"的身份，也要购买正版版权。二是因为版权分销这种方式被不少网站认为有利可图，于是很多网站包括一些传统实力网站也纷纷进入视频领域，加入这个队伍。归根结底，其实就是市场原因、供求关系，大家都在买这个剧，当然价格就上升了（赵丽，2011）。由此看出，在高额的购剧成本重压下，视频网站大多是难以承受。而生存的压力，也迫使那些无力支付版权费用的中小网站不得不选择"盗播"。从某种程度上来讲，盗版甚至成为赖以生存的"潜规则"。一边是巨额购买，一边是无偿盗播，视频网站隔空交火、上诉公堂的现象也就显得不足为奇了。

不过，即便是高价买剧，就真的能赚到钱吗？这也是人们担忧的问题。电视台购买电视剧后，往往可以通过售卖贴片广告的方式回收到和买剧费用相同或者更多的广告费用。而视频网站为了降低成本，只有采取与其他网站共同播放的方式，分摊版权费用。这样的结果，使得网络受众和广告客户更为分散，非独播剧的网络版权价值也会大打折扣。

此外，影视剧的网络版权并非永久制，而是有着两年的使用期。这也意味着，购剧两年后视频网站如果还想播出此剧，就必须重新购买版权，否则就必须下线。因此前几年，网络视频"盗版横行"，一方面严重干扰了市场秩序，另一方面也成为众多视频网站的原罪。2010 年 11 月 12 日，广电总局下发了《关于印发〈广播影视知识产权战略实施意见〉的通知》，对视频网站的影视作品版权提出了更高的要求。于是，多家视频网站纷纷大量删除无版权的影视作品，"盗版模式"走至尽头，而购买正版影视剧版权又需要投入巨额资金，两难之下，视频网站开始探索自制剧的出路。

不过，对于"版权新政逼出了网络自制剧"这一说法，多数视频网站并不认同。以土豆网为例，其在自制剧方面的筹备已有近五年时间。早在 2010 年 4 月，土豆网就成立了专门的自制剧部。随后的 2011 年至 2013 年，"全土豆计划"带领土豆网向视频全产业链的方向发展，版权内容购买和网络自制剧都成为土豆网的发展重点。乐视网也从 2011 年 9 月发布了"乐视制造"原创战略。但与优酷、土豆的"草根化"战略不同，乐视网为了降低风险，走的是类型剧模式，其推出的剧集大致分两类，一是改编自网络热门小说，以《X Girl》、《唐朝好男人》为代表，二是请来传统影视剧领域知名监制、编剧、导演或演员，如《女人帮·妞儿》、《蕾女心经》。

2013 年，以优酷、土豆、爱奇艺、PPS、搜狐视频、腾讯视频、乐视网为代表的我国主流视频网站在版权支出方面的投入达到 37 亿元，在 2014 年上涨至 48 亿元，增幅为 29.7%。与此同时，在自制内容方面，2013 年各主流视频网站支出了 6 亿元用于自制内容，占版权支出的 16.2%，2014 年为 25%，而在 2015 年，这一数字将达到 35.1%。由此可见，各视频网站都意识到自制内容的蓝海，并大幅度增加自制内容的投入力度。

对于视频网站来说，版权剧和网络自制剧是两个比较独立的领域，从营销、内容、播放量等各方面来衡量，面对的客户和受众是不同的。而且，视频网站对于影视剧的需求非常大，如果出现高水平的影视剧，视频网站肯定是不会错过的，因为从目前来看，网络自制剧在制作水平上还未能达到热播剧的程度。

而从内容价值的角度来看，视频网站已经由单一的平台商转变为"平台 + 内容 + 终端 + 应用"的多重结合。以乐视网为例，通过自制垂直产业链的整合，衍生出更多商业形态，如小说、游戏等。2014 年，乐视已成功进驻天猫商城，率先拉开自制产业链下游之战。

2. 网络自制剧的商业模式

网络自制剧具有影视剧和网络平台的双重属性，这一特点使其在商业模式上引发出无限想象的空间。我们看到，伴随其一同出现的是一种集"制作、播出、营销、发行"为一体的全新商业模式，它不仅满足了网络受众的观看习惯，还使得跨媒介营销、互动营销、植入营销等各种营销手段都得到了有效实现。

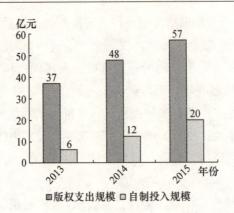

图 5 – 5　2013 – 2014 年主流视频网站版权支出及自制投入情况

资料来源：enTVbase 电视决策智库及公开统计信息整理，2014。

　　相比传统电视剧主要依靠版权售卖和贴片广告、时段广告作为价值补偿和增值的手段，在盈利模式上，网络自制剧独特的内容和快捷的传播速度，以及如今网络媒体发展的成熟度，决定了其最大收入来源仍是植入式广告。

　　艾瑞咨询数据显示，2011 年第一季度，中国在线视频的市场规模达到了 10 亿元，综合视频网站的商业价值已经得到了广告客户的认可，市场份额稳定在 60% 以上；门户网站也纷纷加大了在视频领域的投入，份额接近 20%。随着网络用户的持续攀升，越来越多的广告客户也看中了网络平台所覆盖的庞大消费群体，但单纯的广告短片似乎很难达到深入人心的传播效果，网络自制剧独有的电视剧属性和轻松时尚的年轻化题材，不仅能大大增强植入广告的感染力，也能为广告的灵活植入提供便利。因此说网络视频广告正在成为最热门的营销平台。有业内人士预计，越来越多的企业会在自制剧中通过更为成熟的植入式广告模式使产品服务信息得以展示与营销。

　　除了植入广告外，网络自制剧的发行渠道也是多元化的，可以同时向其他的视频网站、手机媒体、公共移动电视、户外 LED 显示屏等多种渠道共同发行；此外，在后期制作时，网络剧还可以生成多种版本，同时向传统媒体平台延伸。以土豆网的第一部自制剧《欢迎爱光临》为例，在播出平台的选择上，该剧除了会在视频网站播出外，其版权还被星空卫视、香港亚视等多家电视台买走，就连该剧的名称《欢迎爱光临》也被青海卫视的一档相亲节目征用，这无疑又进一步拓宽了网络自制剧的发行渠道。

不过，一片繁华背后，我们也要清醒地认识到，在网络自制剧的商业模式决定因素中，起核心作用的不仅有平台，还有内容。平台决定了受众类型和收视习惯，而内容则决定了传播效果和广告客户。

视频网站具有很好的平台优势，网络自制剧是依附于网络平台而生，因此必须根植于网络传播特点来进行剧集的制作和推广，只有这样才能做出具有网络特色的自制剧内容产品，实现商业价值的最大化。

网络自制剧的可贵之处在于其低成本、低门槛和创意性，但是低门槛并不意味着低品质。在内容方面，传统电视剧已经发展出成熟的艺术风格，而网络自制剧仍然处于成长阶段，虽然目前还没有制定针对网络剧质量的评审标准，但能否保证其在今后道路上呈现良性发展态势，不仅取决于商业运营模式，还取决于它能否尽快发展出稳定精良的艺术品质。

自制剧内容提升的关键还在于团队力量、创意和制作传播环节。从人员上看，能否有足够的内容制作经验，能否洞悉网络受众对内容的喜好；从创意环节看，能否根据网络受众的使用习惯和传播行为进行改进和调整，创意是否新颖，能否打动广告客户和网络受众；从制作和传播环节来看，对内容的把控是否严格，能否最大化地调动各种传播力量，扩大自制内容的影响范围和传播效果等。只有上述几大环节共同配合，才能更好地提升自制剧的内容和品质。

从全新的商业模式到别致的艺术创新，从适宜的传播平台到精准的受众定位，乘着网络时代的翅膀，网络自制剧飞出了一片广阔的天空。不难理解，为何当传统的影视剧还沉浸在史诗般叙事和大投资、大制作的宏大梦想中时，那些关注年轻群体、思考当下生活的网络自制剧能够触动社会的深层脉动。可以预见，如果网络自制剧能够走上一条良性发展的道路，必将给电视剧行业发展注入更多活力。

（二）网络自制节目

回顾2011年，资本驱动在视频网站版权争夺市场中的作用愈加明显，但这种资金压力也让视频网站难以承受。进入2012年，为了降低资金链断裂的风险，各视频网站纷纷转换思路，开始走多角度竞争的道路。

一方面，电视剧行业逐渐趋于理性，各视频网站联手压低价格。另一方面，那些曾在 2011 年购买了大量热播电视剧的视频网站纷纷出现"换剧"势头，在为自身打造一个丰富的节目内容资源库的同时，各视频网站又都开始以超过以往的热情进行着影视剧的相互分享和版权分担。2012年 3 月，互联网视频行业的两大巨头优酷和土豆宣布合并。此新闻一出，立即引起轩然大波。笔者了解到，两家公司的版权购买部门其实已经提前完成了整合程序，目的就在于节省购剧成本。2012 年上海电影节期间，优酷、土豆、腾讯、爱奇艺、PPTV 这 5 家视频网站联手购买了一部名为《囧人的幸福生活》的电视剧版权。此举具有重要的现实意义，不仅开创了网络媒体"团购"电视剧版权的第一单，而且立足于行业长远发展的角度，让价格回归理性。

　　不过，问题也随之而来，网络视频行业在内容领域的共享和分担，虽然能对稳定版权价格、维护各方利益起到至关重要的作用，但缺少新的优质内容和版权分销势必导致视频网站的内容同质化，而为了体现差异化，自制内容无疑成为一项最佳选择。

　　1. 网络自制节目的优势与创意

　　目前，视频网站的自制内容一般分为自制剧、微电影和自制节目。相对于自制影视剧，自制节目有它特有的优势。一方面，在资金投入上，自制节目在前期策划、样片拍摄等阶段投入相对较小，而且一旦市场反响不如预期，随时可以撤资，风险小很多。另一方面，在实际操作上，自制节目也比影视剧的门槛低很多。目前，国内影视剧的制作水准参差不齐，每年能够创下高收视率的精品影视资源在全年影视剧生产总量中仅占有极其微小的比例。对于视频网站亦是如此，相对于投拍近百部才可能有一两部在网络火爆的"低成材率"，做一档有自己特色的原创栏目更容易实现。

　　事实上，从 2006 年悠视网、激动网等开始尝试自制节目，到 2014 年自制节目遍地开花，网络自制节目已经逐渐由"低成本低俗化"向"专业化正规军"转变。尤其是 2012 年以来，网络自制节目的蓬勃发展，不仅吸引了一大批电视人加盟，而且在策划和制作方面也开始向电视综艺节目的标准配置靠拢。

　　在生产流程上，网络自制节目也与传统媒体节目毫无二致。有从数周到数月不等的筹备时间，历经"前期策划、评估"、"筹拍联络"、"样片制作"再到"正式投拍"，最后"宣传、造势、上线"，环环相扣、井然有序。流水线式的生产带来的是大量的自制内容，而且相对于电视台每次播出新节目前调整节目单、留出节目时段等复杂的环节，视频网站播出自制节目有着天然的优势——只需要在自己的平台上多增加一个页面和几个链接就可以了。如此看来，工业化的生产、便捷的播出平台和纯熟的商业运作，都是视频网站自制节目的优势，而在此情况下，精彩的节目创意和专业的制作团队就显得尤为重要了。

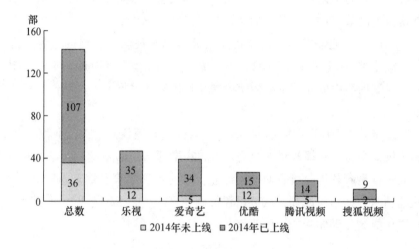

图5-6 2014年主流视频网站自制节目规模（截至2014年8月25日）

资料来源：enTVbase 电视决策智库及公开统计信息整理，2014。

　　至于自制节目的创意来源，爱奇艺主要有三个途径，一是策划团队的想法，这部分占有较大比例；二是来源于百度的数据分析；三是从销售部门得到的反馈。与之相同，悠视网的创意思路也验证了这一观点，据悠视网运营中心副主编介绍，悠视网的节目创意大多是与公司制作团队集体讨论的结果，而决策依据往往是根据自身平台的数据表现和内容反馈。

　　值得注意的是，虽然与传统媒体严格的节目审查制度相比，互联网内容目前的制作环境相对宽松，但"宽松"并不意味着"放松"。早期的互联网节目为了吸引受众的注意力资源，节目尺度较大，但随着行业竞争和观众对于低俗文化的自发抵制，以及监管部门不断加强监管，几乎所有的视频网站对于自制节目都建立起了明确的审查流程和审查重点。从节目编导到制片人、主编（总监）再到总编辑等网站内容负责人的四级审查几乎成为"标配"。

除常规审查流程外，很多视频网站还设有专业的审查委员会，对敏感题材和重大节目进行审查。而且各视频网站也对自制节目制订了严格的考核指标。以搜狐视频为例，目前其考核自制节目主要有三个标准：第一是点击播放量，第二是品牌影响力，第三是盈利能力，如果在3—6个月的时间里，一档节目从点击到收入都不能达到预期，那么它就会被毫不留情地撤下。因为不论对哪家视频网站来说，流量、影响力和商业收益基本上都是对自制节目评价的基本标准，这三点是一脉相承的。

2014年，自制节目在视频行业已经呈现出规模化发展的态势。据统计，截止到2014年8月25日，仅主流视频网站就已经有近143档自制节目，自制内容由原先的平移传统电视节目内容向高投入、大制作、专业营销转变。

爱奇艺于2014年年底推出的自制节目《奇葩说》在11月29日首次上线仅2小时后总播放量便突破百万，在微博热门话题榜上，也以近一亿次的阅读量赶超当晚所有的电视综艺，成功登顶"疯狂综艺季"话题榜。从选题内容到结果调查，从节目评价到弹幕吐槽，《奇葩说》以互动形式多样化成为互动体验的绝佳范例①。

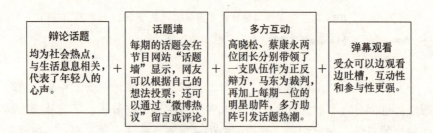

图5-7　爱奇艺自制节目《奇葩说》互动性分析

除此之外，各大视频网站也在积极探索自制节目新的商业模式，与传统电视媒体合作、品牌定制等新观念层出不穷，如优酷土豆与韩国第三大电视台SBS联合推出的旅游真人秀《Guest House》。该节目会在优酷土豆平台与SBS旗下的多个电视台进行中韩两地的同步播出，客户的内置广

①　详见本章结尾处：曹慎慎：《〈奇葩说〉要的是破格不是出格》，原载于2014年12月1日"广电独家"公众号。

告可以在中韩两地获得展示，而节目的制作成本也是由优酷土豆与 SBS 共同承担。这标志着视频网站和电视台一样，开始以独立身份介入到内容生产当中，比起购买版权或者引进模式，这样的合作更深入，也更能打造出契合国内受众口味的节目（艺恩咨询，2014）。

目前，我们能够看到的网络自制节目大多是综艺娱乐类节目，除此之外，纪录片类节目也在互联网获得了新的生存和发展空间。

各视频网站之所以对综艺娱乐类节目钟爱有加，一方面是因为这类节目覆盖面广而且受限制少，内容涵盖约会交友真人秀、评论脱口秀、美妆时尚、医学健康、流行音乐、影视资讯等。比如爱奇艺的《浪漫满车》，与电视节目相比，《浪漫满车》的幕后团队同样是专业人员出身，既保证了节目的专业品质和水平，又在操作手法上更加活泼，也更能突出网络鲜明的互动特色。

图 5 - 8　优酷土豆自制节目《Guest House》模式分析

另一个重要原因是自 2012 年 1 月 1 日"限娱令"实施后，不少原本为电视策划的综艺节目转战网络，从而使得网络自制节目的风头也日渐赶超电视综艺。尤以搜狐视频与湖南卫视联合出品的《向上吧！少年》最为典型，该节目邀请了湖南卫视《天天向上》的主持人钱枫，以及在《天天向上》中有过出色表演的月川雄和陈铭担纲主持，总投资上亿元，创作班底由搜狐视频和湖南卫视共同担当，在播出呈现方式上也打通了"电视台—网络"双渠道，从 2011 年 10 月开始先在湖南卫视《天天向上》节目中有一个一分钟左右的预热，2012 年 4 月 13 日后，每周五都会在《天天向上》进行 10 分钟左右的片段播出，然后在 22 点（《天天向上》湖南卫视播出结束后）开始在搜狐视频完整播放，每次时长 2 小时。

此外，购买国外优秀节目的版权进行本土化改造，也是网络自制综艺节目的一个发展方向。如 2012 年 2 月，爱奇艺宣布购买英国 Date My Car

节目的海外版权，在引进后对该节目进行了本土化改造，推出了婚恋综艺节目《浪漫满车》，使之更加符合中国观众的观看需求。值得一提的是，Date My Car 虽然是由英国公司开发出来的节目，可它本身就是一档专门为互联网研发的节目。在欧洲，它的播出平台也是在互联网。另外一个引进案例比较有争议。2012 年 3 月，搜狐视频推出的脱口秀节目《大鹏嘚吧嘚》和美国的《柯南脱口秀》（Conan）因为版权问题而隔空交火，这次争夺最终以搜狐承认"轻度抄袭"并宣布引进版权、《柯南脱口秀》大方赠送搜狐视频新片头而"皆大欢喜"。一时间，互联网版权购买成为业界热议的内容。不过，对于更加高额的成交金额（如爱奇艺购买 Date My Car 海外版权的成交额在八位数以上），多位视频网站负责人表示，现阶段，互联网自制节目还处于模仿和学习的阶段，虽然海外的综艺节目非常优秀，但实现本土化改造非常困难，再加上如果完全引进海外制作团队，在政策层面上也存在问题。因此，互联网栏目引进海外版权在目前还不会成为潮流。

除了综艺娱乐类节目之外，作为影视艺术的重要组成部分，纪录片通过影视手段记录和表现人类社会与自然世界的历史、现状，以展现真实为本质，并用真实引发人们思考，具有丰富的文化内涵和独特的审美价值。诸如《当卢浮宫遇见紫禁城》、《美丽中国》、《梁思成与林徽因》、《舌尖上的中国》等均在国内外获得很高评价。

不过即便如此，我国的纪录片发展仍旧面临困境，特别是由于纪录片的主要播放渠道仍是电视台，在以收视率为主要标准的栏目评价体系下，相对小众的纪录片很难去与影视剧、娱乐节目竞争黄金播出时间。与此同时，除了极少数纪录片能够做到既叫好又叫座以外，绝大多数纪录片还是难以保证经济效益。

随着互联网自制节目的大量涌现，纪录片在电视台和电影院之外也重新获得了生存和发展的空间。一方面网络媒体为纪录片提供了节目播出的平台，另一方面也为纪录片提供了信息交流和聚拢受众的平台。除此之外，网络媒体还影响着纪录片的制作理念和生产方式。

一方面，视频网站开始投资制作网络纪录片。比如，搜狐视频推出的《大视野》栏目，周一至周五每日播出一集，时长 24 分钟，以历史的气魄、人文的关怀形成了节目的叙事逻辑和阐述理念，引领观众品味历史事件，赏析文明百态。

另一方面，受播出时间的限制，与大众节目相比，定位高端的纪录片在电视台很难发挥自己的价值，更难以吸引广告商的投资，但随着纪录片在网络上的热播，投资商对于纪录片的兴趣有所加大，出现了投资商或广告商出资，专业影视团队制作，视频网站负责传播的产业合作模式。以2011 年 1 月在土豆网播出的纪录片节目《语路》为例，其由贾樟柯导演监制拍摄，尊尼获加公司（一个威士忌酒品牌）提供资金，土豆网负责宣传推广和网络传播，形成了完整的合作链条。这部纪录短片共 12 集，每集 3 分钟，非常符合网络传播的特点。

鉴于此，我们应当充分认识网络对于繁荣纪录片创作、促进纪录片发展的重要意义。网络传播对于影视剧和综艺娱乐节目来说，是锦上添花，而与之不同，网络传播对于纪录片来说可谓是雪中送炭。毫无疑问，网络媒体正在成为纪录片传播的重要渠道，网络传播也正改变着之前纪录片一直叫好不叫座的尴尬局面。高水准纪录片在网络媒体的商业运作规模化也将逐渐凸显。未来，品牌广告、用户付费、版权输出等多种商业模式，将为网络自制纪录片提供充满想象力的发展空间。

2. 网络自制节目的电视语态特色

"电视语态"这一概念最早是由孙玉胜在其《十年：从改变电视的语态开始》一书中提出的，他认为改变电视语态就是改变说话的态度和叙事方式。对于目前已有的网络自制节目来说，打造一种全新的电视语态，就是要运用多种语言符号和表达手段进行信息传递，包括对话语体式、语汇体系、表达情态和传播方式等灵活广泛的应用。

对于上文分析的诸如《大鹏嘚吧嘚》、《浪漫满车》等网络综艺娱乐类自制节目，虽然在形式上仍沿袭了电视节目"演播室 + 视频片段"的串编思路，但在话语风格上却摒弃了传统的播报风格，采用更为生动鲜活的"笑侃式"语言表达，从而使得传播效果大大增强，也深受广大观众尤其是青年一代的喜爱。

• 笑侃的解读方式

"资讯使人焦虑，何不娱乐处之。"这是梁冬在凤凰卫视"娱乐串串

SHOW"① 开场白中所说的一句话，正好契合了当下人们对于简单、轻松、娱乐的追求和渴望。"乐"在这里指的是一种积极向上的生活态度和轻松泰然的人生智慧，而不是指那种泛化的只注重煽情、刺激和戏剧化效果的内容。因此，如何体现"乐"，对于网络自制节目的策划制作来说尤为重要。比如搜狐视频的自制节目《大鹏嘚吧嘚》针对热点事件，以主持人大鹏的麻辣点评为主，佐以各种搞笑短片为料，或尖锐批判，或深度剖析，或另类解读，以幽默搞笑与观点新颖见长。而优酷视频的自制节目《晓说》，则选择"笑侃世界、乐谈人生"的制作理念，一切只因闲来无事小聊怡情。

"笑侃"表达的是一种心态，目的是要让观众在轻松的氛围下得到身心的愉悦，抱持一种热爱生活、乐观向上的人生态度。美国心理学家威廉·詹姆斯（William James）② 和丹麦心理学家卡尔·兰格（Carl Lange），分别于 1884 年和 1885 年提出了内容相同的情绪理论，他们强调情绪的产生是植物神经系统活动的产物。后人称他们的理论为情绪的外周理论，即"詹姆斯·兰格"的情绪学说。詹姆斯认为："我们一知觉到激动我们的对象，立刻就引起身体上的变化；在这些变化出现之前，我们对这些变化的感觉，就是情绪（斯托曼，1986：347）。"

> 对于刺激我们的对象的知觉心态，并不立刻引起情绪；知觉之后，情绪之前，必须先有身体上的表现发生。所以更合理的说法，乃是，我们因为笑，所以开心；因为哭，所以愁；因为动手打，所以生气；因为发抖，所以怕；并不是我们愁了才哭，生气了才打，怕了才发抖。（詹姆斯，转引自斯托曼，1986）

在詹姆斯看来，哭、打、发抖就是情绪产生的直接原因。他总结说："情绪，只是对于一种身体状态的感觉；它的原因纯乎是身体的（1986：349）。"由此看出，乐观与否，其实只是一种简单的心理暗示和选择；侃是一种语态，字形就表示了它的含义，该字由三部分组成，左面是一个人，右上方一张嘴，右下方三个撇，表示嘴里说出来的东西滔滔不绝，合

---

① 《娱乐串串 SHOW》为凤凰卫视于 2001 年至 2004 年 12 月播出的娱乐节目，梁冬主编及主持，策划沈宏非。

② 威廉·詹姆斯（William James，1842—1910），哈佛大学实证主义哲学家，主要著作有《心理学原理》。

起来表示一个人在不停地说话。

网络自制节目的"笑侃"态度体现在三个方面：

其一，对新闻事件的解读上。比如在说到"毒胶囊"和"明胶酸奶"事件时，《大鹏嘚吧嘚》以"一双皮鞋的爱情故事"切入话题，讲到两只鞋原本是"恩爱"的一对，后来一只被拿去做了胶囊，一只做了酸奶，原本以为再也没有机会见面，没想到最后是在一个人的胃里"团圆"了。这样的处理方式，以另外一种的语态软化了新闻的负面影响，同时又用一种讽刺式的冷幽默缓解了公众的焦虑情绪。

其二，"笑侃"还体现在对常态话题的解读上。比如在搜狐视频推出的新闻脱口秀《微言大义》节目中，主持人董路笑侃深圳某影院放映 3D 版《泰坦尼克号》时突然停电，正当大家纷纷怒骂时，后座一哥们儿大叫一声，"千万不要就这么穿越了呀！"惹得哄堂大笑，观众的恼怒情绪瞬间化解。

其三，笑侃的态度还体现在一些非常态话题的对比解读上。比如 2012 年 7 月 5 日的《大鹏嘚吧嘚》节目，在评点"今日五宗罪"时专门讲到了铁道部在 2011 年未能盈利的情况下，仍然斥资 1850 万元拍摄宣传片，平均每秒钟就要花费 5 万元。在节目中，主持人大鹏向观众发问："5 万元是多大一笔钱？"同时以一秒钟的定格镜头做对应，告诉大家就这一眨眼的工夫便花费了 5 万元。主持人以戏谑讽刺式的评论，加上镜头的大胆剪辑，让观众总能在观看节目的同时感受到一种极大的对比反差。

- 网络式的语言特点

网络脱口秀是电视媒体与网络媒体融合而成的一种全新的节目形态，目前现有的网络自制节目除了真人秀类诸如《向上吧！少年》、《浪漫满车》等之外，大多数原创节目都属于网络脱口秀一类。这类节目不仅具备了网络媒体的所有特征，而且在语言风格上更能体现出个性化、形象化和幽默感的特点。

从语言发展的角度看，媒介语言的变化与社会转型与变迁是息息相关的。美国学者布赖特在《社会语言学》一书中就非常明确地将其称为"共变"关系，提出"语言和社会结构共变"的理论：语言和社会这两个因素互相影响、互相制约、互相接触，从而引起各种变化（Bright，

1964）。语言学家陈原也在《社会语言学》中说："凡是社会生活中出现了新的东西，不论是新制度、新体制、新措施、新思潮、新物质、新观念、新工具、新动作，总之，这新的东西千方百计要在语言中表现出来。不表现出来，那就不能在社会生活中起到交际作用。"

同传统的书面语言相比较，网络语言由于减少了外来的束缚，从而最大限度地反映出每个人在语言上的创造力。这种个性化的表现在《大鹏嘚吧嘚》、《微言大义》、《晓说》等节目中，就是创造性地引用一些新词新语，比如"萌萌哒"、"no zuo no die"、"屌丝"、"高帅富"、"hold住"、"有木有"、"亲"、"吐槽"、"神马"、"妹纸"（妹子）、"杯具"（悲剧）等为代表的网络词汇充实在节目串联词中。这些诙谐、生动的网络语言，不费吹灰之力，就达到了让人印象深刻的目的。

在网络自制节目中，网络语言的形象化体现在表述方式上。网络空间自由自在，网民可以在这个广阔的平台上表现自己的创造力，幽默而形象化的语言就这样大量地出现了。如在《大鹏嘚吧嘚》节目中，形容狗狗的追逐游戏，节目就引用了"没有金钢钻就别揽瓷器活，这是对人说的，但狗狗要说，没有大长腿，就别跳这灌木丛①"。这样形象的说法可以一下子抓住观众的心，引发人的共鸣。

幽默感是网络语言的又一特点。网络脱口秀节目广泛采用或诙谐或冷幽默的语言来营造轻松愉悦的氛围，比如"员工和老板之间，那就是一场没有硝烟的战争，谁能笑到最后，还真不好说呢。②""你永远也参不透吃货们的心，因为你刚一进入就会迷失在食物的海洋中。③"此外，丰富多变的视听语言，在电视和网络报道方式的构成中也占有非常重要的地位，充分发挥视听符号的作用，不仅有助于提高节目的声画质量，更有助于传递多种情感和体验。

（三）微电影

作为 UGC 内容的代表，"微电影"这三个字也在近几年频频露面。与传统意义上的"大电影"相比，微电影具有四个"微"特征——微时长、微周期、微花费、微技术。

---

① "大鹏嘚吧嘚"，搜狐视频自制综艺节目，第 432 期。
② "微言大义"，搜狐视频自制综艺节目，第 170 期。
③ "微言大义"，搜狐视频自制综艺节目，第 178 期。

　　第一，微时长。相对于传统的90分钟甚至长达数小时的影院大片，微电影的时长要短得多，适合人们在移动状态或是短时休闲状态下观看。例如，打着史上首部微电影旗号的影片《一触即发》，时长仅有2分钟。随后推出的"十一度青春"系列，其中的九部时长都在8分钟至15分钟之间，只有《老男孩》是42分钟。

　　不过，微时长只是一个相对概念，是与影院电影对比来说的，不应对其限定一个具体的数字。目前，大多数微电影的时长都在30秒到50分钟之间，但是不排除将来会出现更长的微电影，这将由新媒体传播特点和新媒体受众的要求来决定。

　　第二，微周期。微电影制作周期很短，大多是几周就可完成。例如，中国第一视频网站优酷网联手中国电影集团公司、雪佛兰科鲁兹联合摄制"十一度青春"系列从2010年6月3日开机，到8月20日第一部短片《拳击手的秘密》上线，仅用了2个多月，而长达42分钟的《老男孩》拍摄仅用了16天。

　　第三，微花费。与传统"大电影"动辄上亿的大投资相比，微电影的制作成本相当低廉。对于投资方来说，小成本能够博得"大收益"，一方面是巨大的社会影响力，另一方面又能够通过柔性广告植入获得更大的附加效益；而对于观众来说，收看微电影是免费的，只需支付上网费用，方便快捷。网络平台将观众的点击量变成商品，电影成本由广告商埋单。当然也有收费观看的微电影，不过与电影院几十元的票价相比，几元的点播费的确是"小巫见大巫"了。

　　第四，微技术。主要体现在两个方面：其一，高清数字摄像机的普及使得电影制作技术越来越轻便，免去了胶片和磁带繁复的洗印、翻录程序；其二，互联网带宽的增加使得个人电脑、智能手机接收大数据量视频影像成为可能，很多网站提供高清和超清两种不同的视频格式。微电影以数字文件形式传播，从制作源头到传播终端都实现了轻便的数字化。

　　与传统的原创网络短片和民间DV影像相比，微电影又有两个高门槛。首先，微电影的艺术水准高，采用电影化的创作意识，比一般网络原创短片和民间DV影像更具观赏性；其次，微电影从创作之初就搭建了专业化水平较高的营销模式，较之前两者网络传播的偶然性和随意性，微电影的传播目的更加明确。

　　综合上述特征，我们可以试着说明微电影是什么。所谓微电影，即指专门针对新媒体平台量身定制，具有完整故事情节和专业电影制作团队，以网络为核心传播平台，同时延伸到多种移动终端的影片。它的出现，使得如今曲高和寡的大制作、大投资电影重新回到了真正具有互动和体验特点的、人人皆可参与的微时代，它的优品质、低门槛、普世性和互动性满足了 Web 3.0 时代人们追求精神自由和互动体验交流的感性诉求。

1. 微电影的商业模式

随着"微电影"一同出现的，是一种融"电影、新媒体和广告商"于一体的全新商业模式。具体说来，即是整合专业的电影制作团队或联合知名电影导演，由实力强大的视频网站负责推广营销，并吸纳广告商投资，通过柔性广告植入的方式"消化"相当大部分的制作和推广成本。

从制作模式上来看，微电影采用专业而新锐的电影制作力量，吸收广告商投资。"十一度青春"系列邀请了 11 位才华横溢的青年导演，如新锐导演尹丽川、筷子兄弟、张亚光、沈严、皮三等，每人执导一部短片。"4 夜奇谭"系列则邀请了香港导演彭浩翔担当监制，邀请周迅、黄立行、张静初等明星出演，并由三星投资拍摄。这种制作模式既为电影人提供了施展才华的平台，保证了电影艺术的创新性，又整合了多元化的社会资金，解决了融资问题。

从传播模式上看，微电影尝试全方位立体式营销，融合了新媒体与传统媒体的传播优势，编织出一张多元化、发散型的传播网络。其中，新媒体不再只是传统影视媒体内容的二次播出平台和网络营销渠道，而是有了更为深层的功用。

以"十一度青春"和"4 夜奇谭"为例，二者都不约而同地把传统影视媒体与新媒体的合作提升到了一个新高度。在"十一度青春"系列微电影的制作过程中，优酷网发挥了网络视频的传播优势，在 10 部微电影上线过程中，推出了《我系小跟班》系列综艺节目，对拍摄中的微电影进行现场谍报，再加之些许剧透，制造舆论话题，成功地发挥了网络媒体的议程设置功能。微电影打通了新媒体和传统媒体两种渠道，借助网络新媒体"病毒式"迅速而广泛的传播特点，大大提升了微电影的传播影响力。

不过，在乐观展望微电影产业前景的同时，我们也应避免走入商业与艺术结合的误区。微电影的可贵之处在于其低门槛和创意性，然而作为一种新生的电影艺术形式，过早地与商业共舞，给微电影的发展增加了难度。在拥抱商业带来的灵活创作资金同时，也必须注意其作为艺术表现形式的独立性和审美性，这是微电影区别于家庭录像和 DV 影像的特质，是避免被人们称为"广告大片升级版"的砝码，也是其成长为持续增长产业的必要条件。

另外，较之传统的大电影，微电影的创作门槛低，再加之高清摄影器材的推陈出新，更是给微电影创作带来了极大的便利。不过，这既是它的优势所在，也是值得注意的问题。"十一度青春"系列和"4 夜奇谭"以其清新的形式让观众眼前一亮，给微电影的轮番登场拉开了华丽的帷幕。但是，微电影仍然处于成长阶段，能否保证其在今后的道路上呈现良性发展态势，不仅取决于其商业运营模式，还取决于其能否尽快发展出稳定精良的艺术品质，在电影家族中立稳脚跟。

无论如何，借助全新的商业模式，微电影得到了与传统大电影分庭抗礼的发展可能性，并提升了原创网络短片的艺术品质，具备成为一种具有独立审美特征的电影艺术形式的潜力，推动新媒体视频行业进入了产品化时代，成为中国电影产业新的增长点。

2. 多元文化的推动力

互联网的发展，剧烈撼动了电视媒介之王的地位，并使得传统影院的观影人群大量分流。因而，微电影获得了一个覆盖主流媒体受众资源的机会，它传递的文化价值也具有相当大的影响力。

目前，中国媒体受众细分的趋势越来越明显，面对大众消费群体，电视依靠收视率获得广告利润，电影院依靠商业大片赚取票房，为了最大范围地获取有效受众，传统影视媒体传播的多是普世价值观、大众化的内容，这些内容消磨了个性和创新，就像百货商场货架上的大众产品，虽然畅销却总是千篇一律。这一点，从近几年中央电视台的数次改版中可见一斑，一大批关注社会现实的纪实类栏目"被停播"，具有深沉历史文化和现实思考的题材被边缘化。

商业电影院线迫于票房压力，并没能给多元文化提供包容的舞台，而微电影则不然。2010 年深秋，一部 42 分钟的微电影"老男孩"，裹挟着"青春如同奔流的江河，一去不回，来不及道别"的怀旧情绪，唱哭了无数"70 后"、"80 后"，甚至是"60 后"和"90 后"。故事情节非常简单，表面上看，这是一个有关两个普通人的"青春与梦想"的故事，细想一下，它其实还有着更为深层的含义。这部以草根、怀旧、青春、人生、爱情、友情为基调的电影，实际上是在帮助所有经历过这一时代的人找寻逝去的回忆。当影片最后，兄弟俩站在台上唱起原创歌曲《老男孩》时，一张张充满渴望的脸在镜头前掠过——农民工、烤串摊主、吃方便面的白领、捏脚的服务员、中年酗酒男人……这些不正是我们日常生活中最常见的人吗？因而，关注草根和小人物群体，聚焦现实的困惑，对当下生活进行反思的影片，更易引起网友的共鸣，这也正是《老男孩》获得成功的原因。

与之同属一类题材的还有 2011 年筷子兄弟新推出的微电影《赢家》。影片中关于友情、亲情、爱情的思考，对于建设文化产业园区而造成的拆迁问题的关注，在传统电影中几乎看不到。"到底什么才是真正的赢家"，一个问题道出了这个时代许多人内心的辛酸。待影片结束之时，问题答案终于揭晓，众人恍然大悟："当我们珍惜平凡的幸福时，就已经成了人生的赢家。"因此，我们得出结论：相比传统影视媒体，新媒体平台具有更高的文化包容度。

二 网络电视台：开启频道覆盖新纪元

如果说网络自制剧和自制节目为网络视频的发展指明了方向，那么网络电视台则不仅提升了我国省级卫视的影响力，更为地面频道（不上星频道）的覆盖传播扩展了新空间。

与 TV 平台上的互联网电视（IPTV）不同，网络电视台指的是"PC 平台上的网络电视"，即使用 PC 机收看，通过互联网平台传播电视的节目内容。无论是 2009 年底成立的中国网络电视台，还是 2010 年以来陆续开办的安徽网络电视台、湖南卫视芒果 TV、上海网络电视台等，都有一个共同特点：以传统电视媒体的内容为依托，在此基础上整合自有版权资源，打造"内容＋平台"的媒体融合业务，实现从电视到网络的全方位覆盖。

（一）省级网络电视台的发展模式

在我国省级网络电视台阵营中，安徽网络电视台、芒果 TV 和江苏网络电视台是较有代表性的三个。为了全面综合地分析上述三家网络电视台，笔者研究比较了 2012 年 4 月 27 日至 7 月 27 日之间三家网络电视的内容设置、用户满意度、媒体关注度和受众结构。

　　1. 省级网络电视台的频道设置和首页栏目设置

　　安徽网络电视台主打热播影视剧，是"电视剧＋资讯＋娱乐＋游戏"的模式；芒果 TV 的页面设置模仿美国视频网站 Hulu 的模式，纵式排列简洁明了，在内容上以综艺和影视剧为主；江苏网络电视台以直播节目为主，内容综合，涵盖了影视、综艺、情感、生活等各个方面。

表 5 - 4　安徽网络电视台、芒果 TV 和江苏网络电视台网站首页对比
（2012 年 4 月 27 日至 7 月 27 日）

	安徽网络电视台	芒果 TV	江苏网络电视台
频道设置	首页、新闻、热剧、娱乐、资讯、图片、专题、社区、无线、海豚 TV	首页、电视剧、电视节目、电影、新闻纪实、音乐、直播	首页、高清直播、新闻台、专题、非诚勿扰、一站到底、独家访谈、交友、情感、汽车、节目表、社区
首页栏目设置	视频、热门专区、新闻、活动专题、热播剧场、独家栏目	金鹰独播剧场、芒果王牌栏目	今日聚焦、拍拍新闻、微博互动、新闻
	娱乐视频、娱乐新闻、娱乐热图、娱乐评论、明星动态、每日写真	电视剧、电视剧人气榜	情感、甲方乙方、非诚勿扰、梦想成真
	娱乐评论、娱乐焦点、影视评论、剧焦点、热剧资讯、在线看剧、热门剧照	电视节目、节目热播榜	曝光台、石头会说话、有一说一、零距离、新@财经
	资讯视频、资讯视点、图说天下	电影、电影人气榜	娱乐、非诚排行榜、娱乐排行榜
	海豚 TV、海豚访谈	音乐、音乐好评榜	乐活、房产、健康、交友、汽车
	http：//www.ahtv.cn/	http：//www.imgo.tv/	http：//www.jstv.com/

　　注：截至 2012 年 7 月 27 日，笔者根据各网站情况整理并绘制此表。

2. 三家网络电视台排名比较

通过百度指数，可以比较得出三家网络电视台在 2012 年 4 月 27 日至 7 月 27 日 3 个月中的网络曝光率和用户关注度①。从图 5 - 9 可以看出，2012 年 4 月 27 日至 7 月 27 日期间，芒果 TV 的用户关注度最高，峰值超过了 40000，而江苏网络电视台和安徽网络电视台则表现平平，在 2012 年 6 月至 7 月，江苏网络电视台出现了两次小的峰值，用户关注度超过安徽网络电视台。

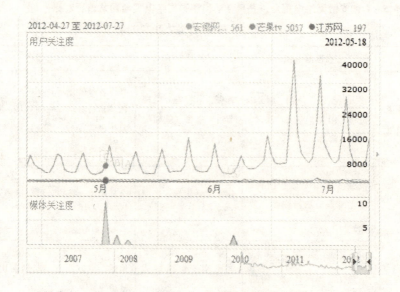

图 5 - 9　三家网络电视台的百度指数比较

通过对比三家网络电视台的 IP 访问量和 PV 浏览量的数值，可以看出，江苏网络电视台日均 IP 访问量和 PV 浏览量都是最高的，其中江苏卫视的《非诚勿扰》节目起到了至关重要的提升作用。

3. 受众结构比较

通过对比安徽网络电视台、芒果 TV 和江苏网络电视台的受众结构，可以看出，安徽网络电视台的受众以男性为主，年龄主要集中在 30—39 岁，受众职业以教育/学生和 IT 为主，其次是传媒/娱乐和政府/公共服务

———————

① 用户关注度是以数千万网民在百度的搜索量为数据基础，以关键词为统计对象，科学分析并计算出各个关键词在百度网页搜索中搜索频次的加权和。

人员。芒果 TV 的受众有 67.09% 是女性，年龄以"90 后"、"80 后"为主，这与其主打娱乐与综艺不无关联。江苏网络电视台受众的男女比例几乎是 1：1 各占一半，年龄分布以 20—29 岁、30—39 岁为主。

表 5 - 4　　　　　　　　　　三家网络电视台日均平均值

	安徽网络电视台	芒果 TV	江苏网络电视台
日均 IP 访问量	213000	294000	918000
日均 PV 量（page view）	852000	588000	22950000

资料来源：ALEXA，2012 年 4 月 27 日至 7 月 27 日。

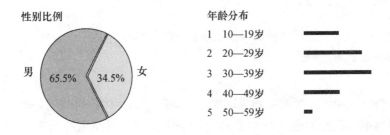

图 5 - 10　安徽网络电视台受众情况

资料来源：百度指数。

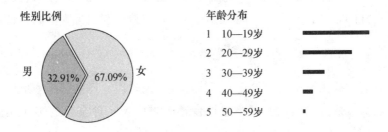

图 5 - 11　芒果 TV 受众情况

资料来源：百度指数。

通过对比安徽网络电视台、芒果 TV 和江苏网络电视台的内容设置、排名以及受众结构，可以看出各家网络电视台还都是紧紧围绕自身依托的传统电视媒体来发挥独有特色和优势，这些都有利于网络电视台的健康发展。但是也必须清醒地认识到，和几大视频网站相比，无论是受众满意度还是媒体关注度，网络电视台都还相去甚远。

一方面，虽然网络电视台可以对传统内容资源实行更为有效的运用，但值得注意的是，如果没有差异化特色，一味照搬，那么就会使省级网络电视台变为省级卫视的翻版，同质化现象必然会导致受众数量的流失。

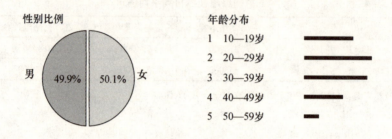

图 5 – 12　江苏网络电视台受众

资料来源：百度指数。

另一方面，如今的电视媒体用户年龄偏中老年化，而通过上面 3 幅图看出网络电视台的受众结构是偏中青年化（安徽网络电视台 30—39 岁，芒果 TV10—19 岁，江苏网络电视台 20—29 岁）。两个不同的平台，面对的受众群体也是大不相同的。因而，作为网络电视台来说，要想获得好的发展，必须充分考虑受众的兴趣爱好和观赏习惯，依托互联网平台，采取灵活多样的方式，强化互动性与参与性，真正调动起目标人群的兴趣点。

（二）省级网络电视台的商业模式

目前，我国网络电视台正处于快速发展的阶段，产业链基本形成。在提升自身传播力的同时，网络电视台还应当创新一种全新的多元化盈利模式。

一是网络广告盈利模式，通过网页植入广告，吸引广告商的投放；二是电子商务盈利模式，通过开辟电视购物领地，将传统的广告盈利模式加以创新，植入更商业化的商品营销；三是版权合作盈利模式，通过节目的再商业化，改变原先通过特定频道和广告时间的盈利形式，回归内容为王和节目资源为王的媒体经营方式；四是活动营销盈利模式，通过整合线上线下相关资源，充分发挥网络和电视的共同优势，为客户提供定制化的活动；五是媒体互动的盈利模式，加强电视频道、网络电视台的行为共振，叠加视网联动的传播效果，实现客户传播效益的最大化。通过创造出路，网络电视台能够为省级卫视走出传统领域、融入新媒体、拓展发展空间提供航向。

第三节　中国电视与网络媒体的人才融合

　　要想提高到达率，就必须换一种思路来看待"发表"这个词的含义。在《纽约时报》，对于记者和编辑而言，发表通常意味着报道的完结；但在赫芬顿邮报，发表则是一篇文章生命的开始。[①]

这样的总结似乎一语中的，不仅道出了传统媒体和新媒体在理念上的本质差异，也告诉我们，为何赫芬顿邮报这类新型网络媒体的受众数量能在短短几年内就超越《纽约时报》等传统老牌媒体。

2014 年 5 月，一份名为"数字化背景下的报业转型——《纽约时报》创新报告（2014）"的"内部文件"在网上曝光，由于其研究的内容正当其时，因而迅即在全球媒体业界和传播学界引发震动，开篇的这句话便是出自这份报告。报告明确指出，"数字媒体正变得越来越多，它们获得了更好的资金支持，并且更具创新精神。像 BuzzFeed、Facebook 和 LinkedIn 等社会化媒体正在大量聘用编辑并推出多款针对新闻受众的产品，目标是更深入地介入新闻行业……"

有意思的是，报告的传出者也正是上文提到的 BuzzFeed，这家成立仅 8 年，独立运营才不到 3 年的社交新闻聚合网站，目前却以月均 1.6 亿的独立访问用户完胜《纽约时报》，跃升至美国新闻网站的第 3 名。

在传统媒体时代，以《纽约时报》为代表的老牌媒体曾经是世界新闻媒体的领导者，如今他们却落在了后头。尽管近年来，《纽约时报》已经在数字方面推出了一系列创新举措，诸如"NYT Now"改变了新闻在

---

① 《数字化背景下的报业转型——〈纽约时报〉创新报告（2014）》，http://news.163.com/14/0707/16/A0IKQE7500014JB6.html。

移动设备上的呈现方式，"Cooking"重构了数字平台上的服务性新闻，"Times Insider"告诉人们纽约时报记者是怎样工作的，"Upshot"将智能分析、写作、数据可视化与个性化相结合……但是这些，仍旧阻挡不了媒介时代发展的步伐。恰如报告所强调的，"尽管我们新闻的覆盖范围和影响力仍然为业界所羡慕，但是一些竞争者发展得比我们更快。"

正是看到了竞争对手强劲的发展势头和传统媒体所面对的残酷变革，《纽约时报》才决定组建一个团队，研究数字化背景下新闻编辑部该如何适应新形势，并在随后的报告中提出了五点建议：

①设立受众拓展职位；
②组建数据分析团队；
③创建战略分析部门；
④鼓励跨部门合作，零距离贴近受众；
⑤优先招聘数字人才，助力"数字优先"战略。

由此，我们也可以看出，其实对于传统媒体来说，要解决的根本问题是怎样实现媒体融合，而融合如何落到实处，关键还是在人，尤其是媒体从业者。

人才融合是媒体进入融合时代的必然需求。随着新闻机构和媒体集团逐步建立融合关系，各所大学的传媒学科和新闻学院也都增设了相关课程，为学生毕业后能够更好地适应融合时代的需求做出必要的转变。

在导论部分，本书写到了"坦帕新闻中心"的案例，认为这是美国媒体融合实践的典范。其中，报纸、电视和网络的融合，不仅是对新闻生产方式和文化融合的一次实践，它所带来的效果更能影响整个新闻业和新闻教育的发展方向。

第三节以新闻人才的融合为例，探究"融合记者到底会在多大程度上影响中国的传统媒体和新闻行业"。为此，笔者分别对来自6家电视台、6家网络媒体和6家纸媒的26名编辑记者[①]进行了开放式问卷调查和

---

① 12位电视台编导和记者分别来自中央电视台、安徽电视台、重庆电视台、江苏电视台、浙江电视台和中国电视体育联播平台；7位网络媒体编辑、记者来自新浪网、优酷网、新华网、中国金融信息网、中国新华新闻电视网和酷6网；7位报刊记者、编辑分别来自新华社、京华时报、环球时报、中国周刊、扬子晚报和三联生活周刊。

电话采访，通过他们的回答来考察这样三个问题：

1. 中国的记者编辑是如何定义媒体融合的，他们对此的态度是怎样的？

2. 媒体融合会对从业者的媒体实践和受众的媒介使用习惯带来哪些改变？

3. 如今的记者编辑需要具备什么样的技能才能在媒体融合的环境中更好地工作？

问题 1：从业者对于媒体融合的态度是怎样的？

设置这个问题的目的在于考察新闻从业者如何看待媒体融合这一现象，他们具有更为丰富的社会阅历和新闻实践经验，能够给出更多有价值和可操作的回答和建议。

鉴于我们的采访对象分别来自三种类型的媒体，因此有必要先对其使用媒介的方式和习惯做一简单了解。笔者设置了两个问题：

（1）您一天中使用最多的媒体形式是什么（网络、电视、广播、报纸、杂志、手机媒体）？时长是多少？

（2）您获取新闻信息的途径是什么？

通过汇总第一题的结果，笔者发现不论是电视、报刊还是网络媒体的记者、编导（编辑），在填写媒体使用习惯时几乎都会首选网络，其次是手机和报纸。其中，每天对网络使用 8 小时以上的有 12 人，来自网络媒体有 7 人、电视媒体有 3 人、纸媒有 2 人；每天使用网络在 5—8 小时（含 5 小时和 8 小时）的有 8 人，来自网络媒体有 2 人、纸媒 2 人、电视媒体有 4 人；使用网络少于 5 小时的有 6 人，来自纸媒的 2 人、电视媒体的 4 人。

媒体从业者在回答"您获取新闻信息的途径是什么？"这一题时，给出的答案相对多元，从单一使用一种媒介到多种媒介同时使用等，涉及的形式包括电视、网络、手机和报纸。其中，网络媒体的应用分为两类，门户网站和微博，手机媒体的应用也细分为网媒的手机版和手机应用 App 两类。通过下图对比得出，门户网站是媒体从业者获取新闻信息的最有效途径，其次是微博、网媒的手机客户端、电视、手机应用和报纸。与此同时，在回答此题时，有些记者编辑提到了媒介使用的先后顺序，他们通常会先通过门户网站或微博获得信息源，然后再通过报纸、电视等获得更深入全面的新闻内容。

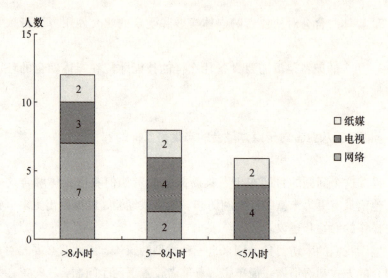

图 5 – 13　各类型媒体从业者每天使用网络的时长

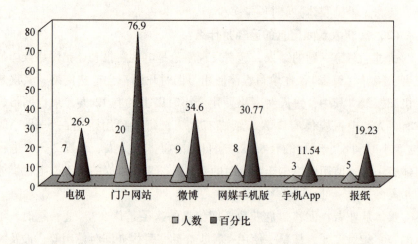

图 5 – 14　对于"您获取新闻信息的途径是什么？"的调查情况

　　通过上面两个问题的调查我们可以看出，网络技术的发展已经深入社会生活的各个方面，也在很大程度上影响着媒体从业者使用媒介的方式以及获取信息的途径。图 5 – 13 中三类媒体从业者每天使用最多的是网络媒体，这一点在图 5-14 中也有体现，通过网络媒体（门户网站和微博）获取新闻信息的比例分别为 76.9% 和 34.6%，远远高于其他方式。

当然，对于从业者来说，随着新媒体技术发展而产生的一系列互动融合现象会更加深远地影响未来的媒体实践和新闻教育。首先，它要求新闻从业者必须具备多元技能，这是对原先记者专一于单一媒体的一种挑战。多元技能意味着记者必须具备这样的能力——通过不同的平台收集信息、快速采访、编辑、摄影摄像、剪辑音视频、多平台发稿等。其次，它加速了媒体产品的生产流程，使得截稿时间变得更加紧迫，这也导致了一系列关于新闻标准和剪辑流程的问题产生。最后，当各类媒体从业者相互合作时，也会导致一系列围绕不同文化特征而产生的媒体冲突。当然，新闻融合不能被简单地认为是媒体合作产生的效果或是跟随技术融合而生成的趋势，新闻融合是媒体从业者使用新的科技手段去满足他们对于新闻技能、个人价值和实践期许的一种方式。

在表述"媒体融合"的定义及所持态度时，26 人全部选择了肯定和赞同，认为媒体融合是大势所趋。在从业者眼中，媒体融合的原因不外乎四个：一是为了在媒体市场中获得发展机会；二是为了更好地服务受众；三是为了满足媒体产业发展规模经济和控制成本的需求；四是政策导向和国际趋势的指引。具体到传统媒体和网络媒体，二者的融合可以更加快捷、便利、有效地传播消息。不融合，内容生产环节就会产生浪费；融合，能够满足传统媒体和网络使用群体对不同内容和平台的需求，是一种良性的互动和合作。

对于媒体融合的定义，受访者的观点大致分为三类：

一是从多媒体和全媒体的角度观照媒体融合，这类定义大多将关注点置于不同形态的媒体各取优势的合作上，目的是资源共享、优化传播效果。一方面，媒体融合能够实现多种媒体方式的自由切换，在内容上各取所需。有受访者认为，媒体融合打造了一种全方位的媒体氛围，即无时无处不媒体。在新技术的推动下，不同媒体打破彼此之间传统界限，形成了集多种媒介特质于一身的新型媒体。另一方面，在对媒体融合做出界定时，受访者们还考虑到了资源共享这一点。媒体融合就是把报纸、电视、广播等传统媒体，与网络、手机等传播通道结合起来，资源共享、有效传播。

二是从受众的角度来界定媒体融合。这类定义更为关注受众需求和使用体验，认为受众需求的变化是融合发生的充要条件。媒体融合可以看作是整合内容再生产的过程，即媒体根据受众的不同需求，将内容产品通过不同的媒体介质再次分配给观众。与此同时，媒体融合也使得用户体验更加便捷和畅通，花费时间更短，接收信息更丰富，尤其是视网融合，能让受众拥有更多的选择权，而且还可以在很大程度上和媒体互动。

三是从媒体融合产生新形态和新变化的角度来做出界定，这类定义将关注点置于传统媒体与新媒体的嫁接和转换上。受访者普遍认为，传统媒体与新媒体之间除了双方内容上互相输出之外，还能产生出新的介质，如电子杂志、网络自制剧、微电影等，但两者在功能属性、传播途径、受众群上存在不可逾越的差别。此外，媒体融合一方面能使传统媒体与新兴媒体相互嫁接，突破传统的采编播（写）模式，另一方面也使媒体运作的模式呈现高度同质化竞争的特点，传播信息高度重合，你中有我，我中有你，而这种信息密集势必会形成大媒体之间的相互竞争。

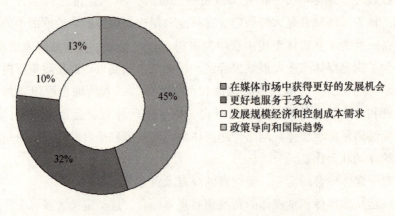

图 5 - 15   关于"为什么要融合？"的调查情况

对于媒体融合的现状与进程，受访者的态度略有不同。其中，有受访者认为媒体融合的前景虽然很好，但现状却做得并不够好。受到体制限制，融合进程会比较慢。具体到电视和网络融合的层面，有受访者认为目前尚处于台网联动的阶段，主要是在互惠互利的前提下，电视台内容和网络内容双向输出。网络媒体的飞速发展，已经分割了大量的电视观众、电视广告，因此，电视台在与网络合作上也非常谨慎。撇开利益，视网能否真正融合还需要客观论证。

不可否认，媒体融合带来的是机遇，是利用传统媒体的资源优势和网络媒体的传播优势共同发展的一种模式。不过这种模式也势必会对传统媒体造成很强的冲击，未来该如何做，如何实现"双赢"，还有待考验。

问题2：媒体融合会对从业者的媒体实践带来哪些改变？

大多数媒体机构都将融合人才看作是未来选拔从业者的重要标准，而参与调研的绝大多数媒体也都开始在其他平台寻求相互合作和融合。那么，媒体融合到底会对从业者的媒体实践带来哪些改变？

受访者普遍认为，媒体融合拓宽了媒体从业者的业务范围并提升了他们的业务层次，使得记者、编辑（编导）需要广泛接触各种媒介，学习不同类别媒体的传播规律，不断适应新媒体的传播方式。

随着媒体融合的逐步发展，从业者的工作环境由单一的媒体形式转变为全媒体、多媒体，因此要掌握适应多媒体的采编技能，针对不同媒体的传播特点，对素材进行不同方式的提炼加工与整合。在统筹素材、报道时效以及深度与广度上，媒体融合也对如今的媒体从业者提出了更高要求。面对同样的新闻素材，如今的媒体从业者要制作出多种传播形式的新闻，就好比做菜一样，过去只要煮熟就行，现在烹、炒、煎、炸都要会，还必须做得娴熟、色香味美。

与此同时，媒体融合还对管理者的工作内容带来了一定影响，作为媒体管理者，要尽可能考虑不同介质的需要，统筹各种媒介的传播特点和传播规律。有受访者以重庆广电集团为例，讲述了自己的想法。

重庆广电集团下面有电视台、电台、网站、广播电视报、出版社、附属的其他开发衍生产品的公司等等。在没有进行融合实践之前，当一件突发新闻发生时，电视台的各栏目、电台、网站分别派记者前往事件发生地进行报道，资源耗费大，而且可能出现前方各种报道的口径不一、互相打架的情况，而后方又缺乏相应的支撑，在背景资料的收集、专家和评论员的召集以及政策尺度的把握上做得不够，于是就会出现——大事发生在身边，相关报道却没有力度、没有深度、没有锐度、没有广度的现象。

融合之后，恰当的做法是全集团建立一个"中心控制台"，记者负责源源不断地收集各种新闻内容，而来自电视、广播、出版社、网站等分支机构的主编坐在一起，统筹报道、整合资源。如果一件突发事件发生，马上就能派出合适的人手前往一线采访。不一定是一组人，可能是两组或者三组，奔赴各个地方。第一组电视记者可以赶去事件发生地，采访目击者；第二组人可以去采访专家，挖掘深度；第三组人随时准备资料的收集，准备剪片上线或者直播。几组记者在拍片、采访、写稿时，就要充分考虑不同平台稿件的用途：这条是给地方新闻用的，写稿时可以大胆一些；这个要上星，需要编精；这个是给网站用的，可以先发短小精悍的消息，以时效性取胜，随后补充长篇报道。此时，后方编辑也已经与专家建立了联系，可以邀请他们做出评论，也留有足够的时间摸清政府口径。同时，网站也可以利用全天候优势为电视新闻做预告，并对电视新闻、广播新闻采访的内容分门别类，做成专题、组织讨论，形成发布信息的另一权威出口。报纸则按自己的形式发布内容，研究策划是否做专题报道；出版社根据事大事小，出版相关的书籍、音像资料等，这样便能达到多赢的效果。

对于媒体从业者而言，正确理解受众使用习惯的变化对于更好地实践媒体融合也具有重要的现实意义。首先，媒体要适应思维上的变化，必须更加注重用户体验；其次，要对受众真正关心和需要的内容有所侧重，同时也要对融合内容的把关机制及呈现形式有所改善。

在参与本项调查的 26 位编辑记者看来，媒体融合对于受众使用媒介习惯的影响不外乎这样两个方面：

（1）信息来源的改变，导致接受信息的习惯改变，受众会越来越倾向于从新媒体上接收传统媒体发布的内容；

（2）受众从被动接受到自主选择，从单向阅读到双向互动，媒介使用习惯向着更加快捷便利的方式改变。

此外，还有一些不同声音。有受访者认为，受众的媒介使用习惯取决于媒体从业人员的呈现手段，因此并不是受众在引领媒介，而是技术进步以及媒介发展的需求使媒体融合更加紧密。还有受访者认为，不论媒体融合到什么程度，受众还是会一如既往地按照自己方便的方式接触媒介，"手机刷微博、刷朋友圈"是时下年轻人最热衷最快捷的获取信息方式。媒体融合之后，受众会根据自己的兴趣在各种媒体平台间自由转换。

问题 3：如今的记者、编辑（编导）需要具备什么样的技能才能在媒体融合的环境中更好地工作？

面对网络技术的发展以及媒体融合大潮的迅速涌来，传统媒体的记者编辑纷纷认为，除了要具备自身的媒体素质和业务技能外，还应当更加了解网络媒体的采编技能。从业者要将传统的新闻技能（采写编/采编播）与新兴的传播媒介进行嫁接，并熟悉新媒体的传播规律，扬长避短。比如，现在很多刊发在报纸上的新闻经过微博、微信等社会化媒体的二次传播，原有新闻的影响力可以得到进一步放大。但社会化媒体的写作方式与传统新闻大不相同，如果能够熟练运用社会化媒体并对自己原创的新闻内容进行传播，可以使新闻作品的价值得到进一步体现。同时，网络也是许多新闻线索的来源渠道，无论对于记者还是编辑，都需要通过对网络信息的搜集和监控，从中筛选出有价值的好新闻。

全媒体意识是每一位记者、编辑都应当具备的。作为纸媒记者，采写新闻不仅仅是一支笔加一个本子，还要会摄影、拍视频，为网络媒体供稿，然后根据新闻事实的新闻价值决定要不要深度采访。有受访者用自己采写《入狱养老记》的事例讲述了她借助微博找选题，借助都市报记者寻找当事人信息，借助电视台朋友寻找当事人下落，并顺利完成采访的全过程。在这次采访中，该记者深刻体会到微博的强大作用——传统媒体记者利用微博寻找新闻线索，并通过微博好友进行搭桥，最终找到当事人，这一采访也堪称媒体从业者在融合时代熟练运用多种媒介开展合作的成功案例。

与此同时，几位参与访谈的编辑记者也提出了不同看法，认为媒体融合并没有给媒体从业者带来什么实质变化。如受访者说："我认为和过去没有不同，钻研业务、提高专业素养即可，不论在什么环境记者编辑都需要这样做。媒体融合只是传播方式的整合，根基还是内容。""我为电视媒体服务，但同时我的节目也在网络平台上有很大的收视需求。仅仅从媒体从业者的技能方面看，我真的没觉得需要做过多调整。因为媒体融合是现实，对于从业者来说，他总有一个最终为之服务的媒体，所以他的工作会紧紧贴近自己第一负责的媒体。"

即使有不同声音，综观整个媒体行业，对于融合人才的呼声依旧很高。在美国，新闻教育者往往比新闻频道总监和报社主编更加重视媒体融合的影响力。作为新闻教育界的翘楚，哥伦比亚大学新闻学院专门成立了新媒体实验室，要求研究生学习为期一年的新媒体课程。其中第一学期的前 7 周是学习音频、摄影和数据采集，随后再用 7 周学习采访、写作及受众/参与等课程。到了第二学期则会用整整 14 周来让学生们参与新闻实践或是开展新媒体项目。值得一提的是，"受众/参与"（Audience/Engagement）是为了适应新媒体时代而特别增设的课程，目的是让学生了解受众需求，教他们如何在社交媒体上制造话题。

因此，在做此项调查时，笔者也围绕"新闻教育是应注重理论基础，还是应偏向新媒体人才培养"设置了相关问题，考察各类媒体从业者的看法。通过整理汇总，绝大多数受访者认为新闻学院应当培养融合人才，不仅要训练学生们采写的基本能力，更要会摄影、剪辑并会使用各种相关软件，以此为日后的从业做好准备。

小　结

通过总结归纳 26 位媒体从业者的观点和看法，笔者使本探索性研究支持这样一个简单理论：这些在融合方面已经做出尝试并且已有融合经验的业界人士，对媒体融合的发展趋势完全持肯定态度，他们中的大多数确信媒体融合会对从业者和受众的使用习惯产生影响，并会改变未来新闻教育的发展方向。

在进行开放式问卷调查和电话访谈时，笔者设置了七个问题。

（1）您一天中使用最多的媒体形式是什么？时长是多少？

（2）您获取新闻信息的途径是什么？

（3）您是如何看待媒体互动与融合的？

（4）请用简单的语句为"媒体融合"做出界定？

（5）您认为媒体融合会对受众的媒介使用习惯和从业者的媒体实践带来哪些改变？

（6）您认为如今的记者、编辑需要具备什么样的技能才能在媒体融合的环境中更好地工作？

（7）未来的新闻教育是应注重理论基础和业务还是偏向融合人才

培养？

尽管受访者的背景不同、所在媒体的类型不同、各类别媒体的管理和经营模式也不相同，但他们在研究问题的回答上达成了以下一致：

1. 网络技术的发展已经深入社会生活的各个方面，也在很大程度上影响着媒体从业者使用媒介的方式以及获取信息的途径。不论是来自电视、报刊还是网络媒体的记者、编导（编辑），使用媒体时几乎都会首选网络。

2. 在获取信息的方式上，各类媒体从业者的选择比较多元，从单一使用一种媒介到多种媒介同时使用等等，涉及的形式包括电视、门户网站、微博、网媒手机版、手机应用 App、报纸等。其中，门户网站是媒体从业者获取新闻信息的最有效途径，随后是微博、网媒手机版、电视、手机应用和报纸。与此同时，有些记者编辑通常会先通过门户网站或微博获得信息源，然后再通过报纸、电视等获得更深入全面的新闻内容。

3. 在表述"媒体融合"的定义及态度时，26 人全都表示赞同，认为媒体融合是大势所趋，介质的融合能够满足电视和网络使用群体对不同内容和时间的需求，是一种良性的互动和合作。对于媒体融合的定义，受访者的观点分为三类：一是从多媒体和全媒体的角度观照媒体融合，这类定义大多将关注点置于不同形态的媒体各取优势的合作上，目的是资源共享、优化传播效果。二是从受众的角度来界定媒体融合。这类定义更为关注受众需求和使用体验，认为受众需求的变化是融合发生的充要条件。三是从媒体融合产生新形态和新变化的角度来做出界定，这类定义将关注点置于从传统媒体和新媒体的嫁接与转换上。

4. 媒体融合会对当今的媒体实践带来很大改变。一方面，扩宽了媒体从业者的业务范围并提升了他们的业务层次，使得记者、编辑（编导）需要广泛接触各种媒介，学习不同类别媒体的传播规律，不断适应新媒体的传播方式。另一方面，给媒体管理者的工作内容带来了一定影响，媒体实践的视野更宽，作为管理者，要尽可能考虑不同介质的需要，统筹各种媒介的传播特点和传播规律。

5. 媒体融合对于受众使用媒介习惯的影响不外乎这样两个方面：（1）信息来源的改变，导致接受信息的习惯改变，受众会越来越倾向于从新媒体上接收传统媒体发布的内容；（2）受众从被动接受到自主选择，从单向阅读到双向互动，媒介使用习惯向着更加快捷便利的方式改变。

6. 在媒体融合的环境中，融合记者应当具备以下几种能力：能够写作适合跨媒体平台（报纸、电视、网络）使用的各种题材（涉及政府、法律、社会、生活）的文章；能够熟练掌握各种新闻稿件的写作要求（标题、引语、内容、提要）；做到客观公正，克服一切个人偏见，能够与陌生人交流、进行采访并获取他们的信任（这样他们可以成为今后的新闻源）；熟知与媒体行业和新闻领域有关的法律法规；能够掌握摄影、摄像技术并会使用相关软件；能够在现场直播中出境并独立完成报道；能够发布网络新闻，并熟练使用社交媒体。

7. 尽管参与调查的大多数从业者都认为，新闻学院应当培养融合人才，不仅要训练学生们采写的基本能力，更要让他们掌握摄影、摄像、剪辑以及使用各种相关软件的能力，为此后的就业做好准备。但也必须引起注意，未来的新闻教育不能将关注点全部转移到媒体融合和全媒体人才的培养上，仍旧应当下大力气稳固和强化学生的新闻基本功，注重传统媒体课程的质量和效果。

案例

《奇葩说》要的是"破格"不是"出格"

爱奇艺首席内容官马东专访
时间：2014 年 11 月 26 日

《奇葩说》究竟是一档什么样的节目？节目的灵感源于何处？它的与众不同在哪里？获胜者会得到什么？

"我们是一档'严肃'的辩论节目，我们的规则是'看心情'。"每每谈到《奇葩说》，马东的嘴角总是微微上浮。自从出任爱奇艺首席内容官以来，他的字典里就没有了"加班"这个词儿，因为无时无刻都要"在线"，用他的话来讲，现在的工作量"十倍于从前"。采访前的 3 个小时，他还在外地谈业务，飞机一落北京就直接从机场奔到了三里屯的爱奇艺咖啡。最近，他的工作重心除了爱奇艺的内容运营之外，还有一个期待已久的亮点——《奇葩说》。

其实光看标题，《奇葩说》就已经很吸引眼球，加上马东、高晓松、蔡康永三位"神级"侃爷和每期一位的明星女神担纲主持，以及平均年龄仅 24 岁的制作团队和过亿的投资成本，让这个原本以说话为主的选秀节目更加特别，也更贴近年轻人的世界。

作为一档 100% 原创的网络自制节目，《奇葩说》的灵感源自马东和高晓松的一次闲聊。高晓松说咱们都是这么能喷的人，自己做一档节目瞎侃有什么意思，把全国的侃爷都找来一块儿辩论，这才是王道。马东当时觉得主意很赞，跟爱奇艺一说，一拍即合，这个节目就出炉了。

"我觉得在今天这个时代里，人需要追求些与众不同。"在马东看来，《奇葩说》就是要用"奇葩"这个词儿去框定和寻找那些与众不同的人，他们或许是经历不同，或许是感受不同，或许是天赋不同，总之，他们有力量让自己不同，而这些人即便不说话，在人群里也一定会被识别出来。

"伴侣手机要不要看"、"份子钱该不该被消灭"、"这是个看脸的社会吗"、"没有爱了要不要离婚"、"漂亮女人是拼男人还是拼事业"……当眼前飘过这样一系列话题时，你是不是也有一种特别想表达的冲动呢？没错，这便是《奇葩说》想要达到的效果。

有人说，这是一档"出格"的节目，三位"侃爷"在海选环节居然穿苏格兰短裙亮相，也有人说，这是一档能量太高、浓度更高的节目，史无前例，让人有些招架不住。无论何种评价，都表示公众对此的期望值和关注度极高。也正如马东所说，"我们的目标非常明确，是做给年轻人看的，其实我们所使用的这些词汇和呈现方式，在今天的互联网上早已司空见惯。《奇葩说》寻求的不是'出格'，而是'破格'，因为我们不是想跳到大众审美能接受的范围之外，我们知道那样做会更夺眼球，但那不是我们的目的。我们只是在探索这一代年轻人的语言方式、内心世界和价值观，我相信正能量最重要的表现方式是青春、阳光，而年轻人就有正能量。"

谁是"最会说话的人"？

笔者：《奇葩说》的目的是寻找华人华语世界中"最会说话的人"，这个"最会说话的人"是要超越你们三位吗？怎么评判？

马东：其实没有超越的问题，就好比文无第一，武无第二，体育比赛一定有第一第二，这种能力的东西没有超越与不超越，就是大家维持与众不同的状态，多样性才是我们追求的，多姿多彩，其实能人有的是，应该都比我们厉害。

笔者：为什么会是您、高晓松和蔡康永做搭档？

马东：我们三个都是爱看书的人，是在人生当中有一些见识和积累，嘴也都还算好使的人。如果纯粹做一档娱乐节目的话，我们会考虑请一些娱乐明星，嘴好的有的是。但是我们做说话类节目，是希望能够通过娱乐这种形式来传递价值，沉淀文化，所以就选了这样的三个人。我是裁判，起到把握全局和控场的作用，而晓松和康永各自担任一名团长，带着团队成员"互撕"。晓松是一个很坚定的人，有独立的观点，很难有人改变他的立场。一个很有意思的细节，每一场这两个团长会先根据自己的想法表达观点，康永每次都是说"晓松你先选"，因为晓松的观点特别强。而康永的讲话是润物细无声的，默默地就打动了你，所以让一个强势的晓松和一个包容性强的康永来对抗就会很有意思。

笔者：节目的环节设置是怎样的，一名普通参加者要经过哪些考验才能进入下一轮？

马东：从 2014 年 11 月 29 日开始，我们会有四期节目上线，但四期都是海选，海选过后的 18 名选手进入到比赛现场。真正的辩论现场每一期会有两个题目，然后会有六个选手进行主辩论，每队 3 个人，但是我要强调的是，他们的观点和立场不是我们强加的，而是他们自然选择的。比如说回答"伴侣的手机要不要看"这个问题时，所有的女选手就都觉得应该看，而男的都觉得不该看，这是他们自己的意志。

与此同时，我们也会让曾经参加过海选的选手也来现场，给他们更多的表达机会。在每个话题上，我们会请两位团长各自选择自己的观点。说实话，这两位倒不见得是真实的立场，他们相互客气一下，觉得哪个好辩就留给对方。另外我们还请了一位女神，活跃一下气氛。所以《奇葩说》是一个有设计，但没有明确规则的节目。我在现场常说的一句话，这个游戏规则就是看心情，但是每场有淘汰，淘汰不意味着你要离场，只是不继续往下走了，但是你还可以参加后面的辩论，只是坐在了第二排。

真正的奇葩是脑子里的奇葩

笔者：选手们上来都说什么？

马东：有的自我介绍，有的还没介绍完就已经被拍了，像梁植就属于那种。他上来以后自我介绍，就说我是"三清"，清华的本科、硕士、博士，你们觉得我应该找什么样的工作呢？我不知道他为什么要这样说，既然这样说了就肯定会引发交流，所以可见其实并不是我们出题来考他，而是大家在相互交流。也有人上来就说得天花乱坠，但是我们三个觉得不怎么样，我们都是见过很多人的人，所以有的时候我们会更相信直觉。

笔者：最终的获奖者会得到什么？

马东：我们准备给他一个非常好的工作机会（百万年薪，并有一档专属的说话类节目）。其实在这样的节目里摸爬滚打出来的人，获得一个好的工作机会太应该了。

笔者：在每期节目里也会请明星回答问题吗？

马东：会的，其实所有的这些问题乍听起来会觉得很奇怪，但是你对答案的选择其实是代表了你的思考，真正的奇葩不是嘴上的奇葩，而是脑子里的奇葩。像蔡康永这样的人，他能够常年做《康熙来了》这档完全的娱乐节目，但是有多少年轻人是看着《康熙来了》长大的，他们在不知不觉之间就接受了动情、关怀、与人为善这些概念，这就是蔡康永的力量。

笔者：在您看来，这 18 名参赛选手里哪个印象最深刻？

马东：到目前为止，比赛还在进行，我没法透露。但是有一些人确实让我印象深刻，我觉得这些人要是出现在我的生活里，我一定会崩溃的。

笔者：您是指哪方面？

马东：就是他们的思维敏捷和说话的攻击性。我在节目现场都说了，是对其中的一位女选手，我说这要娶回家，我每天都想死，但是可能她在生活当中是一个特别贤淑的女人，她的这一面不会用在她老公身上……

笔者：当一些选手说出了比较敏感答案的时候，要如何处理呢？

马东：所谓的敏感答案，就是两种，第一种是他的内容跟大家不一样，但是今天这个时代这么多元，你很难说出一种跟所有人都不一样的答案，那也很难。第二种是他的表达方式跟大家不一样，这一点可能还会对大家有一些吸引。

娱乐是追求，文化是结果

笔者：有人说，您特别善于把文化的内容用娱乐化的方式呈现。

马东：我不敢这么说，但我特别想跟大家梳理一下我最近的思考和变化。以前我做文化类节目，大家都很认可，但现在我突然跳到另一个极端，大家似乎有点不太接受，这里面重要的观点是娱乐和文化之间到底是什么关系？为什么同是娱乐产业，在英文里叫"娱乐产业"，在中文翻译叫"文化产业"，我们在说的是什么，如果我们把"文化产业"这个词直译给美国人，他们可能听不懂你在说什么，为什么呢？因为我们中国人对文化心向往之，我们是文明古国，我们对它有一种崇拜、亲近的感受。这个是文明成熟以后的标志，但是它有另外一个问题，就在于我们今天回望中国的传统文化，全部加在一块，是由多少中国人创造的呢？我相信在我们整个曾经出现过的中华民族所有人口里面，它应该是由不到5%的人创造的，因为在我们的历史上，只有不到5%的人识字，今天我们的识字人口是85%，这两者中间是有巨大差别的。

在一个识字人口为85%的社会里面，我们怎么去传播文化？或者说我们怎么去把今天的文化记录和沉淀下来。我觉得只有一种方式，就是娱乐。从进化的角度来说，娱乐是所有人先天的追求，文化是一个结果。"娱乐消费"的高级阶段是沉淀出了文化产品，这个是对的。而文化从来不应该是一个出发点，而是追求的方向和目的。但是手段和路径有很多种，娱乐只是重要的一种，不应该排斥它。

笔者：在《娱乐至死》中，波兹曼认为有两种方法可以让文化精神枯萎，一种是让文化成为一个监狱，另一种就是把文化变成一场娱乐至死的舞台，您怎么看？

马东：所有人在读这本书的时候都会说这是一个"娱乐至死"的时代，似乎是对社会的一种批判。但是其实它恰恰传达的是娱乐是我们的天性，只有通过娱乐去传达价值、沉淀文化，才是唯一的途径。

我们说唐诗、宋词、元曲、明清小说是什么？是娱乐。唐诗是当时传唱的，是人们流传用的，所以它给人带来的是娱乐。宋词就是歌词，不就是方文山吗，你不能说宋代的流行歌到今天就是文化，而今天的流行歌就是娱乐。所以，我们必须要有一种所谓的"文化历史观"，只有这样才不会误读"娱乐"这个词。

在《奇葩说》播出之前，还没有一档网络自制的综艺节目能够击败电视综艺。2014年11月29日当晚，《中国梦想秀》、《快乐大本营》等老牌电视综艺依旧来势汹汹，而《奇葩说》却以一档新生网络综艺的姿态力压群雄，堪称是一次前无古人的逆袭。有网友在微博上点赞道："形式新颖，节奏紧凑，全程无尿点，嘉宾表达个个够奇葩。为《奇葩说》赞一个！同时也替电视大哥捏一把汗。"

在大多数观众眼中，一提到网络自制节目，随之而来的便是"简单"、"低成本"、"粗陋"、"低俗"的标签；而《奇葩说》则以高品质、高格调击破了这一成见，令电视综艺圈刮目相看。某卫视的电视人称《奇葩说》"剪辑很赞，破节奏破得相当好，有太多可取之处"；站在电视综艺制作者的角度，这位电视人也隐隐感到了压力，互联网自制节目开始动真格了。而著名主持人林海则表示《奇葩说》令自己想起了鼎盛时期的《非诚勿扰》："话语的交锋中有着对社会现实的观照，在后期剪辑上也很下功夫。"

值得一提的是，《奇葩说》的出品人牟頔团队曾制作过央视的综艺节目《喜乐街》，2014年7月才正式加盟爱奇艺，在短短3—4个月的时间内就做成了这样一档"高大上"的网络自制节目，让人不得不佩服这个以"90 后"为主的年轻创作团队的实力，看来在不同的媒体平台的确会激发同一个团队不同的创造力。

牟頔告诉笔者，网络的优势就是更真实，更加崇尚自由表达，可能在传统媒体平台，我们看到更多的是唱歌、跳舞等文艺类的节目，但是在互联网上看到比较火的小说或网络自制节目都是靠观点在吸引人的，不是靠才艺。所以构思一个好的纯网节目一定是多维度的，首先要有一个感性认识和兴奋点，因为文艺创作毕竟要有一个感情的源泉，然后就是数据分析，包括商业回报率和社会影响力，甚至会精准到在微博上能做到什么样的量，在百度指数能做到如何等，所以经过这些多维度的考虑之后，我们才开始做这样一档节目，其实是一个非常严谨的过程。

第六章　中国电视与网络的文化融合
　　　与群体行为

　　融合，不仅仅体现为技术层面的实践，更多的是表现在持续发展且有着深刻含义的社会、文化和经济变革当中。新媒体设备所带来的（使用）快感，和它们在日常生活中的普及应用，在一定程度上验证了技术决定论，但也成为解释其社会角色的一个有效途径。

——蒂姆·德怀尔（Tim Dwyer）

　　数字信息时代，随着传媒产业的结构和发展方向越来越趋同，各类文化也在进行着融合。在布斯塔曼特（Bustamante）看来，媒体产业之间出现的趋同潮流主要体现为三个方面：

　　　　一是媒体的市场边界被打破，保护壁垒慢慢消失；二是媒体业务的集中度提高，传媒公司合并现象增多；三是媒体管理呈现出一种全球统一的标准和模式。

（2004：803 – 820）

　　导致这些变化产生的原因，无疑是受到了信息传播技术革新和发展的深度影响。虽然布斯塔曼特否认媒介形态正在由单一本土媒体向全球化全媒体转变，但是这种由科技和市场引领的变化已经对文化领域进行了重构，并在逐渐削弱"本土化"和地方特色的创造力。

　　与此同时，媒体融合还引发了一系列围绕社会、政治、经济和文化的争论，因为融合之后媒体的生产者、消费者和守门人角色发生了转变，形成了新的利益冲突。数字复兴给我们带来了最好的时代和最坏的时代，随之生成的是一种新的文化理念和文化秩序，并将对人们的生活产生深远影响。

因此，本章关注的重点在于文化融合与群体行为，第一节从多元文化在网络时代的共生与互动这个角度展开，从理论分析入手，探讨网络文化和电视文化的特征及其与传统文化的关系，第二节从媒介生产和受众参与的角度来考察文化融合。

第一节 多元文化在网络时代的共生与互动

随着信息技术的日益发展，网络已深深根植于人类生存的文化环境，各种文化形态之间的隔阂逐渐淡化，原本分明的文化分野局面得到了不断改善。主流文化、非主流文化、精英文化、大众文化，各种文化形态都能在网络时代找到自己的生存空间，从而构建出一个和谐、共生、开放、多元的文化环境。本节试图在文化研究的基础上，通过对网络文化特征的剖析，对网络发展进程的梳理，来研究具体文化形态（网络文化与大众文化、精英文化、主流文化）之间的关联，并对网络时代多元文化的共生与互动做出考察和探讨。

一 网络文化的特征

网络文化是一种以网络物质的创造发展为基础的网络精神创造，有别于传统文化的表达方式，它不仅表达效果更易接受，影响范围更广泛，生产传播速率更快捷，而且还具有极强的自主性和开放性，更是一种去权力中心的媒介文化。

因此，本书认为网络文化的定义至少应包含如下三方面内容。首先，它以一种新文化样式的形式存在，以互联网为载体，以网络化生存为内核；其次，网络文化拓宽了现代社会中人们文化圈的深度和广度，赋予了人们话语权；最后，它引发了人们对以往占主导地位的文化价值规范的反思和探讨，并塑造出了一种全新的文化价值体系。

与主流文化、精英文化和大众文化三种传统文化形态相比，网络文化根植于传统文化，却又有别于传统文化。

其一，传统文化的形成和传播大多是线性的、自上而下的，而网络文化则是平面的、双向交互的。在网络时代，我们看到的是一种更具包容性的文化。正如霍尔所说：

> 如今世界上，几乎没有哪一种严肃的、具有确定形式的文化是自足或自治的，每一种文化都无一例外地与其他文化保持着密切地接触与联系。（转引自史蒂文森，2006）

从全球文化融合的角度来看，文化正由一种自治而变得更为多元；具体到一个民族或一个国家文化体系内部，文化艺术形式呈现多元化状态，任何有价值的文化都能够找到适合自己发挥作用的栖身之地，并使自己较传统文化的现代化转型有了现实途径。

其二，话语是语言的一种权力形式，以往文化的掌控者主要是社会精英阶层，他们把持着文化话语权，大众的声音极为微弱。而网络文化的兴起则彻底改变了这种状况，让大众的话语权得到了最大限度的释放。这种没有门槛、没有限制的文化交流与沟通，使文化的话语形式经历了从"社会中心性"话语和主旋律话语到民主话语的转变。

二 网络文化与传统文化的关系

对于主流文化而言，其对网络文化有同化作用，指的是主流文化的价值观渗透到网络文化的过程，动力源于主流文化进入网络空间后逐渐发展的主导能力；反之，网络文化对主流文化也有认同作用和补阙作用。前者是指网络文化在主流文化的催化中产生了与主流文化方向一致的价值观念，动力源于网民主动进入主流社会视野的积极性；后者是指互联网平台的多元性和开放性能够对主流文化的价值观形成有益补充，同时通过海量丰富的内容来填补主流文化的空缺。

其中，最直接的表现形式是建立政党和政府的网站、开通政务微博及微信公众号。最近几年，随着政府信息公开和网上工程的大力倡导，各级政府职能部门纷纷建立了自己的网站，并开通了实名制官方微博，通过互联网将具体的工作内容予以公开，让民众能够即时了解相关资政信息，也为民众提供了直接表达政治意愿的平台。与此同时，强化主流文化也离不开主流网站的大力支持。人民网、新华网、央视国际、中华网、光明网等主流媒体网站及新浪、网易、搜狐等知名度较高的门户网站，更应当承担起以正确的价值观念引领网络文化的职责，在构建和谐网络、促进网络文化繁荣发展上发挥骨干作用。

如果说主流文化与大众文化都是在网络技术发展到较为成熟，且具备一定群众基础之后才介入进来与网络文化形成某种关联的，那么，精英文化与网络文化的关系，则是在互联网技术发端之时就已存在。

1958 年年初，时任美国总统的德怀特·戴维·艾森豪威尔（Dwight David Eisenhower）提议美国国防部成立高级研究计划署开展阿帕网项目研究。以此为起点，一大批科技精英通过个人的非凡才能和团体间的通力合作，为网络的建立和发展铺就了平坦的道路。其中的代表人物有：主持阿帕网总体结构设计的鲍伯·卡恩（Bob Kahn），被后人称为"阿帕网之父"拉里·罗伯茨（Larry Roberts），编写了 E-mail 程序的雷·汤姆林森（Ray Tomlinson），创立了雅虎搜索引擎的杨致远和戴维·菲罗（David Filo）……正如小摩里斯·李克特（Maurice N·Richter, Jr.）所说，"技术也应该是一种文化过程"（1985：53）。从这一意义上讲，网络文化最初体现的就是一种精英文化。

三 理解电视文化

在前文论述网络时代多元文化的共生与互动时，笔者提到，网络文化是一种新文化样式，它拓宽了现代社会中人们文化圈的深度和广度，并塑造出一种全新的文化价值体系。那么，如何理解电视文化？这是下文首要探讨的内容，因为任何涉及文化研究的著述，都面临如何给研究对象下定义的问题。

雷蒙德·威廉斯（Raymond Williams）认为，电视所承载的文化是一种大众文化，对于此处的"大众"应当这样理解：首先，为很多人所喜爱；其次，被特意用来赢取人们喜爱的作品；最后，人们为自己而创造的文化（1983：237）。由此，我们可以这样认为，电视通过播送一些充满潜在意义的节目，并将这些意义以较为简单、直接的方式呈现给受众，最后起到主流意识形态的作用。那么，电视是如何生产意义，又是如何将意义传播给各类受众群体的呢，不妨先用符号学进行分析。

代码是一个受规则制约的符号系统，是制作者、文本和受众之间的纽带，是文际性①中的作用因素。通过代码，文本可以在构成我们文化世界的意义网络中互相联系（Fiske，1987：3）。表6-1呈现了电视传播所使用的主要代码。我们在电视上看到的节目首先是由"外表、服装、环境、行为、言语、表情、声音"等社会代码进行加密之后呈现的内容，是对现实生活的反映，再通过"摄影、照明、剪辑、音乐、音响"等技术代码进行加工和创造，以"叙事、冲突、人物、动作、对白、场景"等艺术表现手法向受众传递意义。社会代码、技术代码以及各种艺术表现手法都深深地镶嵌在本身就是载体的意识形态代码之中。

表6-1		电视传播所使用的主要代码
代码	层级	符号
一级代码	现实	外表、服装、环境、行为、言语、表情、声音等
二级代码	艺术表现	叙事、冲突、人物、动作、对白、场景等
三级代码	意识形态	个人主义、后现代、种族、阶级、唯物主义等

在文化研究领域，电视自诞生之日起就被贴上了"后现代"的标签。诚如吉姆·柯林斯（Jim Collins，1992：338）所言，电视时常被视为后现代文化的精髓，这从电视的诸多文本与情境特征中均可得到佐证。如果我们简单地将后现代主义视为仿真②的领地或是对现实世界的还原，那么电视无疑是此过程最具有代表性的案例，因其将世界的复杂性简化为一系列易于接受的视觉幻象。可另一方面，如若以积极的心态审视后现代主义，则电视的视听实践便成了一种"激进折中主义"，努力生产着后现代文化所需的"混搭型"内容（sophisticated bricoleur）。即我们今天所看到的电视节目，都是结合各种媒体技术和多种表现形式的"大拼盘"。

后现代的另一个重要方面是文化的融合，即"新媒体与传统媒体互相碰撞，草根媒体与商业媒体互相交叠，媒体生产者与媒体消费者也以前所未有的方式相互影响"（Jenkins，2006a）。这里所说的融合，并非指简单的新技术问题，而是说文化观念要在不同的媒介之间和谐流动，不同

---

①　文际性（intertextuality）指存在于文本之间的空间（intertextuality exists rather in the space between texts）。

②　鲍德里亚（Baudrillard）称，仿真是"在真实或原本缺席的情况下对真实模型的衍生，是一种超真实。"

受众要更加主动地参与到传媒生产的过程之中。

四 融合文化与媒体产业

面对融合文化，媒体要处理好两方面关系，一是媒体内部的关系，二是媒体与受众的关系。具体来说，媒体内部的关系主要体现为不同媒体间属性的融合和文化的对接，而媒体与受众的关系则体现为激励受众参与，充分尊重他们的意见，因为大众文化与民间文化的交叉点只能由受众来激活，而不能由媒体产业本身有意识地、精确地制造，因此，媒体要尽可能地获得受众的认可，并将他们作为争取的目标。

从广义上讲，媒体产业可以说是经济全球化的一个主要驱动力和加速器。媒体是我们认识世界的窗口，当然媒体自身就有社会监测的功能，而且能够最直观地反映社会现状。从理论上研究媒体产业的运作方式，就意味着探讨人们在信息化时代生存的基本条件。

早上一醒来，人们会习惯性地打开手机看看微博上的新鲜事，随后出门搭乘公交车（地铁），这时订阅的手机报如约而至，到了办公室打开电脑，首先映入眼帘的是新浪新闻或凤凰网新闻页面，随即了解一下国内外的新闻要事，办公过程中通过 MSN、Skype、QQ 等即时通讯软件和邮箱与世界各地的同事或客户取得联系、沟通事宜，晚上下班回到家打开电视，坐在客厅里看电视节目和电视剧，并把其作为放松休闲或与家人团聚的一种方式。

可以说，如今的人们生活在一个"媒体大都市"中，生活的每一面都被紧紧地裹挟在各种类型的媒体之中。与此同时，媒体之间跨类型、跨地域、跨渠道的文化生产和消费也被看作是媒体融合深入社会生活的一个重要方面，对于个人价值和社会认同的判定有着极为广泛的影响。我们不能想象，如果生活中没有了媒体将会怎样？也正因为这种对于媒介的依赖和重视，才使得越来越多的受众愿意参与媒介生产，从而用实际行动改变着文化产业和传媒生态格局。

如今的媒介工作者，不仅需要制作一系列视频、音频、图片、文字等内容产品供受众消费，还要向他们提供平台，供受众制作和交换自己的内容和作品。因此，在对这样的媒介环境做出形容时，需要综合考察四个元素：内容、连通性、创造力和商业化，这四点在文化生产中都有所体现。

一方面，传媒产业是内容的生产者，同时为了实现流通性，他们也会充分开发平台，供受众和粉丝群（后文会详细阐述）使用，激励他们生成自己的内容，从而获得大量的"免费劳动力"；另一方面，媒体的工作体现为一种文化创意，但同时他们生成的内容又具有明显的商业化特征。因而我们说，在当今由数字化和互联网建构的全球传媒生态圈中，媒体生产者、内容消费者和广告商的角色不再明晰，三者之间的界限也在慢慢消融。企业的市场营销、广告机构和公共关系部门可以通过设计一些活动，直接与受众建立在线交流。而媒体从业者和电视节目制作部门也可以直接和受众取得联系，邀请他们参加节目策划和制作环节。与此同时，媒体的内容生产也变为跨地域行为，外包、分销、制播分离使得传媒结构可以在全球范围内对不同地区的文化产品进行整合和再生产，以此降低制作成本并实现风险的再次分配。

除了对人们的日常生活和文化的全球化生产具有重要意义之外，我们需要认真研究融合文化和媒体产业的另一个重要原因，在于考察其对当今文化经济的影响。我们知道，近年来，大力发展文化产业是国内各城市文化建设过程中纷纷提出的响亮口号。党的十八大报告也明确指出，文化产业要成为国民经济的支柱性产业。与此同时，在世界传媒格局中，我们也可以看出，文化和创意产业也更倾向于向部分大城市集中，如北京、上海、洛杉矶、纽约、温哥华、米兰等，这种状况促使这些大城市的经济、文化和社会活动呈现出更为蓬勃的发展趋势。

因此，我们这样认为，媒体的作用不仅体现为是考察社会生活的一种手段，可以反射出人们对于媒介的使用习惯、参与程度，以及他们从新闻、娱乐等节目内容中获得的意义。与此同时，媒体也是帮助人们理解"后工业时代"城市空间中经济与文化融合的重要渠道。

第二节 粉丝文化在新媒介环境下的体现

在数字信息时代，媒体融合不仅体现在技术手段上，在文化层面也有着更加深入的融合，商业（媒体机构的目的）和文化（媒体内容的意义）之间的界限越来越模糊，生产者和消费者逐渐融为一体，积极的和消极的旁观者在文化协调的作用下逐渐有了相同的立场和观点……这些在当今时代逐渐释放的信号，表明了全球范围内正在形成的一种文化融合，一种基于受众参与意识提升和媒体与受众之间互动交流频繁的文化融合。

正如前文探讨为什么要互动融合时所指出的，受众需求的变化是导致媒体互动融合行为发生的重要因素。因此本节的重点是考察受众参与与"粉丝文化"在媒体融合过程中的体现，究其根本，探讨的还是受众与媒体（电视/网络）之间的关系。

一　从作壁上观到 UGC

> 全球50%的社交网络用户会进行新闻故事、图片或者视频的分享，每10个美国成年人中就有3个会通过 Facebook 获取新闻；而中国在社交平台上分享新闻的用户则高达78.5%。（田舒斌，2014）

这是从 2014 年世界互联网大会上传出的数据，其实在我们的日常生活中，每一个使用媒介的人都可以深刻地感受到这种变化。

在融合时代，转发分享、公民新闻和用户生成内容（将自己原创的内容通过互联网平台进行展示或提供给其他用户）是数字化改变传媒生产的三个方面。其中，每一方面的行为主体都是受众。

那么，如何理解受众？在英语中，audience 是受众一词对应的解释，但是对应并不等同。在范围上，audience 所指的内容更为宽泛，可以指观众、听众、读者等；而受众一词则在程度上更进一步，表示这部分人不仅看了、听了、读了媒体所传播的内容，而且能够做出反馈。

于是我们看到，受众与媒介的互动从最初的论坛式话语反馈，发展到对新节目和新应用（主要是针对社交媒体网站开发的新应用）的测试与评估，再到如今媒体直接邀请受众参与内容设计、制作、推广等环节。与此同时，一系列贴着"Web 2.0"、"UGC"（用户生产内容）标签的网络媒体也随之产生，诸如视频分享网站、社交网站和照片分享网站等（见表6-2）。科技、文化和市场的变化，使得媒体和受众之间的关系也随之发生改变。

表6-2　　　　　　　　　　　中美两国"UGC"网站分类

	中国	美国
社交网络	新浪博客/微博、微信、豆瓣、天涯、百度贴吧、人人网、开心网	Facebook，Twitter，MySpace，LinkedIn，Tumblr
视频分享	优酷、土豆、爱奇艺、乐视、56、酷6	YouTube，iFilm，Revver
照片分享	YuPoo、Picasa、网易相册	Flickr，Pinterest，Instagram
个人电台	荔枝FM、虾米Live、喜马拉雅	ccMixter，Pandora
网络百科	百度百科	Wikipedia

詹金斯（Jenkins，2006a）在《融合文化：新旧媒体的碰撞》（*Convergence Culture：Where Old and New Media Collide*）一书中描述了技术、文化和市场在新媒体时代发生的变化。这位曾先后就职于麻省理工学院媒体实验室（Media Lab，MIT）和南加州大学安能堡传媒学院（Annenberg School of Communications，USC）的教授认为，融合的实际意义不应当只是简单地把所有媒体的功能全部聚合在一个电子设备上，而要考虑到其中的文化差异，要有一种文化层面的逻辑性，即多渠道传播过程中不同媒体之间产生的极为复杂的相互作用。这种融合是在两种力量共同作用下形成的：一方面，传媒产业希望在不同平台上形成一种协同效应，另一方面，受众希望媒体能够按照他们的想法和要求来发展。也正如法国传播学者皮埃尔·拉维（Levy，1997）所指出的，网络社区就像我们日常生活的一个缩影，有观点、有意见领袖、有无数随之产生的评论，包括支持的声音和反对的声音，在这样一个网络社区中，民主、平等、开放等都能得到充分体现。而随着时代的发展，越来越多的网络媒体也会主动向集体智慧靠拢，因为他们已经深切感受到了受众的力量。

媒体内容的融合为草根文化的传播提供了平台，而社交网络的成长则是以受众对媒体特征的重塑和改造为基础的。因此我们可以说，融合文化带来的是对"受众"一词的重新界定——受众是如何形成的，他们的需求是什么，他们是如何产生价值的……

如今，人们原先熟悉的"受众"已经被贴上了许多新的标签，也被赋予了新的内涵。詹金斯用"loyals"（忠诚者）一词来形容受众，认为在当今这个频道频换（指人们手中的遥控器）的年代，受众是对某个频道保有较高忠诚度的人。弗兰克（Frank，2004）则把受众称为"活跃的媒体人"（media-actives），他们年轻、充满活力，生来就与媒介相伴，从未体验过没有电视、电脑和移动电话的生活，因此他们也会更加渴望表达，渴望被倾听，渴望拥有比父辈更多的机会去参与媒体事件，重塑媒体特征。

还有一些学者认为受众是生产消费者（prosumers, producer and consumer），正如托夫勒（Toffler, 1980）所言，受众是媒体内容的消费者，同时又是内容的生产者和传播者。这样的角色使得业余爱好者和专业媒体人的界限越来越模糊。

在另外一些学者眼中，受众还可以称为"有感召力的消费者"（inspirational consumers）、"联系人"（connectors）和"影响者"（influencers），因为他们在构筑媒体流时会表现得更为主动。格兰特·麦克拉肯（McCracken, 2005）则提出，受众是"增倍镜"，他们的参与程度越高，媒体价值或新闻事件的意义就越大。

忠诚者、活跃的媒体人、生产消费者、有感召力的消费者、联系人、影响者、增倍镜……每一个标签都对当今时代的受众特征做出了相关描述，由此可以看出，网络时代的文化消费更多的是一种社会化实践而不完全是个性体验。

在描述受众对一些合作式项目的媒体消费时，阿克塞尔·布伦斯（Bruns, 2007）引入了一个"生产使用者"（produser）的概念，这是一个由使用者（user）和生产者（producer）组合而成的新词。布伦斯认为，这些"生产使用者"不仅致力于传统形式的内容生产，还善于开发新项目、新服务，并合力完善已经存在的内容。

笔者认为，布伦斯提出的"生产使用者"概念较好地体现了网络时代受众特征的转变，与时下流行的 prosumer（producer + consumer）"生产消费者"近乎一致，其所体现的"集体智慧"也正是草根文化与受众参与在融合时代所独有的特征。以维基百科为例，当你打开维基百科的页面，最先映入眼帘的会是这样一句话：维基百科——人人可以编辑的自由的百科全书。也就是说，维基百科上的所有词条全都是网友集体智慧的呈现。你在浏览维基百科时，既可以创建新的词条，也可以修改完善已有的词条。维基百科的优势就在于为受众提供了一个完全开放的平台，让他们可以在使用信息的同时，创建、编辑、发布信息，这也是 Web 2.0 时代最能体现用户生产内容的一个例证。与此同时，一些新闻在线网站的新闻线索提供和购物网站的用户评价，也是受众实践在当今媒介活动中的体现。

具体分析，笔者认为"生产使用者"（或生产消费者）应当具有四个特征：

其一，生产者由原先特定的个人或组织转变为更大范围和更多数量的群体参与者。

其二，生产使用者（或生产消费者）的角色由掌握话语权的人向媒介参与者和内容产品的使用者转变，他们的背景既包括专业人员，又更多地体现为业余爱好者。

其三，内容产品不再是传统意义上的"成品"，而是未完成的作品或是需要依靠群体力量逐渐完善和发展的产品，这个逐渐发展的过程可以细化为创新、重复和再生产。

其四，内容产品的传播是一种"个人上传（发布）—分享—反馈"的流程，优秀的内容产品往往会得到无数网友的推广和再次分享，从而使得传播效果呈几何倍数增大。与此同时，这些内容产品大多是非商业用途的产品，不会以营利为目的。

二　用户生成内容的模型分析

在传统的产业模型中，生产者是独立的个人或组织，他们使用原始的材料，按照设计好的图纸和模型完成制作过程。这时得到的是成品，是生产者技能和水平的体现，不需要任何加工和再造，当然也蕴含了产品的价值。

随后，产品从生产者手中转送到发行机构，再由他们进行包装或者与其他产品相互整合再进行销售。消费者购买产品后，虽然对产品有知情权和反馈权，但却很难得知真正的生产者是谁，而且在下一代版本的新产品推出之后，消费者还必须重新购买才能完成产品的更新过程。

这个产业模型贯穿整个工业时代，直到现在仍然适用。但是对于信息时代"用户生成内容"这个特定的个体来说，这种模型显然不再适用了，这也是草根文化和受众参与在当今时代的一种体现。这些由用户生成的内容

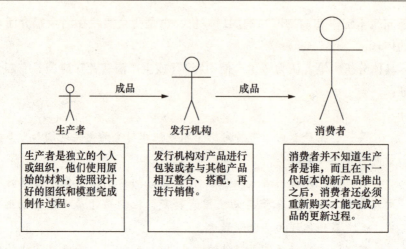

图 6 - 1　传统的产业模型

不再是针对大众的具体的产品，它们可能是个人化的情感展现（如个人DV 作品），或是对已有内容的加工整合（如胡戈《一个馒头引发的血案》），再经过群体传播之后，又可能会立刻生成新的版本，从而取代原有的内容（如维基百科，永远呈现的是最近编辑过的内容）。因此我们可以说，如果把传统的生产模式看作流水线式的批量生产，那么当今时代的内容生产就是一个不断进行的持续循环模式，这种模式的出现让我们对传统意义上的产品和生产流程进行了反思和修正，从而得出了信息时代的内容生产模型。

　　在受众参与内容生产的过程中，媒体平台首先要为受众提供充足的空间，供他们发布/分享/交流内容产品，如视频分享网站、社交网络、个人电台等，与此同时，网络技术和其他硬件设备也作为外部支持的条件一并存在着。在用户生成内容的大圆圈里，圆形小圈代表内容，而箭头代表受众，受众自己生成内容，与此同时，也会对其他内容产生互动与交流。在这个过程中，媒体和行业组织要履行把关人的职责，审核治理网络空间。随后，有价值的内容产品会通过媒体平台传播出去，传递给更多没有参与过内容生产的受众，从而与他们形成交流或是产品交易（比如，微电影的版权售卖、高级别微博账号售卖或是网络游戏中玩家之间的武器和账号交易）。

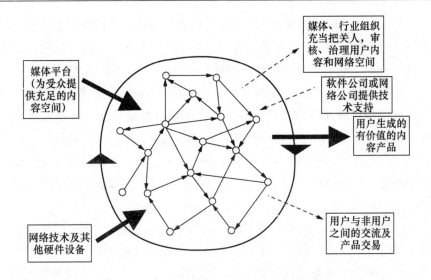

媒体平台
（为受众提
供充足的内
容空间）

网络技术及其
他硬件设备

媒体、行业组织
充当把关人，审
核、治理用户内
容和网络空间

软件公司或网
络公司提供技
术支持

用户生成的
有价值的内
容产品

用户与非用户
之间的交流及
产品交易

图 6-2　信息时代的内容生产模型

　　通过对比两图，可以看出，在信息时代 UGC 的大环境下，受众可以完全自主地创造各式各样的内容产品。除了原创的内容之外，受众还可以对传统生产线的成品进行加工改良，提出修改意见，从而使得传统生产机构（如电视台、制作公司、网络公司、软件公司等）必须做出相应的改变才能获得更多受众的喜爱。

三　UGC 引领融合潮流

　　事实上，这种状况已经演变为世界传媒格局的一个发展趋势，越来越多的传媒集团开始涉水 UGC 领域，如照片分享网站 Flicker 归于 Yahoo！旗下、Google 收购了视频分享网站 YouTube、百度收购 PPS 视频和 91 无线、阿里巴巴入股优酷土豆⋯⋯

　　一方面，这可以看作是"传统媒体"与新媒体的结构式融合，值得注意的是，此处的传统媒体并非一般所指的传统媒体。在大多数人看来，传统媒体是指报刊、广播、电视，而新媒体是指网络媒体和移动媒体，此处，Yahoo！、Google、百度虽然都是网络媒体，但相比新兴的 Flicker、YouTube 这些由用户自己制作内容、发布并使用的媒体来说，Yahoo！和 Google 仍算是"传统媒体"。

　　另一方面，传统媒体对于用户生成内容的关注，也促使了受众参与媒体潮流的勃兴，随之产生的是一系列公民媒体（Civic Media）和独立媒体（Indymedia），它们完全脱离传统媒体的怀抱，由一些业余爱好者或是曾经的媒体人创办，如 Slashdot（http：//slashdot.org）。这是一家创立于1997 年的公民新闻网站，其所有信息源都来自普通受众，由他们发表故事，然后再由庞大的受众群体做出评判。在这里，把关人不再是传统媒体和其他行业机构，权利完全下放给了普通用户，每一条新的故事就像是一条线串起了无数的受众。可以说，受众的广泛参与支撑起了这个网站的运营和生存。

　　如果说 Slashdot 是网络媒体试水公民新闻的一个最佳例证，那么有线电视新闻网"现在"（Current TV①）则是电视领域推行"用户生成内容"的典型代表。2005 年，在艾尔伯特·戈尔（Albert Gore，美国前副总统）的协助下，一个新的有线电视新闻网"Current"成立了。这个电视网的创立宣言有两个：一是鼓励年轻人要像公民记者一样积极参与社会事件的报道和调查；二是希望受众不再是现有节目的消费者，而是参与到电视内容的创作、选拔和播出环节中。正如戈尔在随后的一次新闻发布会上解释的：

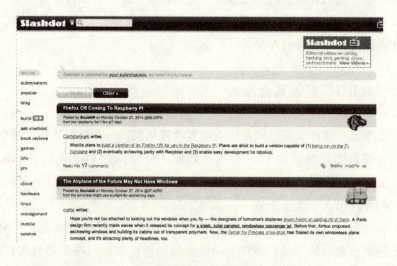

图 6 - 3　Slashdot 首页（2014 年 10 月 27 日）

---

　　① Current TV 已于 2013 年 1 月 3 日被半岛电视台（Al Jazeera）收购，更名为 AlJazeera A-merica，新网址为 http：//america. aljazeera. com/。

我们将权利赋予这一代的年轻人，让他们有机会能在主流媒体的平台上讲述自己的故事。网络的兴起为年轻人开启了话语权的闸门，让他们的声音能够传播到世界的各个角落，而大多数电视媒体都没有跟上潮流……我们的目的是给年轻人说话的权利，让电视民主化（to democratize television）。

由此看出，这些网络媒体一方面提供平台让受众充分实践，另一方面又激励并依靠受众，从策划、制作、发布到交流、筛选、评价，整个流程就像是游戏设置，只要支持率高就能得到在主流媒体播出的机会，这样的流程能够刺激受众的争胜心理，从而更加热衷于参与媒体实践。

四　受众参与的价值——从用户生成内容到粉丝文化

如果说受众生成内容是草根文化在大众传播领域的体现，是一种行为层面的文化实践，那么粉丝文化的存在，作为流行文化的一种亚文化①形式，则与当代文化的整体状况息息相关，可以说是一种从精神层面逐步发展到行为层面的文化实践。

粉丝的狂热行为反映了大众文化的特征，不考察这种行为以及由粉丝文化引申的各种理论，是不可能去谈论大众消费的。（Sandvoss, 2005）

什么是粉丝文化（Fan culture）？最简单的定义是由粉丝群创造的文化。其实作为人对事物崇拜、喜爱、沉迷的状态，"粉丝"可谓由来已久，而粉丝文化之所以引起学界的关注，引发人们的思考，根本原因就在于对粉丝文化的观察、剖析和阐释，为我们透视身处的文化情境打开了一扇窗。

按照费斯克的界定，"粉丝"就是过度的大众文化消费者。在汉语中，对"粉丝"的解释是：狂热的文化爱好者和偶像崇拜者。粉丝文化

---

① 所谓亚文化，是从一个文化整体里孕育出来，既与母体文化有一致性，又有其特殊性的文化，是更广泛的文化内种富于意味而别具一格的协商。（［美］约翰·费斯克：《关键概念：传播与文化研究辞典》，李彬译，新华出版社 2004 年版，第 280 页。）

的世界是一个千差万别的世界，在最广泛的意义上，每个人一生中都会或多或少地作为粉丝群（由粉丝组成的群体）的一员，喜欢特定的对象。我们曾经迷上过一部电影、一个明星、一篇小说、一件物品、一位作家……但显然不是每一个有过这样经历的人都能被称作"粉丝"，我们所说的"粉丝文化"也不是由这样广泛意义上的迷恋与热爱建构起来的。

与通常人们对于某个事物的喜爱相比，"粉丝"在程度上要更为强烈，就像我们常说的"戏迷"、"影迷"、"球迷"和"歌迷"等，都是为某种特定的事物着迷甚至达到疯狂的程度。正如一幅漫画评论所"讽刺"的，"粉丝"就是在看完电视剧的最后一集之后，追踪各类媒体对演员的采访，随后关心其他粉丝对该剧的感受，并热情地与之交流自己所知道的一切内容，接着把最后一集再看一遍，过几天之后，再把整个电视剧看一遍……

从客体来讲，与通常所说的喜爱相比，"粉丝"还有一个非常明显的不同，"粉丝"对与主体相关的信息和产品也尽可能多地关注和了解，并以此为荣。正如马特·希尔斯（Matt Hills）所说，每个人都知道什么是"粉丝"，就是那些对于明星、名人、电影、电视节目、乐队极其热爱甚至到了痴迷程度的人；对于自己着迷的对象，他们可以说出一大串的相关信息，即便是细枝末节的消息也能说得头头是道，而对于自己喜爱的对白、歌词、片段更是朗朗上口、引用无碍（2002：6）。在比较"粉丝"和普通受众的区别时，费斯克（Fiske）认为，粉丝们创造了一种专属于自己的生产及流通体系。对此，詹金斯（Jenkins，1992）也持相同观点，提出"粉丝"是受众（消费者）中特别活跃且具有创造力的群体。他们和普通的追随者（followers）不一样，因为粉丝有一种社会认同感，而追随者却没有。这也就是说，普通受众虽然也会积极地解读和消费大众文化产品，但这些解读和消费是建立在个人行为层面的活动，而粉丝和他所在的粉丝群则在个人解读和消费的基础上，又通过群体交流在自己所属的圈子里生成了特定的文化意义。

以果壳网《生活大爆炸》（The Big Bang Theory）的追剧迷们为例，他们大多拥有理工科背景，自称为"极客粉"（Geek Fans，指智力超群，善于钻研但不懂与人交往的怪才）。他们会时刻关注与美剧《生活大爆炸》有关的一切内容，从剧中情节、语言、音乐到服装等，每一集新剧发布之后，追剧迷们都会在第一时间（由于时差原因，通常是新剧发布的第二天晚上）对剧中的经典对话、搞笑桥段，甚至是"谢耳朵"（Sheldon）在黑板上推导的公式等，都会拿来探讨一番，写出详细的推导文章或观剧感想，每一位追剧迷都以能在当晚发帖为荣。

　　2012 年 12 月，这些极客粉们还集体翻译并出版了本书，叫《生活大爆炸之科学揭秘——GEEK 探索频道》，全面网罗《生活大爆炸》的编剧始末、演员访谈，以及剧中的各种冷知识和热文化。

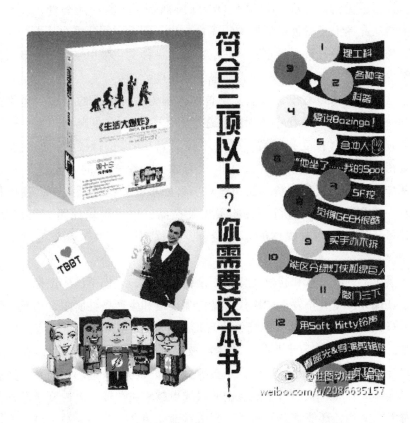

图 6 - 4　《生活大爆炸之科学揭秘——GEEK 探索频道》
图片来源：果壳网，http://www.guokr.com/post/367745/。

　　这也就解释了为何费斯克认为，"粉丝是可以生成意义的"（Fiske，1992：40）。因为，这些"粉丝"在电视剧播出中及播出后，都在谈论所看的内容，形成了集体的理解。他们根据当地的文化和个人体验，有选择地理解、解释、评估这些内容，并有选择地把它与他们自己的思想与生活结合在一起。

以 2012 年 5 月在央视播出的《舌尖上的中国》为例，这个红遍大江南北的 7 集纪录片不仅创造了收视神话，更成为一个全民讨论的火热话题。无数的"舌尖粉"立刻涌现在各大网络论坛和贴吧上，探讨与舌尖有关的一切，甚至连平时早已不看电视的年轻人也都重新坐回了客厅。

许多舌尖粉因为看《舌尖上的中国》而爱上了其中的美食，也有的舌尖粉从此迷上了博大精深的中华美食文化，因为它能让受众从极为平凡的事物上看到平凡背后的东西，它也正通过一种文化吸引慢慢地改变人们日常生活的方式和方法，改变人们思维的角度。

由此我们可以看出，粉丝文化首先体现为精神层面的感知。当你接触到一个新事物，随着熟悉程度的逐渐加深，你会在主观上产生一种态度评判，欣赏（接受）或者讨厌（不接受），如果选择接受，那么就会想要得到更深层次的了解，这样也就为成为一个潜在的"粉丝"奠定了基础。随后是文化消费，在粉丝对所喜好事物的精神投入中，往往伴随着一系列狂热的消费行为，购买相关产品，结成粉丝社团，而媒介，尤其是传统媒体与新媒体的不断融合，在这个过程中起着至关重要的作用。

事实上，粉丝群和粉丝文化并不是新生事物，它们早已广泛存在，只不过在媒介技术并不发达的年代，受传播渠道和生产条件所限，粉丝群的效力只能在较小范围内和传统的表现形式上（集会、杂志、书信）体现出来。如 20 世纪四五十年代，歌迷对披头士乐队和猫王的喜爱，在当时的媒介环境中，只能通过现场音乐会的痴狂和尖叫来表达。而随着广播和电视媒体的发展，人们对于电视剧的兴趣也越来越浓厚。电视剧迷们不仅消费大众文化，还能够自发地具有创造性地使用文本。一个被多位学者援引的案例是美国最著名的科幻电视剧《星际迷航》（Star Trek），该剧自 1966 年开播直到 2005 年剧终，总共播出了 726 集。在长达 40 年的漫长岁月里，《星际迷航》制作了多个电脑游戏、上百本小说、11 部电影以及授权制作的各种衍生品，该剧还吸引了一大群拥护剧中观念的"航迷"（Trekkies），这些"航迷"以杂志、服装、集会、艺术品、视频等方式创造着属于自己的文化含义。

进入 21 世纪以来，网络技术的发展和媒介环境的改变为粉丝文化的勃兴提供了保障，粉丝群所创造的文本和专业文本之间的沟壑被互联网技术的普及所填平。网络的便捷、开放和即时特征使得粉丝群之间的信息共享变得无比顺畅，同时又大大增强了粉丝们的媒介参与程度，如今的粉丝完全可以足不出户就了解到世界各个角落同属一个团体（是指有共同的崇拜对象）的粉丝群的情况，并加入他们的粉丝群组织。他们可以在看电视（或是看网络直播）的同时，在贴吧、论坛或者其他形式的粉丝群组织上发表即时评论，并与其他粉丝进行信息分享和交流。可以说，新的媒介环境激发了粉丝的潜在能力，同时，受众参与程度的提升也反哺了融合文化在当今文化多元环境中的重要性，具体表现为以下三个方面：

　　其一，通过新媒体技术，粉丝之间实现了真正意义上的"粉丝对话"，结成了社会学中所谓的"趣缘群体"①。正如费斯克所说，粉丝对话就是一种文本意义的生产过程，它可以在群体传播的过程中帮助粉丝们收获意义，获得快乐，并让他们更好地认识自己所属的粉丝团体（Fiske，1992：30）。也就是说，在媒体融合和新媒体技术不断演进的过程中，粉丝通过基于网络平台的互动、交流，可以迅速在世界范围内与其他粉丝群形成一种文化认同和价值认同。这些粉丝互不相识，有着不同的背景，来自不同的国家，拥有不同的文化，说着不同的语言，却能够为了一个共同的目标集结在一起，交流、分享，在一种群体身份的认同中感受粉丝文化的狂欢，从而形成了一种跨地域、跨文化的粉丝文化景观。

　　其二，粉丝与偶像的互动与交流在当今时代微博、博客迅猛发展的潮流中也得以最大程度的体现。通过微博，粉丝可以与自己崇拜的对象即时交流，当然也能够在第一时间了解到偶像的动态和信息。而这些，在媒体技术并不发达的年代是完全不可能实现的，因为那时的偶像与粉丝之间是存在着很强的"距离感"的。与此同时，粉丝的影响力也在逐渐提升。如百度贴吧这个基于全球最大的中文搜索引擎网站，同时也是星迷和选秀迷们的交流基地。在选秀节目的进行当中，迷群会通过各种方式帮助选秀明星拉票，提升他们的人气，而当有关选秀明星的负面新闻曝出后，他们

---

　　① 趣缘群体是指人们因兴趣爱好相同而结成的社会群体。趣缘群体既是社会发展的产物，也是人们追求精神生活的结果，存在于各个年龄段的社会成员。

还会尽可能地帮助自己喜爱的明星树立正面的公众形象。

其三，粉丝文化和文化产业之间呈现出相互影响、相互促进的关系。正如前文所说，粉丝文化是伴随着人们文化生活日益丰富、媒介技术日益发展而逐步成长起来的亚文化类型。它根植于文化产业的大环境中，又快速走到了文化队伍的前列。对于媒介组织来说，粉丝群是个风向标，他们就像是连接草根阶层和文化产业的桥梁一样，帮助媒介组织在这个纷繁多元的媒介环境中找到适合自己发展的方向。换句话说，粉丝的忠诚度和参与行为是基于"情感经济"基础之上的，如果他们喜欢一个节目或是一部电视剧，就可以包容其中插播的所有广告，因为他们不想错过与这个节目（或剧）有关的任何镜头。与此同时，在这种"情感经济"的促使下，他们也会自愿地消费与该偶像或是喜好事物有关的一切产品，从而拉动文化经济的发展。也正因如此，媒体组织看到了粉丝的巨大能量，所以在内容制作和生产的过程中，也会充分尊重粉丝的意见。如 2006 年，美国新线电影公司（New Line Cinema）在推出 B 类①恐怖片《蛇患航班》（Snakes on a Plane）之前，为了回收影迷的反馈意见，就先把预告片放在了网上，谁知引来了众多影迷的关注和评论。在充分回收网友的反馈之后，新线电影公司没有发布该影片，而是重新回炉，按照影迷的想法进行了剧情内容的再创造，增拍了许多镜头也加入了影迷希望看到的对话和情节，同时该片的分级也从原先的 PG － 13②级上升为 R 级③。6 个月后，当这部影片重新投入市场，立刻在影迷中获得轰动，也同时获得了线上和线下票房的双成功。

由此看出，从用户生成内容到粉丝文化，受众的价值在当今时代得到了空前的发挥。在新媒介环境和融合文化的大格局中，受众正在由原先的"个体行为者"变为社会化的群体符号，在一系列媒介实践和社会参与的行为中，建构并实现着自己的群体认同。与此同时，粉丝文化对文化产业的作用也是不可小觑的，它一方面根植于文化产业的大环境中，另一方面又用自己的话语权和执行力对文化产业加以改变和影响。

---

① B 类片是指低预算拍出的影片。
② PG － 13 级，普通级，但不适于 13 岁以下儿童，需要有父母陪同观看。
③ R 级，限制级，17 岁以下必须由父母或者监护陪伴才能观看。

小　结

第六章文化融合与群体行为是本书的重点。正如第五章所探讨的多种融合形式一样，文化的融合也是一个斗争与协商的场所。我们不可以将其孤立地理解为自上而下的强加的文化或是自下而上的自发的文化，而需始终视其为两股力量之间复杂的冲突性共融的产物。

诚如詹金斯所言，融合既是一个自上而下的商业驱动过程，又是一个自下而上的消费驱动过程，是商业融合与草根融合的共存体。媒体机构处心积虑地加速媒介内容在发行渠道内的流动，以图增加利润、拓展市场并强化受众的认可；而受众们则在互相影响中想方设法利用不同的媒介技术将媒体的内容置于自己的完全控制之下，以此实现与他人的交流和沟通，并更多地参与社会体验。

从媒体的角度看，在文化融合的社会语境下，要处理好两方面的关系，一是媒体内部的关系，二是媒体与受众的关系。具体来说，媒体内部的关系主要体现为不同媒体间属性的融合和文化的对接，而媒体与受众的关系则体现为激励受众参与，充分尊重他们的意见，因为大众文化与民间文化的交叉点只能由受众来激活，而不能由媒体产业本身有意识地、精确地制造，因此，媒体要尽可能地获得受众的认可，并将他们作为争取的目标。

而从受众的角度来看，在当今的媒介格局中，越来越多的受众变成了"生产使用者"（或生产消费者），他们有四个特征：（1）由原先特定的个人或组织转变为更大范围和更多数量的群体参与者；（2）角色由掌握话语权的人向媒介参与者和内容产品的使用者转变；（3）内容产品不再是传统意义上的"成品"，而是未完成的作品或是需要依靠群体力量逐渐完善和发展的产品；（4）内容产品的传播是一种"个人上传（发布）—分享—反馈"的流程，通过无数网友的推广和再次分享，优秀内容产品的传播效果能够呈几何倍数增大。

此外，通过对比传统媒体时代和信息时代的内容生产模型可以看出，在用户生成内容的大环境下，受众完全可以自主地创造各式各样的内容产品。除了原创的内容之外，受众还可以对传统生产线的成品进行加工改良，提出修改意见。一方面这可以看作是"传统媒体"与新媒体的结构式融合，另一方面也促使一系列公民媒体（Civic Media）和独立媒体（Indymedia）应时而生。

本章的落点在于粉丝文化，作为流行文化的一种亚文化形式，粉丝文化与当代文化的整体状况息息相关，可以说是一种从精神层面逐步发展到行为层面的文化实践。网络技术的发展和媒介环境的改变为粉丝文化的勃兴提供了保障，激发了粉丝文化的潜在力量，同时，受众参与程度的提升也反哺了融合文化在当今文化多元环境中的重要性。通过新媒体技术，粉丝群之间实现了真正意义上的"粉丝对话"。粉丝与偶像的互动与交流在当今时代微博、博客迅猛发展的潮流中也得以最大程度的体现。与此同时，粉丝文化和文化产业之间也呈现出相互影响、相互促进的关系。

第七章　后融合时代的媒体应用

变革并不是绝大多数人所期望的，也不是特别便于预测的事情。即使对于那些刺激技术和社会变革的投资者和发明者来说，把未来具象化都是一个棘手的问题。然而，尽管变革常常引起躁动不安，人类却似乎具有迅速吸收新思想、新产品和新服务的独特习性。看来，没有一个人是完全为变革做好了准备或能够准确地预测结果的，不过我们都可以通过学会认识变革的历史和机制来观察未来的可能形态。

——罗杰·费德勒（Roger Fidler）

如果用一个字来形容传媒业刚刚过去的五年，非"变"莫属。新媒体、新应用、新产品、新理念层出不穷，有人说，传媒业进入了一个后融合时代，信息的流动获得了更加广袤的时空，拥有更加多样的终端，也必将产生一场新的革命；也有人说，这是一个万物互联的时代，在智能终端、可穿戴装置、智能家居、大数据和云计算的集体催化下，万物互联正在加速变成现实。无论如何，在新的机遇面前，我们都应当认真思考。因为，现状已经在告诉我们：变，不容选择。

第一节　时代在变，网络也在变

一　从精英式对话到大众化交流

曾经是网络改变了世界，现在是世界改变了网络。最初的网络是为精英阶层设计的，它体现的是科技精英们的文化观念，具备作为精英文化的基本特征。随着它的普及应用，虚拟的地球村落慢慢形成，网络文化从一种精英式的对话走向了一种大众化的交流，世界传播格局和人们的话语方式也在随之发生着改变。在这样一个多元开放的沟通平台上，网络的开放、多元、包容特征，使得从普通民众到媒体组织再到政府机构，全都愿意裹挟其中，主动参与网络建设，投身网络实践。

而随着全民参与的浪潮越来越汹涌，网络也在慢慢发生着改变。一方面，网络媒体在积极寻求与传统媒体的合作和互融，以此扩展自己的平台，当然这也是传统媒体心之所向。另一方面，网络媒体也在推广新理念，设计新应用，并以此"俘获"更多用户的心。如社会化媒体的蓬勃发展培育了无数的"微博控"、"微信控"，无论他们身在何处，只要带着手机，在接通移动网络或是无线 WiFi 的环境中就可以随时使用社交网络。

2012 年秋季，笔者在麻省理工学院的比较媒介研究系（Comparative Media Studies）选修了一门"理解公民媒体"的课程。在这门课上，助理教授萨沙·科斯坦萨（Sasha Costanza）经常会邀请一些在美国经营公民媒体或是在社会化媒体工作的从业者来课上交流。借此机会，笔者也采访了几位从业者，听听他们对于媒体融合的看法和期望。

詹妮弗·霍利特（Jennifer Hollett）是一位有着 15 年从业经验的电视记者，在从业之初她就开始接触网络，直到 2012 年离开传统媒体转行成为专业的博客写手，经营自己的博客网站①并拥有数以万计的粉丝。与此同时，她也在著名的新闻博客网站赫芬顿邮报开了自己的专栏。在课上，她与笔者分享了自己的心得：

> 如今的传统媒体越来越依靠网络，越来越倾向于从社会化媒体平台发现新线索，获得新题材，而社会化媒体也在不断衍生出新技术、新应用，从而吸引更多的用户。

随着社会化媒体的用户数量越来越庞大，平台越来越广阔，传统媒体对其关注度也随之上升，而一系列的独立媒体（Indymedia）更是在近两年内得到了蓬勃发展。比如 EngageMedia，该网站关注的问题是气候变化、政界腐败和人权问题，同时也会为电视机构制作节目内容。EngageMedia

---

① http://jenniferhollett.com.

的创始人安德鲁·洛文塔尔（Andrew Lowenthal）告诉笔者，精选出来的
节目会按照不同的主题分类打包，然后传输给4家电视台，并与它们结成
线下合作伙伴，以此来共享电视和网络的内容与空间。谈到媒体融合，洛
文塔尔说：

就在一两年前，美国新闻媒体的努力方向还都是想办法打通各种
媒体平台，变差异为融合，而今天的形势已经发生了改变，可以说是
进入了后融合时代，因为如今的传统媒体都在思考如何通过社交媒体
来拓展自己的生存空间，而越来越多热衷于媒体参与和表达的受众也
愿意参与其中，从而有了更多的公民记者，这也就为公民媒体的发展
提供了源源不绝的力量。

二　后融合时代的特征

在英国广播公司（BBC）的字典里，没有新旧媒体的分别，只有
"全媒体从业人员"的概念。也就是说，BBC所有的记者都既可以做广
播，又可以做电视，还可以做新媒体。事实上，早在2000年，BBC就尝
试机制创新，打破原有的部门编制，以"大媒体"的概念应对数字化的
到来。如今，在BBC内部共有8个核心团队，分别是新闻中心、视觉中
心、音频与音乐中心、北部中心、市场与受众中心、运营中心、金融与商
务中心、未来媒体与技术中心。

新闻中心，包括BBC新闻、BBC英语地区新闻以及BBC全球新
闻，负责BBC所有的新闻业务、时事消息以及体育赛事的播出；视
觉中心，负责BBC所有电视频道的节目制作、时间安排以及内容发
布；音频与音乐中心，负责BBC所有的全国广播网络以及广播与电
视中大部分古典乐和流行乐的制作；北部中心，包括BBC体育、
BBC儿童、第5直播频道，以及部分学习频道；未来媒体与技术中
心，负责BBC所有的数字媒体业务；金融与商务中心，负责BBC资
金领域的所有事务；运营中心，负责策略、政策、分配、资产、法律
事务、商业持续性方面的事宜，包括管理BBC旗下的不动产以及主

要的基础建设性项目；市场与受众中心，负责市场与受众调查和研发。（周艳，2014）

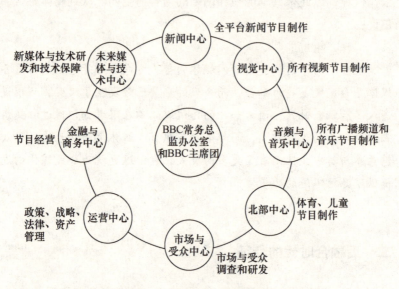

全平台新闻节目制作

新媒体与技术研发和技术保障

所有视频节目制作

节目经营

所有广播频道和音乐节目制作

政策、战略、法律、资产管理

体育、儿童节目制作

市场与受众调查和研发

图7-1　BBC核心运营团队①

通过 BBC 的案例可以看出，全球发达国家的媒体融合已经从后台融合走向了全面融合。其中，多屏、物联网和社会化媒体是后融合时代传播环境下媒介消费的三个主要特征。

（一）多屏

　　未来，手机只会是一个屏幕。你当然需要这个屏幕，但是你同时还需要其他的（屏幕）。

——Android 首席设计师 Matias Duarte②

电视、电脑、移动终端（手机、平板电脑）正成为受众获取媒介内容的主体屏幕。在客厅里，人们看电视的同时都会使用平板、笔记本电脑或智能手机等多种终端，这种运用多终端获取信息并进行多维互动的

①　参考周艳：《英国广播公司数字新媒体战略的现在和未来》，转引自伍刚《传统媒体和新兴媒体融合发展的愿景与路径》，社会科学文献出版社 2014 年版，第 104 页。

②　Business Insider. The Future of Mobile，2014. http://www.businessinsider.com/the-future-of-the-mobile-industry-2014-11#like-this-deck-subscribe-to-bi-intelligence-below-24.

"多屏现象"正成为全球发展的新态势。

对此，美国科技博客 Business Insider 的总编亨利·布洛杰特（Henry Blodget）这样表述，数字化是一个多屏的世界，现在我们可以同时拥有电视、电脑、平板和手机这四屏，但很快就出现第五屏和第六屏（2013）。正如图 7－2"人人都有屏幕"所示，同样是在客厅，夫妻俩看的是电视，而三个孩子关注的却分别是笔记本电脑、平板电脑和手机。

图 7－2　人人都有屏幕

图片来源：百度图库。

与此同时，"多屏现象"也给了我们三点启示：

①受众注意力资源正变得越来越分散，并向多平台、跨媒体转移。

②人人都希望成为"多任务者"，在有限的时间和空间里兼顾更多的事。

③单一媒体一家独大的情况已经不复存在，如果想要获取更多的注意力资源，必须进行多平台合作，并通过各种方式与受众多维互动。

诸如我们一年一度的春晚，如今也越来越加强与社会化媒体的互动，努力向多屏方向发展了。继 2014 年与新浪微博合作，以二维码互动、线下呈现广告的方式吸引了 3447 万网络用户之后，羊年春晚继续与腾讯微信展开合作，通过"家和万事兴"的春晚主题和微信参与设计的 App 实现了与移动用户的进一步互动。据统计，该主题一经发布，就在朋友圈引发了巨大的裂变式传播效应，24 小时之内就有 322 万人转发，一周之内的转发人数突破 900 多万。而在 2015 年 2 月 18 日当天，看着春晚抢红包已经成为一项"全民运动"。据统计，央视与微信"摇一摇"的互动总量达到了 110 亿次，上到 70 多岁的老人，下到只有几岁的儿童，都在努力地摇一摇。电视与新媒体的合作，在除夕之夜搭建起了传统佳节民俗与现代人生活方式之间的一座连通的桥梁。

（二）物联网

Business Insider 在 2014 年发布报告称，万物互联的时代已经到来，世界正从单一设备相连发展到物物相连（伍刚，2014）。该报告显示，物联网（IoT，Internet of Things）将是移动领域的下一个增长点。预计到 2018 年，全球物联网设备的前三名会是联网汽车（Connected Cars）、可穿戴装置（Wearables）和智能电视（Connected TVs）。

事实上，一提到物联网，人们都不会觉得陌生，在 2014 年，各种智能手表、运动追踪器、智能手环、智能眼镜、头盔显示器等层出不穷，赚足了人们的注意力。

那么，什么是物联网？最直白的解释就是物物相连的互联网，它是新一代信息技术的重要组成部分。它的定义虽然简单，内涵却很丰富。

图 7 - 3　各式各样的可穿戴装置

图片来源：百度图库。

①物联网的核心和基础仍然是互联网；

②物联网的用户端延伸和扩展到了任何物品与物品之间，进行信息交换和通信，也就是物物相吸。

可以预见，在不久的将来，智能手机、电视、汽车、家居、医疗设备、可穿戴装置，甚至我们所居住的城市、工作的场所等所有与生活息息相关的方面都会被纳入到万物互联的生态系统中。

第二节　Web 3.0 时代的生存方式：社会化媒体

如果说上一个五年（2006 年至 2010 年）媒体行业最重要的变化是搜索和分享，那么最近五年（2011 年至 2015 年）最重要的变化便是参与和发现。其中，社会化媒体是引领这场变化的重要力量。

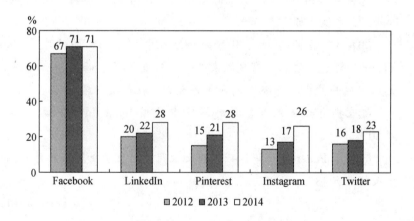

图 7-4　2012—2014 年美国社交网站用户数量

资料来源：Pew Research Center, 2014。

2014 年，近一半的中国人有了二维码。新朋友相见，发名片的场合越来越少，更多的是加个微信；记者发稿后，受访公司和受访人也越来越不看重稿件最终呈现的效果了，只要有一个链接，便可以在无数次的转发、点赞与评论中达到传播效果的几何倍增；越来越多的媒体人跳出体制，纷纷做自媒体了。据 WeMedia 统计，在 2014 年，中国的自媒体作者数已经超过了 15.7 万人，微信朋友圈每天的阅读数近 300 亿，单篇文章最高阅读数甚至超过了 1000 万。而大家最熟悉的"新闻"，如今也变得越来越像"附载品"了。每天看到的大多数消息都是通过门户网站的客户端、App 或是订阅号来推送的，哪里还有专业新闻媒体的影子呢？

2015 年 1 月，皮尤发布 2014 年社会化媒体报告，通过对比 Facebook、LinkedIn、Pinterest、Instagram 和 Twitter① 来分析美国民众对于上述 5 个社会化媒体的使用情况。结果显示，Facebook 仍旧是美国人使用频率最高的社交网站，有 71% 的美国网民使用 Facebook。除此之外，还有几个新发现：

①多平台用户持续增加，有 52% 的成年网民使用 2 个或以上的社会化媒体，与 2013 年的 42% 相比，短短 1 年之间，这一指标增长了 10%。

②在年龄为 65 岁或以上的老年人中，有 56% 的网民使用 Facebook，这是该指标有史以来第一次超过 50%。

③在年龄区间为 18—29 岁的年轻人中，有 53% 的网民使用 Instagram，这也是该指标有史以来第一次超过 50%。而在所有使用 Instagram 的用户中，有 49% 的人是每天都会使用该网站。

④在拥有大学教育背景的网民中使用 LinkedIn 的人数首次达到 50%。

⑤对于 Pinterest 来说，42% 的女性网民热衷于使用该网站，而男性人数只有 13%。

(Pew，2014b)

---

① Facebook 是创办于美国的社交网络服务网站，于 2004 年 2 月 4 日上线，主要创始人为马克·扎克伯格。Twitter 是一个社交网络及微博客服务网站，于 2006 年 3 月 21 日上线，主要创始人为比兹·斯通、埃文·威廉姆斯和杰克·多尔西。LinkedIn 是一个职业社交网站，创建于 2002 年 12 月，致力于向全球职场人士提供沟通平台。Pinterest 成立于 2010 年，是一个图片社交网站。Instagram 是一个图片分享网站，是一款最初运行在 iOS 平台上的移动应用。

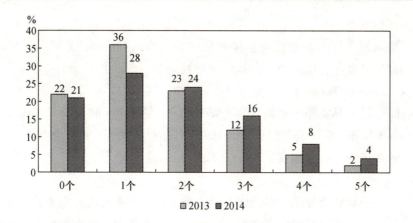

图7-5 美国网民使用社会化媒体的数量

（考察网站：Facebook，Twitter，Instagram，Pinterest 和 LinkedIn）

资料来源：Pew Research Center, 2014b。

通过皮尤数据可以看出，在美国的社会化媒体用户中，两极人群（老年人和未成年人）所占的比例越来越大，而且有超过半数的网民每天要交叉使用多个社会化媒体。这一现象在世界范围内也具有普遍意义。

由此可见，随着 Web 2.0 的发展，社会化媒体的应用已经被越来越多的人所接受，许多社交网站甚至还成了人们生活中的一部分。据 Business Insider 统计，截至 2014 年第一季度，手机应用程序 WhatsApp① 在全球范围内共计拥有 4.5 亿活跃用户，而且每天新增 100 万用户，与之类似的微信（截至 2014 年第二季度活跃用户有 4.38 亿）、Line 和 Viber 等应用也呈现出快速发展的趋势。

一　如何界定社会化媒体

在理解社会化媒体时，我们通常会从 Web 1.0、Web 2.0 和 Web 3.0 的定义入手，Web 1.0 是一个基于人类认知的计算机网络系统，Web 2.0 是基于人类沟通的计算机网络系统，而 Web 3.0 则是一个基于人类合作的计算机网络系统，其中最重要的三点是信息、沟通和合作，这也是社会

---

① WhatsApp 是一款用于智能手机的应用程序，借助推送通知服务，可以即刻接收亲友和同事发送的信息。

化媒体的本质。

威斯敏斯特大学教授克里斯蒂安·福克斯（Christian Fuchs）认为，要想理解社会化媒体的含义，首先应对社会性（Sociality）和相关的社会学说（Social Theory）有所了解。其中，埃米尔·涂尔干（Emile Durkheim）①、马克斯·韦伯（Max Weber）②、斐迪南·滕尼斯（Ferdinand Tonnies）③ 和卡尔·马克思（Karl Marx）④ 是最具代表性的社会学家。

涂尔干的"社会事实"（Social Facts）学说认为：

> 一切行为方式，不论它是固定的，还是不固定的，凡是能从外部给予个人以约束的，或者换句话说，普遍存在于该社会各处并具有固有存在的，不管其在个人身上的表现如何，都叫作社会事实。（Durkheim，1982：59）

简单地说，社会事实就是外在于个人，却能制约个人行为的社会现象。区别于个体事实，社会事实以社会为基础和承担者。在涂尔干看来，所有的媒体和应用软件都是社会化的，因为社会结构是固定且客观存在其中的。

韦伯专注于"社会关系"（Social Relations）和"社会行动"（Social Action），他认为：

> 行动既可以是公开的行动也可以完全是个人内心的或者主观的行动；而社会行动则是指行动的个人赋予其行动以主观的意义，这种行动考虑到他人的行动，并且在其行动过程中也是以他人的行动作为目标的行动。（Weber，1978）

---

① 埃米尔·涂尔干（Emile Durkheim，1858 - 1917），法国社会学家，主要著作是《自杀论》、《社会分工论》等。

② 马克斯·韦伯（Max Weber，1864 - 1920），德国社会学家，主要著作是《新教伦理和资本主义精神》、《古典西方农业社会状况》等。

③ 斐迪南·滕尼斯（Ferdinand Tonnies，1855 - 1936），德国社会学家，著有《社区和社会》、《社会学的本质》、《关于社会生活的基本事实》等。

④ 卡尔·马克思（Karl Marx，1818 - 1883），马克思主义的创始人，德国社会学家，与马克斯·韦伯、埃米尔·涂尔干并称为社会学三大奠基人，主要著作有《资本论》、《共产党宣言》。

从这个意义上来说，韦伯所讲的行动是指采取某种态度、追求某种价值、实现某种目标的个体行动，因而也是有意义的人的行动，而不是物的行动或单纯的机械行动。在韦伯看来，有意义的行动是社会行动的本质特征，也是社会的本质特征。这样，这种有意义的行动其实就是个体有意义的行动。

滕尼斯提出了"社区"（Community）的概念，并将其应用于社会学领域。他认为，礼俗社会（gemeinschaft）和法理社会（gesellschaft）是不同的。礼俗社会也叫传统社会，靠宗族关系（lineage）、血缘关系（kin-ship）、地缘关系，倚赖天然思想和祖先崇拜以及其他风俗与习惯把人凝聚在一起，很少有人为的痕迹。人对自然力量表现出恐惧，是一种由自然意志力推动的社会结构，以统一和团结为特征，规模小，但是天然的。这种团结一般认为是坚强的。法理社会也叫现代社会，是靠理性意志推动的（Tonnies，1988：67－69）。

与滕尼斯的观点相似，马克思认为共同协作（Co-operative work）是社会的本质。在他看来，协作是人类存在的基础。

> 我们所看到的几个人的合作，无论在什么情况下，以什么方式展开或结束，总是会结合某种特定的协作模式，而在这种模式下产生的协作，就是一种生产力。（Marx & Engels，1846：50）

关于社会性的三种学说（涂尔干的"社会事实"、韦伯的"社会行动"和"社会关系"、马克思和滕尼斯的"协作理论"）可以整合在一起构筑人类社会活动的模型，也能够帮助我们理解当今的社会化媒体。其中，社会事实是基于认知（cognition）层面的，社会行动和社会关系是基于沟通（communication）层面的，而协作理论则是基于合作（coopera-tion）层面的（Fuchs，2014），这三方面也恰好与社会化媒体的本质——信息、沟通和合作相呼应。

巴黎高等商学院教授安德烈亚斯·卡普兰（Kaplan，2010：61）把社会化媒体定义为"一组基于 Web 2.0 思想和技术之上的互联网应用程序，它允许人们对用户生成的内容进行再创作和交流"。纽约大学教授克莱·舍基（Shirky，2011）认为，社会化媒体和社交软件能够提升我们与别人分享、合作的能力，同时也是聚集力量开展集体行动的工具。从广义上讲，社会化媒体包括一系列基于网络平台的合作式生产项目，如网络百科

（百度知道、维基百科）、博客网站（新浪博客、Tumblr）、微博平台（新浪微博、Twitter）、视频网站（优酷土豆、YouTube）、社交网站（人人网、Facebook）、网络游戏、虚拟社区等。在本章中，笔者对社会化媒体做出如下界定，社会化媒体是指人们通过生成内容，并对内容进行分享、交换和评论从而在虚拟的媒体环境中产生的一系列有意义的互动行为。

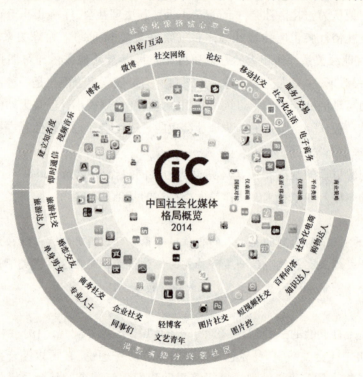

图 7 - 6　2014 年中国社会化媒体格局概览

资料来源：CIC。

　　哈佛大学尼曼新闻实验室（Nieman）曾遍访美国新闻从业者预测2014 年新闻业的未来，受访者普遍表示，美国新闻业的未来是手机 App、社会化媒体和视频。诸如 Instagram、Facebook、Vine、Twitter[①] 和 Snap-

---

　　① Vine 是微软公司开发基于地理位置的 SNS 系统，类似于 Twitter。2012 年 10 月 10 日，Twitter 收购了 Vine。

chat① 等社会化媒体正在成为新的受众聚集地，手机上的社交用户无须寻找新闻，而是新闻主动推送找到用户。

　　为什么我们要使用社会化媒体？2011 年，皮尤研究中心以此为名对美国民众做了一项调查，数据显示，66% 的成年人每天使用诸如 Facebook、Twitter、MySpace、LinkedIn 等社交媒体工具。其中的三分之二表示他们使用社交媒体的主要目的是与家人、同事和朋友们保持联系，14% 的使用者认为他们使用社交媒体的主要原因是与有相同喜好和兴趣的人交流沟通，9% 的使用者认为结交新朋友也是非常重要的一个原因（Pew，2011）。

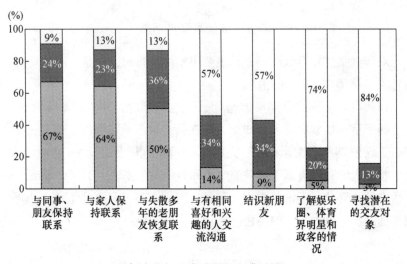

图 7-7　美国民众使用社会化媒体的原因

资料来源：Pew Research Center，2011。

二　社会化媒体使用情况调查

　　为了进一步研究受过高等教育的学生和大学教职工的社交媒体使用情

---

　　① Snapchat 是一款由斯坦福大学两位学生开发的照片分享应用。该应用最主要的功能便是所有照片都有一个 1 秒到 10 秒的生命期，用户拍了照片发送给好友后，这些照片会根据用户所预先设定的时间按时自动销毁，而且如果接收方在此期间试图进行截图的话，用户也将得到通知。

况，笔者在美国访学期间（2013 年 1 月 2 日至 2013 年 1 月 31 日）对来自哈佛大学和麻省理工学院的 152 位学生和教职员工发放了网络问卷。在152 位被测人员中，美国国籍占 63.2%，其他国籍占 36.8%（包括中国、法国、意大利、西班牙、阿根廷、韩国和菲律宾）；年龄分类大多集中在20 岁至 29 岁的学生群体，比例为 73.7%，30 岁至 39 岁的占 5.2%，40岁至 49 岁的占 21.1%，后两个年龄层基本为教职员工；在教育程度方面，拥有硕士学历和博士学历的比例较高，分别占 39.9% 和 33.7%，本科学历的比例为 26.4%。

问卷涉及的问题主要分为两大类，一是对网络的使用习惯进行测试；二是对社会化媒体的使用习惯进行测试。

（一）学生和教职员工的网络使用习惯调查

对于网络使用习惯的调查，主要考察两个方面，一是上网的动机；二是每天（除周末外）的上网时长。

在回答"上网的主要原因是什么"这一题时，30% 的学生和教职员工选择了信息检索和学习新知识，排在第二位的是与朋友交流，占 29%，随后是娱乐 24% 和工作/科研/完成作业 12%，获得建议 5%。由此看出，对于哈佛大学和麻省理工学院的学生和教职员工来说，上网已经成为他们生活中的一部分，不论是学习、科研、与朋友交流还是无聊时寻找乐趣，网络都扮演了极为重要的角色。

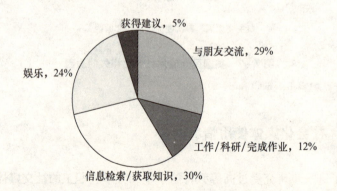

图 7-8　关于"上网的主要原因"的调查情况

对于高校学生和教职员工来说，上网几乎是每天必做的事，因为没有一人选择从不上网这一选项。笔者在进行测试时，对上网时长做出了限定，即测定的是从周一到周五工作日每天的上网时间。结果显示，每天使用网络在 5 小时至 8 小时之间的人数最多，达到 34.8%，其次是上网 1 小时至 4 小时，比例为 32.1%，而超过 8 小时的也有 27.5%，少于 1 小时的是绝对少数，只有 5.6%。

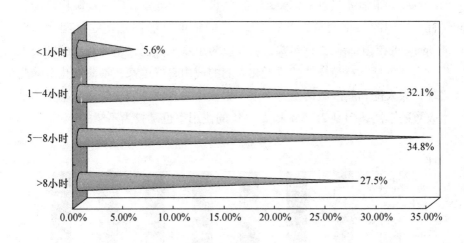

图 7 - 9 关于"上网时长"的调查

(二) 学生和教职员工社交媒体使用习惯调查

在设计问题时，笔者选择了 9 个社会化媒体，分别是 Facebook（社交网站）、Twitter（微博平台）、Tumblr（博客网站）、Pinterest（图片分享网站）、MySpace（娱乐互动平台）、EngageMedia（公民媒体）、人人网（社交网站）、新浪微博（微博平台）和微信，其中 Facebook 和人人网相对应，Twitter 和新浪微博相对应，从页面设置到功能应用几乎完全一样，唯一的不同便是语言，Facebook 和 Twitter 的用户来自世界各地，可以使用各种语言交流沟通，而在人人网和新浪微博上还主要使用的是中文。因为接受测试的学生中有部分是在哈佛大学和麻省理工学院上学的中国学生，所以在设计问题时，也将人人网和新浪微博添了进来。除此之外，Tumblr 是一个博客网站，Pinterest 是图片分享网站，MySpace 是娱乐互动平台，EngageMedia 属于社交网络中的公民媒体网站。

对于学生和教职员工来说，使用频率最高的社交媒体是 Facebook，

152 人中有 112 人几乎每天使用，从不使用的人数为零。其次是 Twitter，每天使用率达到 56.7%，但是仍有少数人从不使用这一社交工具。在学生群体中，Tumblr、Pinterest 和 MySpace 的使用率较低，也说明在具有相似功能的社交媒体平台中，人们往往只会专注使用一至两个。此外，在2005 年时，MySpace 还是全球最受欢迎的社交网站，市值 20 亿美元，而Facebook 的市值才只有 1 亿美元。也就仅仅过了 6 年，Facebook 稳稳坐上了社交媒体的头把交椅，其在 2011 年的估值已经高达 700 亿美元，而MySpace 的市值却缩水了 94%，从此成为小众人群仍在坚持使用的社交工具。由此可见，社交媒体的位置和人们的使用喜好也都在不断变化。除此之外，人人网和新浪微博是为中国学生设计的选项，因此使用频率受到学生人数的限制，但是 26.3% 和 21.1% 的使用率也是较为不错的。

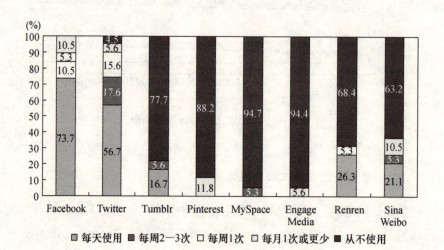

图 7 - 10　学生和教职员工使用社交媒体的情况

　　在回答"你用社交媒体做什么？"一题时，绝大多数同学和教职员工都选择了获取新闻或信息一项，比例高达 77.8%，这与开篇所述的皮尤（Pew）研究中心所做的调查有些不同，皮尤给出的数据是 66.7% 的人们使用社交媒体的主要目的是与家人、同事和朋友们保持联系，而在哈佛大学和麻省理工学院的学生看来，这一条只能算是排名第二位或第三位的原因，如图 7 - 11 所示，参与某些事件或表达相关评论和与朋友或同事保持联络分别占 55.6%。

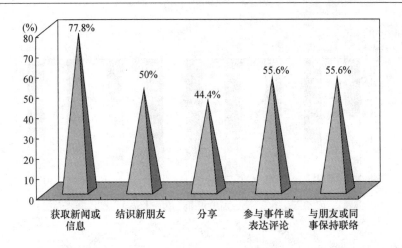

图7-11　学生和教职员工使用社交网络的动机

对于美国视频网站的使用频率，可以看出 YouTube 和 CBS 的使用率最高，每天都用的人数占比分别为 21.1%，主要原因为 YouTube 上都是网友自己生产的内容（UGC），由网友上传分享，其中的内容更是包罗万象，而 CBS 则以新闻见长，尤其是 2012 年美国大选期间，CBS 的使用率直线攀升，许多家中没有电视的人尤其是学生群体，都愿意通过 CBS 网站收看竞选的实时报道。在年轻群体中，YouTube 的支持率更高，正如笔者所做的频率测试，每周观看 2—3 次 YouTube 的人数占到了 73.6%，而其余的 22.2% 也至少每周观看 1 次。而 CBS 则不然，虽然每天都用的人数相对较高，但是从不使用的人数也占到了 63.1%，可见被测人群对于 CBS 的喜好程度呈现两极化。

谈及社会化媒体和其他媒体形式的区别，94.7% 的学生和教职员工认为社交媒体能够给人们更多的机会去使用媒体并参与媒体事件，84.2% 同意社交媒体拥有更多空间和自由，57.9% 认为社交媒体更加民主、去中心化。

通过此次调查，笔者发现对于哈佛大学和麻省理工学院的学生和教职人员来说，上网已经成了他们工作、学习和生活中的一部分，他们使用网络的主要目的是检索信息和学习新知识，大多数每天上网时长为 5 小时至 8 小时。虽然使用电脑作为上网终端的比例仍旧最高，但值得注意的是，三种都用（电脑、平板和智能手机）的比例已经明显超过了只用平板电脑和只用手机的比例，"移动式"上网正朝着全天候、无限制的方向发展。

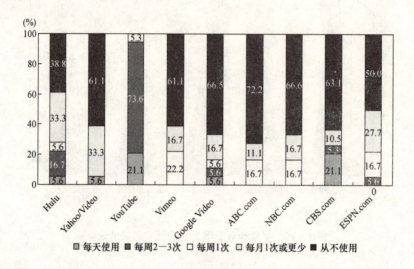

图 7 - 12　视频网站的使用频率

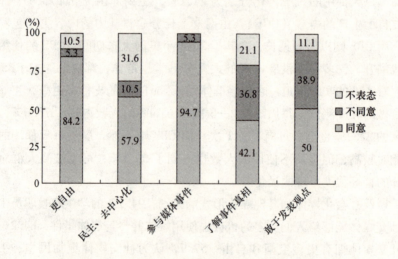

图 7 - 13　社交网络与其他媒体形式的区别

　　在各类社交媒体中，Facebook 是最受欢迎的社交网站，其次是 Twitter，而作为视频内容网站，YouTube 在学生和教职人员之间也颇受欢迎，使用率远远超过了其他传统媒体网站。而之所以能拥有如此广泛的群众基础，是因为一方面社交媒体更加民主、去中心化，能提供更多机会让人们使用媒体并参与媒体事件，另一方面，与传统媒体相比，社交媒体拥有更多的空间和自由，使得人们敢于发表观点。

三　新闻事件中的社交媒体应用

对于媒体人来说，新闻事件是最能检验媒体水平的战场。不论在什么年代，衡量一类或一家媒体是否优秀的标准，都是看其在重大新闻事件尤其是突发新闻事件中的反应够不够迅速，而对于社交媒体亦是如此。

（一）2012 伦敦奥运——社交奥运会

奥运会是世界上最受关注的体育盛会，自然也是各类媒体群芳争艳的舞台。1896 年现代奥运会开始，那时候人们通过报纸了解赛事。1936 年的柏林奥运会上，人们第一次听到了从广播里传来的奥运赛况新闻，也正是在这届奥运会上，总共有超过 2500 家电台使用 28 种语言对奥运会进行了报道。1964 年东京奥运会第一次采用了卫星直播报道，共有 40 多个国家的观众能够在电视上清晰地看到奥运赛事。在 1996 年亚特兰大奥运会上，奥组委第一次有了专属的官方网站，内容包括资讯、图片、赛事结果和门票销售等。

到了 2012 年，伦敦奥运会首次全方位采用社会化媒体来宣传和报道各项赛事，从此各国运动员和粉丝也能够通过社交网络直接沟通、互问冷暖。正如伦敦奥组委负责传播事务的主管杰基·布洛克·多伊尔（Jackie Brock Doyle）所说：

> 在 2000 年悉尼举办奥运会时，互联网的上网速度还很慢，到 2004 年雅典奥运会时智能手机还未出现，2008 年在北京举办奥运会时，社交媒体还没成气候。而 2012 年的伦敦，万事俱备，每个人都可以用社交媒体来关注奥运会的比赛。（转引自来扬，2012）

从报纸、广播、电视、网络再到社交媒体，看世界上最负盛名的体育赛事在近 120 年中的变化，其实也是观测媒体自身变迁的过程。2012 年伦敦奥运会虽然只有短短 17 天，但其作为首届"社交媒体奥运会"（Social Olympics）的形象却深深留在了许多人的记忆中。

一方面，国际奥委会在奥运官网上建立了一个社交平台"奥运选手中心"（The Olympic Athletes' Hub），在这里网友可以找到运动员的 Twitter 和 Facebook 账户；另一方面，Facebook、Twitter 和 YouTube 等社交媒体网站也紧紧抓住了这一机遇，利用社交媒体的优势来吸引更多的运动员和用户。如 Facebook 在 2012 年 6 月 19 日专门推出了一个"探索 2012 年伦敦奥运会"（Explore 2012 London on Facebook）的项目，在运动员和粉丝之间搭建即时互动平台。该项目还围绕伦敦奥运会实时发布个性化更新，包括运动员们的奖牌情况、精彩照片与网友互动问答等。除此之外，Facebook 还添加了其他内容来填充页面，如一些历史性的资料照片和与著名事件相关的其他信息等。

图 7 - 14　Facebook "探索 2012 年伦敦奥运会" 页面

　　在伦敦奥运会上，社交媒体的加入能够快速笼络大量年轻用户的心，因为这些人热爱体育、崇拜明星、热衷网络应用，却在逐渐地远离电视，因此传统电视媒体在这群人面前并不具有优势，而 Facebook 和 Twitter 这样的社交媒体却能快速帮助他们了解到最新的赛况和自己偶像的消息。尤其是在笔记本电脑变得更轻薄、手机变得更智能的今天，社交媒体用户更可以随时保持在线状态，不论你是坐在奥运赛场上，还是在世界上的任何一个国家里。

正因如此，传统媒体也纷纷加入了社交媒体阵营。如 Twitter 和传统电视媒体 NBC（美国国家广播公司）就在伦敦奥运期间结成了合作伙伴关系。作为美国的第三大电视网络，自 1964 年东京奥运会以来，NBC 就向美国观众报道了历届奥运会赛程。因此可以说报道奥运会是 NBC 的"拿手好戏"之一，不过伴随着社交媒体的发展，NBC 也必须做出战略调整，而与 Twitter 的合作便是其调整中的一个筹码。

在奥运会期间，Twitter 会利用其奥运专题页面，突出业内人士的意见，并鼓励人们观看 NBC 的电视直播和网络报道。Twitter 也派出人员加入 NBC 社交媒体团队，以确保赛事新闻即时、准确地传播，与此同时，NBC 的采访亮点也会出现在 Twitter 上。这种战略式合作能够打通电视和网络平台，实现优势互补。正如 NBC 奥运频道负责人加里·泽克尔（Gary Zenkel）所说："Twitter 是一个产生新闻的地方，各式各样的新闻通过它快速传播给各地的人们，而当人们下班回家，想要对这些新闻有进一步了解，便会打开电视收看 NBC（Ovide，2012）。"

虽然在 2008 年时，Facebook、Twitter、YouTube 就已经兴起，但最近 4 年来，社交媒体的用户数量才呈现出爆炸式增长的态势。2008 年，Facebook 的用户数量只有 1 亿，而到了 2012 年，其每月的活跃用户数量达到了 9 亿。Twitter 也是如此，在 2008 年其用户数量有 600 万，到了 2012 年便跃升至 1.4 亿，用户数量的激增为社交奥运会的实现提供了保障。

除了 Facebook 和 Twitter 之外，与伦敦奥运会展开合作的社交媒体还有 Google＋、Tumblr，以及中国的新浪微博、优酷等，这些网站都为奥运会提供了专题页面。而在伦敦奥运会期间，除了用户能够大饱眼福，随时随地获得奥运会的信息之外，运动员们也能在奥运村与粉丝们实时聊天，分享他们的成果并与粉丝互动，与此同时，还能亲身感受社交媒体上自己追随者数量增加的过程。

在中国，关于伦敦奥运会的报道不光发力社交媒体，而是朝着"全媒体"立体化报道的方向发展。作为国家台阵营的中央电视台和中国网络电视台，对于 2012 年伦敦奥运会的报道可谓分工明确、优势互补。奥运期间，中央电视台提出了"打造多频道、全媒体转播平台，全方位报道奥运盛况，全景式展现奥运精神"的奥运战略，投入 CCTV－1、CCTV－5、CCTV－7 等五个开路频道转播奥运会赛事，直播 284 枚金牌的产生（伦敦奥运会总共产生 302 块金牌）。CCTV－5 从 2012 年 7 月 1 日起使用

"奥运频道"的台标和呼号，全天 24 小时播出奥运节目。即便如此，奥运赛事总共 5600 小时，而电视只能直播 1300 小时，也就是说，其中的4300 小时是电视上看不到的，这时候便是中国网络电视台发挥作用的最佳时机。

　　而对于欧洲台总部就设在泰晤士河边上的凤凰卫视，此次奥运报道更具有"小主场"的优势。奥运期间，凤凰推出了"四态并存、五屏融合"的奥运战略。一方面，通过文字、图片、视频、音频四种形态全方位报道奥运赛事，新添了《锵锵五环行》、《伦敦下午茶》、《倾倾运动会》、《英伦会客厅》、《从北京"道"伦敦》等 12 档视频节目；另一方面，还实现了都市大屏幕、手机、平板电脑、电脑、电视这五屏的无缝对接，其中电脑、手机和平板电脑还具有记忆播放的功能，也就是说，跨屏转移时不需要重新点击播放，系统便会记录上次收看的位置，从而形成无缝对接的观看体验。

　　正如凤凰网副总裁陈志华在凤凰伦敦奥运战略发布会现场所描绘的一位凤凰用户在奥运期间的生活频率——"早上起来，他可以在上班路上通过凤凰的都市大屏了解金牌的产生情况，上班时他可以打开凤凰网，午休时听广播，下班回家的路上通过手机或 Pad 了解伦敦奥运会的各种信息，回家后他可以看凤凰卫视，然后晚上睡觉前看《凤凰周刊》"。

　　对于我国的社交媒体来说，自然不会在这样的体育盛事中甘于平庸。新浪网派出了专业团队在伦敦开设中国奥运健儿"冠军访谈"节目，而多位奥运健儿也拥有新浪微博账户，实时与网友交流沟通。如北京时间2012 年 7 月 29 日凌晨 2 点，孙杨夺得男子 400 米自由泳冠军，并刷新了奥运纪录。赛后，他在新浪微博中称："我做到了，我成功了！感谢大家的支持！"对于该条微博，总共有 42 万名网友对孙杨的微博进行了转发或评论。而在 2008 年北京奥运会上有着突出表现的腾讯，也在 2012 伦敦奥运会期间签约了 181 位奥运健儿，使其成为"全明星播报团"的成员。

　　由此可见，不论是国外媒体还是国内媒体，在奥运会的报道上都是竭尽所能，"社交奥运会"、"全媒体报道"等，虽各自采用的策略不同，但在主方向上都是牢牢抓住了传媒格局的变化趋势，未来的奥运会报道也将越来越向着新媒体、多平台的方向发展。

（二）飓风桑迪与 Twitter 应用

　　在谈到 Twitter 时，纽约时报记者大卫·卡尔（David Carr）曾说：

"推特就是一个装满了讽刺意味的大筐，给人们带来的大多是轻松一笑，却鲜有什么实际的用处（2012）。"而作为一个实时性的社交媒体平台，在一些突发新闻或大事件中，Twitter 的作用却得到了极大程度的发挥，它可以"延伸"人们眼睛看到的距离，不论是在电视屏幕上还是在实际生活中，人们能在看到的同时记录或表达自己的想法，同时也让更多的人看到正在发生着什么。飓风桑迪事件便是这样的一个例子，而下文探讨的重点也正是在这次突发飓风中，人们是怎样使用 Twitter 的。

在 2012 年 10 月 29 日的飓风灾难中，对于上百万失去了电力保障的美国市民来说，Twitter 几乎成了他们获取外界信息的唯一途径，因为他们还能够通过手机连接网络。与此同时，所有的新闻媒体也都意识到了这一点，纷纷转战 Twitter，通过该平台发布最新、最及时的飓风信息，这股传播力在无数次的 Follow（关注）、Favorite（喜欢）和 Retweet（转发）中呈几何倍数扩大。

在 2012 年 10 月 27 日至 11 月 1 日期间，美国市民总共发送了 2000 万条关于飓风桑迪的 Twitter，这一数字是 10 月 25 日和 26 日总信息量的两倍。根据 Twitter 官方发布的数据，在受灾最严重的纽约市，Twitter 发送的峰值是在 10 月 29 日晚上 9 时，这一时间正是纽约爱迪生电力公司发生故障而导致曼哈顿下城部分地区断电的时刻。

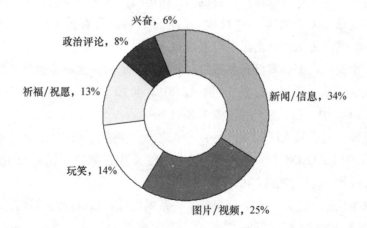

图 7 - 15 飓风桑迪事件中 Twitter 的使用情况

资料来源：Pew Research Center, 2012。

从 2012 年 10 月 29 日飓风登陆到 10 月 31 日风波平息，新闻、信息、图片和视频几乎占据了 Twitter 的半壁江山。如图 7 - 15 所示，34% 的 Twitter 直接关注点就是飓风，包括传统媒体报道的新闻、政府发布的信息、不同地区的目击者讲述飓风现场的情况，以及无数由不同网友发布的后续追踪信息等。

这其中，有讲述飓风来临时人们互相帮助共渡难关的，如印度电视台（NDTV）驻纽约记者在飓风期间发起的新主题，请网友们讲述身边发生的关于勇气和互助的故事。

《纽约时报》充分利用庞大的记者网络，不仅分享了一个美国东部各州指南，还汇集驻各州记者的最新报道，特别推出了"互动地图"的新应用，通过点击地图上的各州便能够了解到该州的受灾情况和设施恢复情况，告诉当地的受灾群众可以使用哪些资源和设施，同时也帮助其他州的民众更顺畅地了解亲朋好友的最新状况。

随着其他社交媒体平台的介入，传统媒体的新闻报道被无数次地转发和分享，正面传播力的效果得以显现，社交媒体成为风暴期间亲朋好友保持密切联系的最有效工具。但飓风桑迪也暴露了社交媒体的一个危险的弱点：虚假信息会像病毒一样蔓延。这些虚假信息（包括文字和图片）由普通网友发布，在没有得到证实的情况下，便被无数次转发，转发者中甚至还有不少主流新闻媒体和政府机构，而虚假信息一经主流媒体发布，便摇身一变贴上了"真实"、"权威"的标签，自然会有更多网友随之转发或分享，其所带来的负面影响可想而知。

一个比较典型的案例是关于纽约证券交易所的，这条虚假消息最初是由网友@ ComfortablySmug 发出的。在 2012 年 10 月 29 日下午 6 时 4 分，他在 Twitter 中写道：纽约证券交易所（New York Stock Exchange）已经被洪水淹没了，交易大厅的积水足有一米之深。在这次的信息之前，他特别标注了"BREAKING"（突发新闻）以表示事态紧急，随后还用到了"Confirmed"（已经确认）的字眼以增强信息的可信度。

这条信息一经发布，立刻得到了一系列传统新闻机构的转发，其中包括 CNN 和《纽约客》（New Yorker），甚至连美国国家气象局也跟着转发了。而 Twitter 上的其他网友则很快揭穿了这条谣言，一位网友发布了一张在纽约证券交易所里拍到的照片，地面上没有一点水迹，谣言不攻自破。

　　此外，美国新闻聚合网站 BuzzFeed 的记者还在辟谣报道①中专门指明了 @ ComfortablySmug 的真实身份——他的名字叫作沙先科·特里帕蒂（Shashank Tripathi），是共和党的政治顾问、前对冲基金经理，同时也是一位蓄意传播虚假信息的人。当然，在这次虚假信息的传播过后，特里帕蒂也接受了惩罚，他不仅遭到了众多"推友"的谴责，还丢掉了自己的工作。在 2012 年 10 月 31 日之后，@ ComfortablySmug 再也没有发出一条 Twitter。

　　在 Twitter 上，关于飓风桑迪的第二类热议话题便是人们互相分享的照片和视频，占到了 10 月 29 日至 31 日 3 天 Twitter 总量的 25%。这些照片和视频涉及风暴的方方面面，有关于风暴的最新进展、人财物方面的损失和灾后重建等。

　　与此同时，通过与公民记者的互动，一些由普通市民拍摄的现场照片也成了各大新闻机构争相转发和报道的焦点。如马里兰州普通市民林赛·卡斯特罗（Lindsay Castro）拍摄的雕塑被风暴摧毁倒在水中的照片，最先由她本人在推特上发布，随后被一家位于华盛顿的新闻机构 WTOP 发现并迅即转发，再后来成为多家媒体争相转发分享的珍贵素材。

　　相比前文提到的在推特上大量出现的基于文字的虚假信息，一些图片式的假信息也在 Twitter 上屡屡出现。它们大多是通过 Photoshop 合成的图片或是直接发送的前几次飓风的照片。和文字假信息很快能被识破一样，图片信息在网友的集体智慧下也能被迅速甄别出来。因为这些照片大多具有非常强的震撼力，一经发布便能吸引众人的目光，所以很快能被辨出真伪。

　　在飓风期间，Twitter 上到底出现了多少条虚假信息我们很难得知，但其本身已经成为了一个公众讨论的话题。《大西洋月刊》（The Atlantic）专门发表文章汇总了飓风期间出现的虚假信息②，BuzzFeed 的记者也以"Twitter 是一个真相机器"为题，写到桑迪期间谣言通过网络广泛传播，然后被群体智慧识破揭穿，速度之快让人难以想象。

---

　　① Jack Stuef. The Man Behind @ ComfortablySmug, Hurricane Sandy's Worst Twitter Villain. http：//www. buzzfeed. com/jackstuef/the-man-behind-comfortablysmug-hurricane-sandys.

　　② Madrigal, A. Sorting the Real Sandy Photos From the Fakes. The Atlantic. http：//www. theatlantic. com/technology/archive/12/10/instasnopes-sorting-the-real-sandy-photos-from-the-fakes/264243/.

除此之外，表示祈福和良好祝愿的 Twitter 在关于飓风的话题中也占了 13% 的比例，包括号召网友向相关组织捐助或是给受灾地区的人们以其他形式的援助等。还有 8% 关于桑迪的 Twitter 是关于政治评论的，其中的大多数涉及奥巴马和罗姆尼这两位 2012 年美国大选的候选人在飓风灾难中的表现。其余的 6% 则对飓风的到来感到兴奋，因为绝大多数是学生在庆祝飓风期间因学校关闭而不用上课。

由此可见，在飓风桑迪事件中，Twitter 的作用是非常显著的，尤其是对于那些处于飓风中心的人们和他们的亲友来说，Twitter 不仅是彼此联系的唯一工具，还起到了生命线的作用。

笔者的一位朋友居住在受飓风影响最大的纽约曼哈顿地区，从 2012 年 10 月 29 日开始停了整整一个星期的电，其间没有食物，没法洗澡，更没法通过 WiFi 与外界联络。但是因为手机网络一直保持畅通，所以她可以时时关注 Twitter，她能够很快知道哪里有电源，有免费的 WiFi 和咖啡，哪里提供免费的食物和临时住所。正如《纽约时报》一篇评论写到的：

> Twitter 上活跃的人们能将飓风的全过程在 140 个字的空间内一一展现，从电视台的现场报道到报纸的深度分析，就像是一个无止境的圆环，将飓风紧紧地包围在文字和图片中。①

第三节　数据引领新闻业的未来

2014 年岁末，许多朋友都在微信朋友圈转发了一条"哥伦比亚大学新闻学院开设大数据课程"的帖子，说"数据和算法正在改变着各个行业，重新塑造我们的生活。从现在起，讲故事也该靠数据了"。比如这个名为 Lede Program 的新闻学硕士项目，参加这个项目的学生将学习如何编程、如何处理数据图表等技能，当然所有的数据分析和技能处理都将以社

---

① As Sandy Takes Its Time, Twitter Is an Endless Loop of Anticipation. The New York Times. 2012/10/29.

会学和人文科学为背景，目的是让学生们为将来开展数据统计驱动型的媒体业务做好准备。

在首期课程中，有的学生分析了白宫的客人名单，尝试用数据分析的方式来判断财富是不是这些人能够成为白宫访客的影响因素，他们还分析了到访行为对随后发生的事件是否存在影响；有的学生分析了视频游戏平台上的聊天记录中体现的群体性特征，发现男生玩游戏的时候，评论的内容主要是针对游戏本身，而女生玩游戏时，评论的对象却会变成了游戏者群体。

一　数据生成新闻

在全球范围内，数据新闻已经得到了新闻业界的极大关注。一方面，互联网的普及和编程语言的发展为互动图表的发展奠定了技术基础，另一方面，受众对于新闻信息的需求也越来越多样化，他们希望通过互动与可视化获得更多新闻"背后"的信息。因此，国际知名媒体纷纷开启"数据新闻"模式。

2009 年 3 月，《卫报》（The Guardian）成为全球第一家成立数据新闻部的纸质媒体。

2012 年 4 月，数据新闻网站 ProPublica 推出《华尔街金钱机器》报道，获得第 95 届普利策新闻奖。

2012 年 12 月，《纽约时报》推出《雪崩》专题，获得 2013 年普利策新闻奖。（第四章有详细分析）

2014 年 6 月和 11 月，财新网数据新闻《青岛中石化管道爆炸》、《周永康的人与财》分别获得亚洲出版业协会（SOPA）卓越新闻奖和腾讯"年度数据新闻奖"，而财新传媒数据可视化实验室也因此成为国内唯一获得数据新闻奖项的可视化团队。

尽管近年来，人们对大数据的提法并不陌生，但什么是数据新闻（Data Journalism），大家的理解仍旧只是一个开始。从表面上看，数据新闻就是用数据来报道新闻，"数据"和"新闻"互为因果。《数据新闻手册》（2012）中提出，数据新闻是"将记者的新闻素养与运用大数据信息结合起来报道新闻"[1]；特洛伊·西伯德克斯（Troy Thibodeaux）在《五步开始数据新闻》中写道，数据新闻是"将数据运用到制作和传播信息的过程中，它反映了内容生产者和设计、计算机和统计领域之间的互动"[2]；国内学者章戈浩曾提出，数据新闻是"对数据进行分析与过滤，从而创作出新闻报道的方式（2013）"；方洁等则提出，数据新闻是"基于数据的抓取、挖掘、统计、分析和可视化呈现的新型新闻报道方式（2013）"。

在理解数据新闻的过程中，需要注意两点：

其一，数据不等同于数字，数据所记录的是一切自然现象和人类活动的轨迹，诸如通过人们的网购记录来分析消费习惯，这里所说的数据是生活的一种映射，也是对人类社会行为的分析。

其二，数据不一定是可视的，也可以是隐性的。可视的数据是新闻最后的呈现，可以是传统的平面作图，也可以是基于网络的交互作品。而隐性的数据则是指新闻作品本身不能直接体现出其背后大量数据的获取、挖掘、分析和解读的过程，在很多时候，这一部分才是数据新闻的核心和价值所在，也是最费时间和人力的部分。

西蒙·罗杰斯（Simon Rogers）是 Twitter 的数据新闻编辑、数据博客 Datablog 的负责人，在加盟 Twitter 之前，罗杰斯曾在英国《卫报》工作了 15 年，其在《卫报》的职位也是数据新闻编辑。在他看来，数据新闻的定义可以有上百种，但最重要的是如下三点：

（1）数据新闻是用数字来讲故事。在报道中，数据不是用来做数学题、画图或是写代码，它的首要任务是讲故事，这也是最重要的一点。

（2）有了数据之后，记者在写报道的时候便不用单一地使用文字了。

（3）数据新闻的技术会随着时间的变化而改变，但是总会有越来越多的更为便捷的工具帮助我们进行数据分析和结果处理。[3]

图 7-16 为财新网于 2013 年 11 月所做的数据新闻报道《青岛中

① Jonathan Gray, Liliana Bounegru, Lucy Chambers. The Data Journalism Handbook. http：//datajournalismhandbook. org/1. 0/en/. 2012.

② Troy Thibodeaux. 5 tips for getting started In data Journalism. http：//www. poynter. org/howtos/digital-strategies/147734/5-tips-for-getting-started-in-data-journalism/. 2011.

③ Simon Rogers. Open data Journalism. http：//simonrogers. net/2013/01/24/open-data-journalism/.

石化管道爆炸》，我们能够看到它的核心是将记者在爆炸现场拍摄的照片按拍摄位置还原到谷歌地图上，让用户在互动的过程中有一种身临其境的感觉。

随着地图的缩小和放大，用户能够了解到事件发生的地点。通过不同颜色的图钉标注，用户能够清晰地看见爆炸标记点、死亡标记点、损坏管道、输油管道的具体位置，并且配合文字描述，将事件时间、起因等背景做完整交代。当点击每一个带有颜色的小标记时，还能在右侧一栏浏览到记者在现场拍摄的照片。

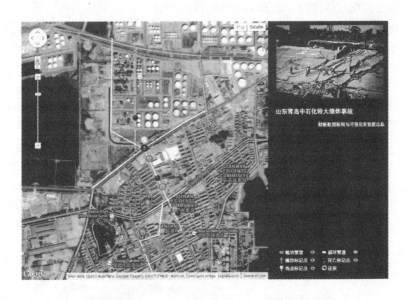

图 7-16　数据新闻《青岛中石化管道爆炸》（2013 年 11 月 24 日）

二　数据新闻的报道方式

2010 年 8 月，德国之声记者米尔科·洛伦兹（Mirko Lorenz）提出了进行数据新闻报道的四个步骤，即"挖掘数据—过滤数据—数据可视化—制作新闻"。与之类似的是罗杰斯在其个人博客中对"数据新闻流程"所做的介绍①。罗杰斯展现的是一个多线程、全方位的报道流程：一方面处理数据，另一方面不断检验、质询数据的信度与价值，最后通过多种手段与渠道发布完成的报道。

伯明翰城市大学教授保尔·布拉德肖（Bradshaw，2011）在《数据新闻的倒金字塔结构》中提出了"双金字塔模型"，更全面地揭示了整个报道过程中数据在传播上的变化。布拉德肖以倒金字塔的结构来表示数据处理的过程，包括数据汇编（Compile）、数据整理（Clean）、了解数据（Context）和数据整合（Combine）四个部分。数据处理的最终目的是完成数据的可视化并实现有效传播。而数据新闻的传播则以"正金字塔结构"进行，呈现的效果包括可视化（Visualise）、叙事化（Narrate）、社会化（Socialise）、人性化（Humanise）、个性化（Personalise）和实用性（Utilise）等。

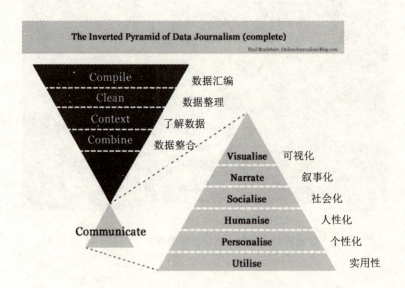

图 7-17　数据新闻"双金字塔模型"

资料来源：Brandshaw，P. The Inverted Pyramid of Data Journalism. http：//onlinejournalismblog. com/2011/07/07/the-inverted-pyramid-of-data-journalism/。

事实上，不管是上述哪一种归纳，获取数据、处理数据、呈现数据都

---

① Simon Rogers. A data journalism workflow. http：//simonrogers. net/2013/01/27/a-data-journalism-workflow/.

是数据新闻报道中不可或缺的三个阶段。而要谈到大数据对新闻行业的影响，则至少体现在两个方面，一是应用技术来收集和深度分析数据；二是以可视化和互动式的效果来呈现新闻。

三 数据新闻实践：ProPublica 和 The Upshot

随着大数据时代的到来，利用数据新闻拓展传统新闻业迎来了新的机遇。在我国，数据新闻已经成为各大新闻媒体业务发展的一个新趋势，如网易推出了新闻栏目"数读"、搜狐有"数字之道"、新浪有"图解天下"、腾讯有"数据控"；在传统媒体方面，各大报刊也纷纷推出新栏目，如《新京报》每周3版的"新图纸"，《南方都市报》的"数读"、《华商报》的"数之道"、《钱江晚报》的"图视绘"等版面也以多种方式进行了数据新闻报道的尝试。而在美国，一提到数据新闻，人们最先想到的便是 ProPublica 和《纽约时报》推出的数据新闻专栏"The Upshot"。

总部设在美国纽约市曼哈顿区的非营利公司 ProPublica 由《华尔街日报》前执行总编约翰·施泰格（Paul Steiger）创立，是一家独立的新闻编辑部，为公众利益进行调查报道。成立之初，ProPublica 便召集了一批最优秀的新闻人才。除了出任主编的施泰格，还有《纽约时报》前调查报道主编斯蒂芬·恩格尔伯格（Stephen Engelberg）任执行主编，记者和编辑全都来自传统媒体。

2011 年 4 月 18 日，新闻界最高荣誉、第 95 届普利策奖揭晓，ProPublica 以其作品《华尔街金钱机器》摘得国内新闻报道奖（2011 Pulitzer Prize for National Reporting）。该作品耗时一年，详尽地披露了华尔街的金融巨头们是如何巧妙地为自己牟取巨额利润的全过程。

事实上，这已不是 ProPublica 第一次获得普利策奖。在 2010 年，也就是成立后的两年，它就凭借调查性报道与《纽约时报》共同获得了调查性报道奖，获奖记者谢里·芬克（Sheri Fink）写出了一篇关于奥尔良州一家医院在卡特里娜飓风中向病人注射致命毒剂的调查报道。该作品除了在 ProPublica 网站上登出之外，同样也在《纽约时报》上以纸质版面貌呈现，但像 2011 年完全以数字化报道摘得普利策奖，ProPublica 还属史上首次，由此它也成为美国数据新闻用户最活跃的网站之一。如今，ProPublica 的合作伙伴已有 104 家，如《纽约时报》、《华盛顿邮报》、《洛杉矶时报》、《今日美国》、MSNBC、CNN 等。

在 ProPublica 的记者看来，一个新闻应用就是一个可以讲故事的交互式数据库，你可以像对待任何一条新闻作品一样看待它，只不过是用软件替代了文字和图片。

"金钱医生"（Dollars for Docs）是 ProPublica 众多新闻应用中的一个。它追踪的是医药公司以咨询、讲课、旅游等形式付给医生数以亿计的额外费用。通过创建这一应用，读者能够查询到自己的医生，看他们收取酬劳的情况，其他合作新闻机构的记者也可以使用这些数据。

图 7 – 18　ProPublica 网站的"金钱医生"新闻应用

资料来源：http：//projects. propublica. org/docdollars/。

（Dollars for Docs 追踪的是医药公司以咨询、讲课、旅游等形式付给医生数以亿计的额外费用。通过创建这一应用，读者能够查询到自己的医生，看他们收取酬劳的情况，其他合作新闻机构的记者也可以使用这些数据。）

该应用问世后，总共有超过 125 家地方新闻机构的记者基于此数据对当地医生进行了调查报道，但这其中只有少数是 ProPublica 的正式合作伙伴，其余大多数都是使用这一新闻应用和数据进行独立报道。对此，Pro-Publica 团队认为，如果他们的数据能够帮助了解当地情况的报道者讲述有冲击力的故事，他们也就完成了自身的使命，这与 ProPublica 始终坚持的进行"真正重要"和"具有道德力量"[1] 的新闻报道的目标完全吻合。

如果说 ProPublica 是大数据时代的产物，那么 The Upshot 则是传统媒体进军数据新闻领域的典型。2014 年春天，《纽约时报》推出了新栏目 The Upshot，主打数据新闻。

该栏目由华盛顿分社前社长大卫·莱昂哈特（David Leonhardt）负责，成立之初便有 15 名团队成员，其中 3 位是全职图形设计。The Upshot 针对政治经济领域，旨在通过数据分析和呈现，帮助受众获知新闻背后的意义。在关注新闻之外，The Upshot 还设计了许多有趣的互动产品，如"租房还是买房？"（见图 7 – 19）、"美国生活最困难的地方是哪里？"（见图 7 – 20）等，通过数据分析和建模，受众可以按图索骥，找到自己需要的信息，并得到相关建议。

图 7 – 19　The Upshot 互动产品"租房还是买房？"
资料来源：http：//www. nytimes. com/interactive/2014/upshot/buy-rent-calculator. html。
（通过输入房屋价格、收入、居住时长、抵押情况、维护费用、税费、手续费和其他费用来测算是买房还是租房更合适。）

---

[1]　译自 ProPublica 官网，原文为"Our work focuses exclusively on truly important stories, sto-ries with 'moral force'."

　　通过 The Upshot 和 ProPublica 的案例可以看出，数据新闻往往有三个特点：

　　其一，个性化。通过一组数据新闻或一款互动产品，受众能够产生共鸣，并找到与自己相匹配的答案。如 The Upshot "租房还是买房？"，通过租房买房这一热门话题将宏观经济与百姓生活联系在了一起。

　　其二，可视化。与传统新闻"文字 + 图片"不同，数据新闻更多的是用图表来讲故事，通过图形化的呈现和数据分析来展现文字所无法达到的效果。如 The Upshot "美国生活最困难的地方是哪里？"，通过地图和一系列信息（整体排名、平均收入、教育程度、失业率、平均寿命等）来展示每个地区的生活情况。这些反映政治、经济的主题看似宏观，但都与百姓生活密切相关，因而也得到了受众的喜爱与好评。

图 7 - 20　The Upshot 互动产品"美国生活最困难的地方是哪里？"

资料来源：http：//www. nytimes. com/2014/06/26/upshot/where-are-the-hardest-places-to-live-in-the-us. html。

　　（当鼠标点击其中一个地区，能够看到该地区在全美的排名、平均收入、大学教育程度的人口比例、失业率、残疾人数量、平均寿命及肥胖率等关键指标，从而帮助读者衡量该地区的幸福指数。）

　　其三，团队协作。在传统新闻时代，采编人员可以独立完成新闻，其与设计师和印刷厂是生产链的上下游。采编人员"生产"出稿件，然后由设计师配图、排版，再通过印刷厂印制完成。在数据新闻时代，生产流程发生了改变，设计人员要根据采编人员提供的素材设计图表，同时与程序员共同制订方案。在设计方案的过程中，程序员很可能反过来要求记者补充数据，待方案确定，设计、开发、文案同步进行，所以三方是合作和互动的关系（黄志敏，2015）。如《南方都市报》数据新闻工作室成员由编辑、交互设计师、数据工程师、民调小组等组成，虚拟设置，团队协作。平时大家在各自部门工作，在数据选题的驱动下召集起来各司其职。

小　结

从传媒业开始使用互联网至今，不过十几年的时间，在这其中，随着新技术和新模式的不断涌现，一系列新理念也应运而生。一方面，它们为媒体的现时发展开阔了视野，另一方面也为其未来发展指明了方向。

1. 协助管理员

在人们的印象中，传统媒体工作者的职能是采写编，把自己所收集到的信息制作成符合各类媒体特征的内容产品传播给大众，而在后融合时代，采写编的职责全部移交给了普通受众，尤其是在社交媒体上，大众集传播者和接收者于一身，而媒体工作者只是作为"协助管理员"存在。就好似博物馆的馆长，只负责一些日常事务，并完成对展品的挑选、分类和推广职责，而具体的展品都是由每位艺术家来提供。

对于受众来说，协助管理员非常重要。因为网络上每天有太多的信息和资讯，以 YouTube 为例。在 2012 年 YouTube 每分钟就有 60 小时的视频内容上载，全球有 8 亿多用户，每天就有超过 20 亿次的观看记录。各类信息如洪水一般从四面八方涌来，良莠不齐，受众也无法在短时间内分辨出真假，此时唯有专业媒体人能够帮忙把关、分类和管理。

2. 合作伙伴

在后融合时代，合作伙伴关系体现在三个方面：一是在传统媒体和新媒体之间，二者通过合作形成优势互补，互为促进；二是体现在媒体和受众之间，媒体为受众提供平台，而受众则为媒体提供内容和反馈，互为激励；三是体现在媒体内部的各类别工作人员之间，记者、编辑（编导）要想充分利用新科技手段和社交媒体平台，就必须向网络技术人员多学习，相互协作，互为配合。

3. 集体智慧

集体智慧①（Collected Intelligence）是在后融合时代的媒体产品上体现出来的最明显特征，因为原先的媒体产品是少数人的成果，而且大多是专业人士的作品，而如今，越来越多的媒体产品出自大众之手，是集体智慧凝结而成的作品。

一个最具代表性的例子便是维基百科，其成立之初的目标是挑战《大英百科全书》，前者是新兴的社交媒体，后者则是有着悠久历史的世界上最权威的百科全书，看似完全不可能实现的任务，却在众多网友的支持和参与下实现了。2012 年 3 月 13 日，不列颠百科全书公司在美国芝加哥宣布，终止《大英百科全书》的印刷，从此有着 244 年光辉历史的《大英百科全书》退出了纸质印刷品的舞台。

另一个例子便是社交媒体 Storify——一个非常有意思的新闻网站，它将来自各大新闻媒体（ABC、CNN、CBS、《卫报》、《华盛顿邮报》）的新闻事件作为原本，然后发动网友在社交媒体中寻找各种相关信息和资料，并与原先的新闻进行结合，让网友们变身公民记者，集多人之力共同讲述新闻故事。

---

① 集体智慧是法国文化理论家皮埃尔·拉维（Pierre Levy）创造的一个术语。我们当中没有人可以无所不知；但是我们每个人都有所知；如果我们把各自的资源集中在一起，把分散于个人的技能结合在一起，我们对于世界的了解就会更加全面（Jenkins, 2006a：4）。

第八章　他山之石：融合经典案例透视*

> 当世界开始迈向大数据时代时，社会也将经历类似的地壳运动。在改变人类基本的生活与思考方式的同时，大数据早已在推动人类信息管理准则的重新定位。然而，不同于印刷革命，我们没有几个世纪的时间去适应，我们也许只有几年。
>
> ——维克托·迈尔—舍恩伯格（Viktor Mayer-Schonberger）

当我们对一项新技术或新理念付诸实践之时，总会努力寻找可以借鉴的案例，不论是成功也好，失败也罢，都希望能在总结经验的基础上提炼精华。这一点，同样适用于始终处于快速变化中的传媒产业。

正如本书在梳理融合相关概念时所说，"媒体融合"是舶来品，它的理念和理论体系均起源于西方，国内学界相关的探讨起步较晚，在实践上亦是如此。本章通过对英国广播公司（BBC）、赫芬顿邮报（*The Huffing-ton Post*）、reddit 等融合案例做出分析，探讨它们为什么融合、如何融合、发展特色及成功之处，以期通过这些案例抛砖引玉，为业界提供借鉴。

第一节　BBC——做新媒体是为了改变世界

英国广播公司（British Broadcasting Corporation，BBC），成立于 1922 年，是一家由英国政府财政资助却独立运作的媒体，长久以来一直被认为是全球最受尊敬的媒体之一。在其诸多业务类型中，广播、电视和网络是最核心的三类。

广播——BBC 最早成立的宗旨是为英国大众提供高质量的电台

广播服务。如今，电台节目依然是 BBC 产品中重要的一部分。BBC 最早的两个电台是国内服务（Home Service）和全球服务（World Service），后来又提供软性节目（Light Programme）。

BBC Radio 1 是现代音乐频道，于 1967 年开播。除此之外，BBC Radio 2 播送轻音乐和娱乐节目，BBC Radio 3 播送爵士乐、古典音乐和非西方音乐，BBC Radio 4 则是之前的国内服务节目。1990 年 8 月 27 日，BBC Radio 5 开播，后又更名为 BBC Radio 5 Live（BBC Radio 5 直播）。面对不同的听众，针对不同的地区，BBC 也有不同的节目选择。BBC 全球服务则对全球广播，此外 BBC 的一些短波频道也可以在英国以外的地区收听到。

电视——BBC ONE 是世界上第一个电视频道，它在 1936 年 11 月 2 日开始提供电视节目，当时叫作 BBC Television Service（BBC 电视服务）。在"二战"爆发前，已经有大约 25000 个家庭收看节目。1964 年，BBC TWO 开播，"BBC 电视服务"改名。BBC ONE 的节目十分大众化，包括戏剧、喜剧、纪录片、游戏节目和电视剧，经常是英国收视率最高的电视频道，BBC 的主要新闻节目也在 BBC ONE 播出。

1967 年 12 月，BBC TWO 成为欧洲第一个彩色电视频道。BBC TWO 没有电视剧或新闻节目，以娱乐节目为主。1991 年 10 月，BBC 开始以 BBC World Service Television（BBC 世界电视服务）的名称向亚洲及中东播出电视节目。1992 年 12 月，这个频道的覆盖范围扩展到了非洲。1995 年 1 月，BBC 世界电视服务进行重组，并进一步覆盖了欧洲地区。2001 年，BBC World 完成全球覆盖。BBC World 提供高品质的新闻节目，同时也经常播放一些在英国国内广受好评的纪录片等。除此之外，在英国国内，还有 BBC Three、BBC Four、BBC Parliament（BBC 国会频道）、BBC News（BBC 新闻频道）、CBBC（8 岁以上的儿童节目频道）和 CBeebies（8 岁以下的幼儿节目频道）。

网络——1991 年，BBC 研究人员注册了 www.bbc.co.uk 的域名。最初，BBC 网站主要是其广播电视节目的辅助窗口并提供一些相应的服务信息。1997 年，BBC Online 上线，被改造为一个"门户"网站。此时"BBC 在线"已经开始过渡到广播和电视节目的后台资料库，提供给网民大量与节目相关的背景材料和延伸性报道。2005 年

BBC 新媒体部进一步改造 "BBC 在线"。这个时期 BBC 风生水起的互联网服务要算播客(视频分享)节目。2005 年 11 月播客节目 "共享时刻"(In our time)和 2006 年的 "口水战"(Fighting Talk)大获成功。2007 年圣诞节 BBC iPlayer 正式登陆, 为广大网民提供大约 150 万个在线广播电视节目。截至 2010 年 4 月, iPlayer 可以提供 1.23 亿音频和视频的流媒体节目, 可以在超过 40 种不同移动设备和平台上使用。

一 追随和连接未来的受众

作为英国最大的新闻广播机构, BBC 是在 2004 年前后开始思考媒体融合的。随着互联网的飞速发展, 大量受众特别是年轻受众离开了传统媒体转向新媒体, 就在这一时刻, BBC 发现自己的听众和观众都流失了。

正是在这样的背景下, BBC 开始筹划变革和转型, 首先做的便是弄清楚两件事: 第一, 流失的受众都去哪儿了; 第二, 他们的需求是什么, 为什么会离开 BBC。

2005 年, BBC 联合 10 个不同部门的成员开展了一项为期一年的受众研究, 结果显示: 16—24 岁的青少年中有四分之一的人一周之内不会收看任何 BBC 的节目。这让 BBC 时任总裁汤普森认识到: "唯一能确保 BBC 持续成功的方法就是能追随和连接未来的受众, 否则, BBC 将最终永远地失去这一代人。"

根据此次研究小组的建议, BBC 在 2006 年推出了 "创造性的未来计划", 该计划堪称 BBC 史上最大改革, 共包含五大主题和三大理念, 它同时也被视为 BBC 进军 Web 2.0 的宣言书。

在五大主题中, 马提尼媒介(Martini Media)是一种跨平台的传播策略, 目标是 "让受众用最适合自己的方式来获得信息, 并且要快、准、精"; 认真对待娱乐(Serious About Entertainment)是说 BBC 要有 "服务公众" 的认知, 将娱乐结合到它所有的服务中去; 重视年轻受众(The young), 追随和连接未来一代; 要易于查找(Findability), 否则 BBC 的信息会很快被淹没在成千上万的网页中; 寻找积极主动的受众(The Active Audience), 并通过他们来指引 BBC 更好地为广大受众服务。

与此同时，BBC 还传达了三个新理念：导航（Find）、点播（Play）和共享（Share）。导航理念的提出旨在进一步开发 BBC 在线的检索功能，为用户提供人性化的搜索代理服务，以抗衡像 Google 这样的搜索引擎网站。点播理念的核心是"My BBC Player"播放器（后改名为 BBC iPlayer），利用这个软件，用户可以下载和观看 BBC 电视和广播的所有节目。"共享"是 BBCWeb 2.0 的核心理念，这一理念鼓励用户在 BBC 网站上建立自己的博客，并将自己的视频、音频播客发布到 BBC 站点上。BBC 希望用户在其网站上创建自己的空间，并参与到 BBC 网站的建设中去。

自此，BBC 正式迈出媒体融合的步伐。正如第五章所说，科技融合、业务融合和人才融合是媒体融合的主线，也是发生在媒体内部的融合，在 BBC 融合的过程中同样也将重点放置在这三个方面，与此同时，BBC 还谱写出了适合自己的"融合四部曲"——BBC iPlayer、全媒体中心、三个数字（1、10、4）和三个阶段（数字化、连接、融合）。

二　BBC iPlayer 的数字化实践

浏览 BBC 的官网，会看到一个名为"BBC 历史"（History of the BBC）的栏目，点击进去，呈现在眼前的便是 BBC 自 1922 年成立至今的时间轴，其中凡是与数字化发展相关的节点都能在时间轴上找到，分别是：

> 1997 年 12 月正式上线的 BBC 网站（bbc. co. uk）；
> 1998 年 9 月开通的第一个数字电视频道 BBC Choice（BBC 选择台）；
> 2007 年研发成功的 BBC iPlayer 和同年启用的 BBC 全媒体中心；
> 2008 年 11 月启动的"Red Button"（红按钮）互动电视项目；
> 2012 年 10 月上线的 BBC iPlayer Radio 手机客户端和平板客户端……

谈及 BBC 的未来发展，曾担任新媒体和技术部总监的阿什利·海菲尔德（Ashley Highfield）说："未来，媒体依赖的有三个支柱：内容、质量和功能。BBC 目前依靠的是前两个支柱，而世界上价值最高的媒体公司 Google 及 Amazon、Yahoo! 和 eBay 则是依靠第三个支柱，如果我们不想被边缘化，我们也要提供功能。"与此同时，他也提出，"未来 BBC 所有数字内容和服务的提供，都将紧密围绕三大主题展开：分享、发现和使用。"而这三大主题实际上都强调了新媒体中受众参与的重要性。

图 8 – 1 History of the BBC

图片来源：BBC 网站，http：//www.bbc.co.uk/historyofthebbc。

在 2006 年推出"创造性的未来计划"之后，令 BBC 首次在技术上打破不同媒体界限，实现多终端融合的标志是 iPlayer 播放器的上线。2007 年 12 月 25 日，关注 BBC 的人们看到了一个新应用——iPlayer。在 BBC 节目首播一周后的任何时间，英国民众都能用 iPlayer 软件免费下载 BBC 广播、电视、网站上的所有音频、视频节目，然后用电视、电脑、手机或其他移动终端观看。iPlayer 的出现给所有人带来了耳目一新的感觉，它不仅得到了普通民众的欢迎，更让同样在转型和融合的十字路口徘徊的其他传统媒体看到了希望。

据统计，在 iPlayer 业务上线后的前 3 个月，用户下载量就达到了每周平均 110 万，并且这个数字还以月均 25% 的速度增长。此外，用户的平均观看时长是 25 分钟，这与 YouTube 之类的视频分享网站仅仅几分钟的平均观看时长形成了鲜明对比。iPlayer 的火爆甚至给英国的宽带网络增加了 3%—5% 的负担。最令人兴奋的消息是，2008 年的调查数据显示：iPlayer 使 BBC 35 岁以下年轻观众的数量大幅增加（iPlayer 用户中 35 岁以下者占 37%，而之前 BBC 的观众中 35 岁以下者只占 17%），这让一直担心会永远地失去一代人的 BBC 大为振奋（付晓燕，2009）。为此，BBC 托委会（BBC Trust）将"iPlayer 上线"称为 BBC 数字化实践过程中具有里程碑意义的事件。

三　启用全媒体中心

2007 年底，BBC 全媒体中心正式启用。首先入驻全媒体中心的是 BBC 网站和广播新闻部门。半年后，BBC 国际新闻频道及所有为 BBC 撰写文字新闻的记者也陆续搬入这座新的全媒体中心。自此，BBC 广播新闻、网络新闻和电视新闻这三大部门不复存在，取而代之的是一个新的编辑系统。

三大部门的功能被重组为两个部门：一是多媒体新闻部，负责 BBC 新闻网、广播新闻（Radio1 除外）、BBC 国际新闻服务、BBC 新闻 24 小时、BBC 国际等内容；二是多媒体节目部，包含 Radio5 直播、新闻时分、晚间新闻等内容。

与美国坦帕新闻中心的融合实践相同，通过整合新闻部门，BBC 的工作效率和新闻质量得到了显著提升。新闻资源和人力资源的共享，既节省了成本，又使得新闻记者不再归属于原先的单一部门，而是形成了一个整体。尤其是在重大新闻事件的报道中，从选题、制作到合成播出，BBC 都是在融合的思维下完成的。正如 BBC 新闻学院（BBC College of Journalism）前任院长乔纳森·贝克（Jonathan Baker）所说：

> 在融合新闻的制作中，编辑的思维更为重要，它不仅通过前方记者及社会化媒体获得新闻素材，更重要的是通过编辑选择最佳的媒体平台和呈现方式将新闻传播出去。

在贝克看来，融合之后形成的全媒体模式并没有淡化传统广播和电视媒体的作用，而是使其定位更加准确，也更容易把握忠实受众。如每一个媒体都有它既定的目标群体和存在空间，广播适合在移动的环境下接收，电视适合一家人在客厅中观看，基于 PC 的网络适合在办公的环境下使用，而手机等移动网络则占用的是一天之中的空余时间。

除此之外，强大的技术保障也至关重要。作为 BBC 的技术平台，BBC Journalism Portal 系统能够满足 BBC 记者、编辑工作所需要的所有功能，还可以实现 BBC 员工之间的信息共享与工作调度。BBC 的技术路线和软件程序非常重要，通过这个技术路线产生了新的节目制作流程，这个节目制作流程渗透了媒体融合的理念，为 BBC 的节目运行方式与流程管理奠定了坚实的基础（任金州、肖弦弈，2013）。

四 转型口号：1、10、4

2012 年伦敦奥运会的举办，为 BBC 的新媒体整合与转型增添了动力。为此，BBC 提出了三个数字：1、10、4，而这看上去如此简单的数字也成为贯穿 BBC 新媒体转型始终的口号。其中，1 代表品牌，表明 BBC 的传统业务与新媒体业务是一体化的。10 代表 10 个产品，包括新闻、体育、天气、节目、游戏、学习、广播及音乐、电视、BBC 首页以及搜索，所有人和所有内容都要为这 10 个产品服务。4 代表四个终端，也就是现在大家广泛使用的电视、电脑、平板电脑和智能手机。

作为 BBC 网站与新媒体业务的首席运营官，安迪·康罗伊（Andy Conroy）认为，"1、10、4 就像一个转型的宗旨，所有人都不会忘记它。而融合之后，同样的故事可以用不同的方式呈现。对于受众来说，他们可以通过四种不同的终端来消费媒体内容。"

为了使所有内容都服务于上述 10 个产品，BBC 还对许多栏目和内容进行了调整。通过全体员工的努力，在伦敦奥运会期间，有超过 63% 的英国人通过 BBC 在线收看比赛，而在此之前最高比例仅为 52%。这一最好成绩没有随着伦敦奥运会的结束而消失，自 2013 年 3 月开始，每个星期都有超过 63% 的英国人在 BBC 在线平台收看节目，这个"历史最好成绩"已成为常态。

为什么要把所有的内容资源都叫产品，BBC 也有考虑。因为如果仍旧延续传统媒体的称谓把内容叫作节目或栏目，就不具备新媒体的互动元素，而产品往往离消费者非常近，所以 BBC 直接借鉴商业化网站的做法，将所有内容资源都称为产品。与此同时，针对这些产品，BBC 的思路也更为明确，如这个产品具体叫什么，它的目标是什么，要在哪些不同的终端上呈现，谁负责这个产品，负责团队的组织架构是怎样的，该有多少预算等。

自从定义为产品后，在 BBC 内部，各类资源也开始整合，诸如原先 BBC 有 60 多个手机应用程序，在精简和规划之后，他们确定每一个产品只能拥有一个移动终端应用程序，因此目前只有 10 个手机应用程序，与 10 个产品一一呼应。

在对外市场的推广方面，BBC 在人力资源制度上进行了改革，推出了"1 + 1"的管理制度——对于任何一款新媒体产品，一定要有一个内容负责人和一个技术负责人共同审批授权才能推进。倘若只有一个人认为这个项目可行，这个产品是无法问世的，因而内容和技术两类人的合作与配合变得至关重要。为此，BBC 人力资源部门专门出了一本指南，指导和帮助内容团队和技术团队如何沟通。与此同时，在这两个团队内部空缺的资深岗位也一定是由两位负责人共同招聘。

五　数字化、连接和融合

要想实现真正的融合，应当经历三个阶段——数字化、连接和融合。其中，第一阶段是做数字化媒体，将传统业务数字化，也是为融合发展搭建地基。从 2009 年 7 月提出转型想法，到 2011 年 1 月正式宣布转型，再到 2012 年、2013 年两年的具体执行，BBC 在推行新媒体业务的过程中一共花了 5 年时间。

为什么要用这么久？康罗伊的答案是：

> 因为我们有 90 余年的传统。我们必须要尊重传统，尊重文化的沉淀。从另一个角度，我们要把传统媒体和新媒体拉在一起，并在中间找到一个平衡点、整合点，而不是在任何一个极端就开始转型。

在他看来，像 BBC 这样一个有着深厚历史和文化沉淀的大机构要想转型是需要时间的。从事新媒体的人往往非常年轻，他们是数字化时代的勇士，虽然他们时时处处走在前面，但肯定会犯错误，而且他们想要一次性改变整个机构的新媒体进程并创造奇迹是根本不可能的。

第二阶段是将资源连接起来，整合广播、电视、社会化媒体等多种元素。2013 年 4 月 15 日，美国波士顿爆炸案发生后，BBC 在线将电视、广播和 Twitter 都连接起来，保证每一个产品团队在 5 分钟之后就将页面即时推到网上。

在新媒体时代，讲故事的方式是不一样的，因为受众需要更多的互动元素。在 BBC，到处都有白板，在设计产品的时候，每个团队采取的都是灵活的开发方式，与原先的设定好一个目标再进行开发不同，如今是每

3周就要对产品进行调整，以周或是天为目标，在这些白板上记录的都是工作目标和相关工作的负责人。这些负责人会定期参加会议，总结过去一段时间的工作，是不是达到了目标，是否需要调整工作次序，以每3周为周期调整产品，然后再次发布。这样做的目的，也是希望不同岗位上的人都能坐在一个办公室里不断沟通。

数字化媒体是给每一个人的。正如康罗伊所说："我从BBC'地位最高'的广播来到新媒体，不是要让自己过得更舒适，而是我相信做新媒体是为了改变世界。"

第二节　赫芬顿邮报——让信息民主化

赫芬顿邮报（*The Huffington Post*）是美国著名的新闻博客网站，由阿瑞安娜·赫芬顿（Arianna Huffington）、肯尼斯·勒利尔（Kenneth Lerer）和乔纳·佩雷蒂（Jonah Peretti）共同创建，虽自称为"邮报"，却并非传统意义上的报纸。

一　第一份互联网报纸

浏览赫芬顿邮报的网站，你会感觉到其呈现的信息类型清晰、主题突出，大部分内容着重于国内外时政新闻，通过过滤分类的方式为读者提供有价值的新闻信息。对于新闻的解读，赫芬顿邮报主要有两种方式，一是24小时新闻聚合发布，二是博客新闻评论。在保持博客传统风格的同时，其筛选、传播信息的方式也具有鲜明的媒体特色。

赫芬顿邮报于2005年5月9日创立，其最初的目标是要建立一个自由的政治评论平台，同时也向公众提供不同于德拉吉报道（Drudge Report）的时政新闻聚合服务。2006年8月，该网站获得500万美元的风险投资。通过这笔投资，赫芬顿邮报继续招聘员工，以实现24小时不间断更新。与此同时，该网站还建立了一支多媒体团队，制作视频报道。

2008年11月，赫芬顿邮报又完成了一笔总额为1500万美元的融资，并开始涉足美国地方新闻市场。同年，赫芬顿邮报推出了首个地方站

"芝加哥赫芬顿邮报"。除此之外，纽约、丹佛、洛杉矶、旧金山、底特律和迈阿密的地方站也于 2009 年至 2011 年陆续上线。

　　2011 年 2 月 7 日，美国在线（AOL）宣布以 3.15 亿美元的价格收购赫芬顿邮报。AOL 首席执行官提姆·阿姆斯特朗表示，收购之后，AOL 将赫芬顿邮报的内容业务部和本地业务部合并在一起，组成了新的赫芬顿邮报媒体集团业务部（Huffington Post Media Group）。而作为交易的一部分，赫芬顿本人也成为 AOL 旗下赫芬顿邮报媒体集团的总裁，执掌 AOL 庞大的媒体业务。除了赫芬顿邮报之外，AOL 的其他网站还包括瘾科技（Engadget）、TechCrunch 和 MapQuest。

图 8-2　赫芬顿邮报主页（2015 年 1 月 27 日）

　　赫芬顿邮报的创立被认为引发了一场新的媒体革命，赫芬顿也因此入选 2006 年《时代》杂志全球最有影响力的一百人名单。2008 年初，赫芬顿邮报的月独立流量已经超过了号称"美国第一博客"的德拉吉报告。作为新崛起的新媒体网站，赫芬顿邮报打出了"第一份互联网报纸"的口号，并且在经济不景气的大环境下仍能积极引入风险投资，并购其他网站，显示了强劲的上升势头。

截至 2015 年 1 月 27 日，赫芬顿邮报在全球网站中排名第 91 位，在美国范围内排名第 26 位，与此同时，其主要网民也集中在美国，比例为71.6%，其次是印度和加拿大的网民，占比分别为 4.4% 和 3.2%。与此同时，其员工数量也在持续增加，截至 2014 年 3 月，赫芬顿邮报共有575 位全职员工（Pew，2014）。

图 8 - 3　赫芬顿邮报的用户分布

资料来源：Alexa，http：//www.alexa.com/siteinfo/huffingtonpost.com。

在追逐媒体话语权的路上，赫芬顿邮报还把视野投向了国际市场。2013年 5 月，赫芬顿邮报与日本朝日新闻社合作的"赫芬顿邮报日本版"正式上线。这是赫芬顿邮报首次向亚洲市场进军，也是其在美国本土以外开拓的继加拿大、英国、法国、西班牙和意大利之后的第六个海外市场。2013 年下半年，赫芬顿邮报又开办了德国版和巴西版，品牌国际化的步伐越来越快。

随着 Web 2.0 时代的到来，网络新闻的互动性对传统媒体构成了威胁。一方面，网络增加了受众获取新闻的渠道，另一方面，受众也可以在网络上分享、评价新闻，满足了受众的话语权。

据赫芬顿邮报 CEO 吉米·梅曼（Jimmy Maymann）介绍，用户们使用赫芬顿邮报的目的也有所不同。有些人认为这是一个新闻网站，可以通过浏览此网站获得信息，也有人认为赫芬顿邮报就是一个博客媒介，读者既可以在博客上谈论社会政治方面的重要事情，又可以从博主的言论中知道博主对当前事件的看法和观点。正如赫芬顿邮报的标语——Breaking News and Opinion on The Huffington Post，它所传递的核心内容便是新闻和观点。

二 把读者变为记者

在"2014年腾讯网媒体高峰论坛"上，吉米·梅曼分享了其对媒介环境变化的观察和思考，并介绍了赫芬顿邮报在实践中的成功经验。在他看来，依赖于技术变革的创新是经济增长的驱动力，过去50年，手机、电视、电脑都有了很大变化，这些技术革新极大地改变了社会的面貌，媒介行业也是如此，而赫芬顿邮报之所以能够取得成功，主要得益于以下五个方面的技术变革。

第一个变革是博客的出现，从2005年成立之初的博客平台，到如今拥有每月7900万（comScore，2014）用户的新闻网站，赫芬顿邮报所提供的博客平台能够让信息更民主化，也使得越来越多的网民愿意参与到新闻事件中，并在网络上发出自己的声音。目前，赫芬顿邮报的活跃博客用户有近8万之多。可以说，博客的出现赋予了赫芬顿邮报广阔的发展空间。

第二个变革是搜索引擎，搜索引擎已经成为媒介发展中一个非常重要的变化，赫芬顿邮报很早就意识到了搜索引擎的重要性，因此非常重视文章的关键字，赫芬顿邮报团队还开发了工具，专门用于优化文章的搜索。

第三个变革是社会化媒体，Facebook的迅速扩张已经能够说明问题，对赫芬顿邮报而言，与Facebook等社交媒体合作非常重要。

第四个变革是大数据，赫芬顿邮报非常重视数据的作用，做任何事情都以数据为驱动，比如通过分析用户的阅读习惯来优化文章的发布时间等。

第五个变革是视频和移动，这也将是媒介行业的重大转变，现在Facebook的视频流量已经翻了一番，而用户从PC向移动平台转移的速度更快，基于不断变化的媒介环境，赫芬顿邮报还将不断探索更多可能。

对应梅曼提出的五大变革，我们可以分析赫芬顿邮报的成功之道。

赫芬顿邮报是一种新的内容生产模式的代表，在它的团队中，带薪工作人员仅有一百名左右，除此之外便是大众的力量，包括 3000 多名博客作者和 1 万多名公民记者。可以说，"把读者变为记者"是赫芬顿邮报的一步妙棋。

在第四章中，笔者写到了"Off the Bus"（OTB）项目，便是围绕美国总统大选而专门推出的公民新闻项目。该项目于 2007 年 7 月启动，在普通民众中间大量招募志愿者共同参与新闻报道，并在 2008 年和 2012 年两届总统选举中发挥了巨大作用。其基本形式是，OTB 网站将采访需要提出的问题、需采集的信息等类目预先设计成表格分发给参与的志愿者，他们完成采访后将填好的表格信息发回网站，由编辑根据其内容编发成新闻消息。这种公民新闻项目的好处在于能集合群体的力量在短时间内完成重大事件的跟踪采访和报道，尤其是突发事件，并能唤起普通民众对于公共事务的兴趣。

梅希尔·福勒（Mayhill Fowler）是在 OTB 项目中涌现出的草根记者，她先后报道了奥巴马在党内初选期间贬低宾夕法尼亚州工人阶层选民的言论、前总统克林顿为妻子希拉里拉票时对曾在文章中批评过他的某位记者进行了言辞粗鲁的反击。这两则独家新闻都引起了轩然大波，奥巴马和克林顿都不得不为其不当言论而公开道歉。前者更导致了奥巴马在宾州本就不利的初选形式雪上加霜。从那之后，福勒两次获得骑士国际新闻奖，并在美国波音特学院（Poynter Institute）[①] 讲授公民新闻课程。

三 用技术吸引读者

熟悉赫芬顿邮报的读者会发现其头条和新闻的顺序会根据关注度的排行来随时调整，这体现的是信息选择权的民主化。正如梅曼所说，赫芬顿邮报很重视搜索引擎的重要性。通过一套被称为"搜索引擎优化"（Search Engine Optimization，SEO）的技术，编辑可以随时关注到 Google

---

① 波音特学院（Poynter Institute）位于美国佛罗里达州，是一家非盈利的新闻学院，成立于 1975 年 5 月 29 日。

等搜索引擎上最受关注的关键词，再围绕关键词以链接、视频、幻灯、评论等多重报道手段讲述新闻故事。这样既保证了选题的热门度，又使得媒介注意力越来越趋近于大众真正的意志表达。

除了搜索引擎优化之外，赫芬顿邮报还通过贴标签、实时流量分析、链接等技术来迎合人们在融合时代的媒介使用习惯。所谓"贴标签"，就是将读者搜索该条新闻时所用到的全部关键词都囊括在这条新闻的标签中，这样读者在搜索时就能以最方便、最快捷的方式搜索到赫芬顿邮报所提供的新闻。"实时流量分析"是针对编辑来说的，也就是帮助编辑在第一时间从其他网站获取最新的新闻内容，并根据流量判断哪些内容最受欢迎，及时编辑新闻标签便于用户搜索。

细心的读者会发现，在赫芬顿邮报的每一篇文章中，都会有许多词条的"链接"，这些词条大多数是人名、数字、事件或相关新闻等，链接和其所匹配的新闻目录会在赫芬顿邮报站内互相跳转，以此来锁住流量。

通过流量分析、贴标签、搜索引擎优化和链接，赫芬顿邮报能够把读者稳固在自己的网站中，形成一个媒介使用的闭环，与此同时，信息的快速有序流动也使得赫芬顿邮报本身更具活力。

四　以聚合生产内容

博客主（撰稿人）贡献内容、网站提供平台的内容聚合模式，正是赫芬顿颠覆传统媒体内容制造工业的法宝。其实从诞生之初，赫芬顿邮报就带有明显的"聚合"基因。左翼自由派们把这里当作布道场，宣扬政治观点，随后而来的 600 多位撰稿人和编辑也将"聚合新闻"的模式发扬光大，用赫芬顿的话来说，赫芬顿邮报是"为真正重要的全国性对话提供了一个话语平台"。

2012 年 7 月 10 日，赫芬顿发表博文"Huffington Live：We need you"（Huffington 直播频道：我们需要你!），宣布推出 Huffington Live 频道，包括流媒体新闻服务（HPSN，Huffington Post Streaming Network）。2012 年 8 月，HuffPost Live 在位于纽约办公室的演播室正式开张。根据赫芬顿邮报创始编辑 Roy Sekoff 的说法，HPSN 新闻服务每日滚动播出 12 小时，新闻话题从名人八卦到中东局势应有尽有，可以称为"永不停止的脱口秀"和"网络热点的反射镜"。

图 8 - 4　HuffPost Live 主页（2015 年 2 月 1 日）

众所周知，传统电视新闻的信息流是从媒体到受众，信息流动呈现自上而下的单向流动，而赫芬顿和她的团队则决心打破这一局面，让普通公众、新闻撰稿人都可以参与到节目录制中来分享观点，发布评论，将视频信息的反馈和互动发挥得淋漓尽致。

据报道，赫芬顿为 Live 视频新闻业务组建了 100 人的团队，分布在纽约、洛杉矶两大演播室。在其播出的新闻中，观众常常可以看到主持人、评论员和嘉宾们远程实时对话，并即时通过视频回馈，将 Facetime、Twitter、Google + 的视频分享功能都应用在其中，观众可以随时在视频右侧的滚动栏中留言。未来的节目议题也将呈现在预告栏中，让观众在新闻直播开始之前就参与互动，每个人都可以成为节目的制作者。

除了运营 HuffPost Live 之外，赫芬顿邮报联合创始人肯·莱勒（Ken Lerer）与前任 CEO 埃里克·海皮奥（Eric Hippeau）还在 2012 年联手推出了社交视频新闻应用——NowThis News，用移动化、社交化的方式报道新闻视频。该应用的出现告诉大家，除了读图看字，阅读新闻还有一种更为直接的方式，那就是新闻视频。

NowThis News 通过创造支持移动端收看的、可供分享与体验的全新内容来吸引读者的注意。其中，分享传播是其一大特点。该应用允许用户通过各种社交网络——包括 Facebook 和 Twitter 进行分享与传播。

通过 HuffPost Live 和 NowThis News 的应用我们可以看出，从呈现到参与的变革，是赫芬顿邮报持续运转的动力。从聚合文字和图片的博客平台，到如今的视频博客聚合平台，赫芬顿邮报在重新定义视频新闻的过程中也实现着自身的转型。

第三节　reddit——重新定义社交新闻

　　64%的美国成年网民使用 Facebook，其中有30%的用户是通过 Facebook 来获取新闻，新闻消费的忠诚度为47%；有16%的美国成年网民使用 Twitter，其中8%通过此网站来获取新闻，忠诚度为52%。相比之下，社交新闻网站 reddit 却以新闻忠诚度62%位列第一，虽然其在美国仅有3%的用户，数量较 Facebook 和 Twitter 相去甚远，但新闻消费的忠诚度却是11家网站中最高的，也就是说3个 reddit 的用户中就有2个是通过该网站获取新闻的。（Pew，2014）

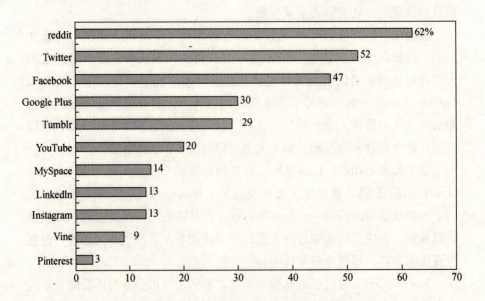

图8-5　社会化媒体用户的新闻消费忠诚度

资料来源：Pew Research Center, 2014。（2013.8.21-9.2）

　　对于国内的大多数网络用户来说，reddit 是一个极为陌生的名字。2005 年，reddit 由两位同为 22 岁的弗吉尼亚大学毕业生史蒂夫·霍夫曼（Steve Huffman）和亚里克西斯·奥哈尼安（Alexis Ohanian）所建，并从美国著名的创业孵化器 Y Combinator① 那里获得了第一桶金。

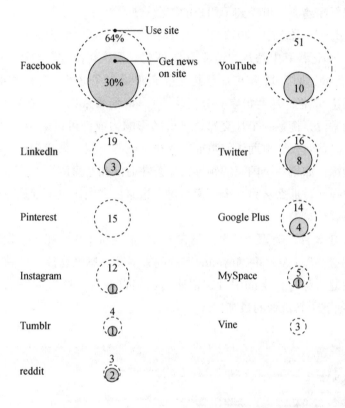

图 8-6　美国成年网民用户人数与通过此平台获取新闻的情况

资料来源：Pew，其中 Pinterest 和 Vine 的新闻使用情况均低于 1%。

　　作为一个社交新闻网站，reddit 的注册用户能够把自己在网上搜集到的或原创的内容以帖子的形式在 reddit 上发布，然后由其他用户对该帖进行投票，投票结果排名决定了帖子在首页或子页中的位置。Reddit 向用户

────────────

　　① Y Combinator 成立于 2005 年，是美国著名创业孵化器，Y Combinator 扶持初创企业并为其提供创业指南。截至 2012 年 7 月，共孵化 380 家创业公司，这些公司累计获得投资额超过 10 亿美元，估值已经 100 亿美元，其中云储存服务提供商 Dropbox 融资 2.57 亿美元，房屋短期租赁网站 Airbnb 融资 1.2 亿美元。

展现了这样的一个形象：作为一个媒体平台，它重视内容的质量，而管委会则要不断地去探究他们所读到的新闻和用户希望看到的内容，由此也形成了一批参与性极高的用户群体。与此同时，用户还可以对发布的链接进行评论以及回复其他评论者，这样就形成了一个在线社区。这种做法能够及时发现新闻趋势，也受到了用户的广泛欢迎。

据 reddit 数据统计，2013 年，其 PV（页面访问）数为 560 亿，独立访客达 7.31 亿，其中每月的访客为 1.74 亿，每次访问的平均停留时间为 15 分钟 55 秒；而 2012 年用户总共发布了 4086 万条帖子，评论达 4.05 亿条，投票达 67 亿。这些数字充分反映了 reddit 所带来的巨大流量。

我们常说，衡量一个社交媒体平台的影响力或许可以采用多种指标，比如用户浏览时长、页面访问数或独立访客数等。但或许我们还可以加上另一个指标：如果一个国家的领导人愿意花时间在这家网站上停留，并回答用户的提问，那么从另一个侧面来讲，这家社交媒体也一定是在广大网民心中占有分量的。

2012 年 8 月，美国总统奥巴马在 reddit 上注册了一个账号，发起了名为"有问必答"（Ask Me Anything）的问答活动。奥巴马甚至还贴出了一张自己在键盘旁边打字的图片，证明自己亲自参与了这次问答活动，而 reddit 也创下了其流量的最高纪录。

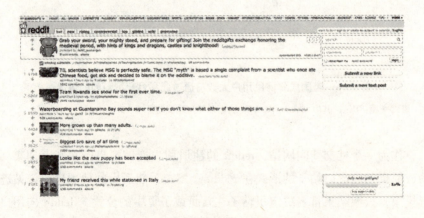

图 8 - 7　reddit 网站首页

reddit 网站的风格非常简洁，没有任何花哨的元素，内容由诸多新闻链接和用户讨论组成，其模式杂糅了论坛、社交、新闻分享等属性。与此同时，在 reddit 上提交一个链接也极其简单，写下标题，粘贴链接地址，再选择一个想要发布的分类，仅此而已。

如果你是第一次浏览 reddit，那么很可能会有无从下手的感觉。因为它上面所有的帖子看上去都是无序的、随意排列的，就像是一个盛满了新闻的杂物筐，但若是花一点时间去了解它，便能发现其中的"秘密"。reddit 的内容排序是根据社区评定的，有价值的链接会被顶，没有价值的会被踩，排名越高的网页被用户看到的可能性越大，从而带来大量流量，形成社区内容自我监督的良性循环。

目前，国内大多数新闻媒体缺乏互动性，提供的都是单一的浏览方式——媒体提供内容，用户浏览信息，而即便是有评论版块的媒体网站，其用户的互动频率也不高，与此同时，新闻的排序权也不可能下放到普通用户手中。而在 reddit 上，评论、投票、建立社区和开放资源是其重要的功能组成。尤其是评论，有时候评论的热度甚至超越了新闻本身。这也便是 reddit 自身不生产内容，却依然能够让用户在其平台上保持活跃的原因。

值得注意的是，在公关内容充斥媒体的今天，reddit 却以一种"反公关"的姿态让用户眼前一亮。该网站始终坚持"十不"原则，包括不做广告、不参加任何流量交易、不给用户发送推送邮件、不进行任何 SEO 营销、不强迫用户注册、不添加 Facebook 和 Twitter 链接等。因此，reddit 虽拥有巨大的用户群体，在营收方面却十分微薄。也正如 reddit 前 CEO 黄易山（Yishan Wong）所说，"理论上，我们完全可以在网页上加播广告，这样应该能够赚到足够的钱来支付开销，但是对于网站的用户体验而言，会产生极大的负面影响（2012）。"reddit 用自身的实践对社交新闻进行了重新定义，它尽最大努力隔绝外在的人为操纵和影响，而坚持呈现有价值、有影响力、民主的新闻，这便是 reddit 的魅力所在，也是其对未来新闻业的有益启示。

小　结

作为本书的最后一章，笔者选择的三个案例是有代表性的。英国广播公司（BBC）是国际老牌媒体，同时也是电视媒体中的佼佼者。在融合实践的过程中，老牌媒体往往要比新兴媒体更加曲折也更为困难，这其中既有体制和文化的冲突，又有人员和结构的整合，通过 BBC iPlayer 的数字化实践、全媒体中心的启用，以及 1 个品牌、10 个产品和 4 个终端的打造，BBC 在融合的道路上迈出了坚实的步伐，实现了数字化、连接和融合。

作为网络媒体阵营中崛起的一颗新星，赫芬顿邮报（*The Huffington Post*）近年来得到了极高的关注，也以其突出的表现成为众多媒体从业者热议的话题，它兼具博客的自主性与媒体的公共性，通过挖掘公民新闻的力量和以 Web 2.0 为基础的社会化新闻交流模式而独树一帜。

与前两者相比，reddit 算是一个比较新的案例，其在国内的知名度并不太高，研究它的原因，在于其是社会化媒体的一员。reddit 重视内容的质量，尊重用户的选择，在与用户的互动中实现了对社交新闻的重新界定。由此我们看出，在融合时代，无论是传统媒体还是网络媒体，抑或是新兴的社会化媒体，都努力在聚合、互动和用户体验上做文章。

结　语

理论是灰色的，而生命之树长青。

——歌德（Johann Wolfgang von Goethe）

　　每年的 1 月和 7 月，等待 CNNIC 发布的《中国互联网络发展状况统计报告》已经成了笔者的一种习惯，从 2004 年开始关注网络媒体到现在的 10 年间，电脑换了几台，存储设备也从最初的 3.5 寸软盘换到只有几兆的优盘，再到上 G 的优盘和几个 T 的硬盘……10 余年间，传播的环境发生着变化，人们对于媒介的需求发生着变化，承载信息的方式也在变化。当然，最令人振奋的还是网络技术的快速发展和网民数量的持续增长。

　　● 截至 2014 年 12 月，我国域名总数为 2060 万个，其中“. CN”域名总数年增长为 2.4%，达到 1109 万，在中国域名总数中占比达 53.8%；中国网站总数为 335 万，年增长 4.6%；国际出口带宽为 4118663Mbps，年增长 20.9%。

　　● 截至 2014 年 12 月，中国网民规模达 6.49 亿，全年共计新增网民 3117 万人。互联网普及率为 47.9%，较 2013 年底提升了 2.1 个百分点。

　　● 截至 2014 年 12 月，中国网民通过台式电脑和笔记本电脑接入互联网的比例分别为 70.8% 和 43.2%；手机上网使用率为 85.8%，较 2013 年底提高 4.8 个百分点；平板电脑上网使用率达到 34.8%；电视上网使用率为 15.6%。

（CNNIC，2015）

　　数据是最直观的，能让我们清晰地看到一个行业的变化和发展，但在本书的写作过程中，数据也是最让人头疼的，因为变化实在太快，数据总要一改再改。我想，这也是所有研究传媒前沿话题的学者和专业人士的困惑所在。

正如前文所说，"媒体融合"本身并不是一个全新的概念，在西方学界，多年前就已经有所关注，但在我国，"媒体融合"还是一口新井，一切都还在探索与尝试阶段。

尤其是在刚刚过去的一年，学界、业界对它的关注上升到了前所未有的高度，而2014年也因此被称为"媒体融合元年"。事实上，学界、业界都很清楚——要互动、要融合，也可以很快说出"What"、"Why"、"When"，但对于"How"，却无法给出一个准确的答案。毕竟，未来总是在所有人的各种选择之后发生。而研究者所做的，只是尽力呈现其间的特征、类型、模式和规律，呈现已经发生或正在进行中的经典案例。基于这样一个目的，也就有了这本书。

"互动与融合：全球化视野下的中国电视与网络媒体"聚焦理论热点，阐释现实意义，从"理解电视与网络的互动与融合"出发，对"媒体互动"、"媒体融合"进行重新界定，明确互动融合研究的主体对象；随后对互动融合的原因及视网互动与视网融合的关系进行分析，归纳出：一、电视与网络互动融合有五大驱动力，分别是技术创新、受众需求变化、市场竞争需要、政策法规扶持和国际化潮流驱使；二、视网互动与视网融合的关系体现为共生关系和递进关系，在媒介生态系统中，视网互动与视网融合总是共同存在、共同推进的，其中二者的初级形态是合作式互动，中级形态是系统性整合，高级形态是大融合。

本书的主体部分为第四章、第五章和第六章，分别对电视与网络的互动形式与效果、融合模式及效果进行深入剖析，认为电视与网络的互动形式有议程互动、渠道互动、内容互动和传受双方互动四种，而融合模式则体现为科技融合、业务融合、产业融合、管理融合、人才融合以及更深层次的文化融合。因此第六章着重对文化融合进行探讨，首先从多元文化在网络时代的共生与互动这个角度展开，从理论分析入手，探讨网络文化的特征及其与传统文化的关系，其次从媒体和受众的角度阐释二者与融合文化和新媒介环境的关系，认为文化的融合既是一个自上而下的商业驱动过程，又是一个自下而上的消费驱动过程，是商业融合与草根融合的共存体。

正如导言部分写到的，本书的创新之处表现为理念新、角度新和理论新。与以往媒体融合研究有所不同，本书将互动和融合进行分类探讨，用一种全新的视角对中国电视和网络互动融合的驱动因素、价值、行为层次和内在运行规律做出深度阐释，并对电视和网络的文化融合以及社交媒体在当今媒介格局中的发展状况进行了思考、剖析和展望。

总体而言，本书的独特之处体现在如下四个方面：

其一，通过对新近出现的媒介应用形式，如数据新闻、网络自制剧、网络自制节目、微电影、网络电视台等进行逐一阐述，加以个案研究和比较分析，对电视和网络融合发展的优势及效果做出评判和解读。

其二，聚焦"公民记者与电视记者的互动"，通过对最近几年的公民新闻案例和世界知名公民新闻网站进行案例分析，描述了一种新的舆论形态"人人都是报道者"的形成，同时从"叙事"的角度阐释互动对电视和网络的补偿。

其三，对"粉丝文化"的分析是现有媒体融合研究中所未曾涉及的，但其又是非常重要的。作为流行文化的一种亚文化形式，粉丝文化与当代文化的整体状况息息相关，可以说是一种从精神层面逐步发展到行为层面的文化实践。网络技术的发展和媒介环境的改变为粉丝文化的勃兴提供了保障，激发了粉丝文化的潜在力量，同时，受众参与程度的提升也反哺了融合文化在当今文化多元环境中的重要性。

其四，结合在哈佛大学和麻省理工学院所学课程，对中美两国社会化媒体的发展情况进行了分析，并对后融合时代的媒体发展做出展望，概括总结出后融合时代的特征——多屏、万物互联和社会化媒体，并对数据新闻等新理念展开探讨，得出三点启示：受众注意力资源正变得越来越分散，并向多平台、跨媒体转移；人人都希望成为"多任务者"，在有限的时间和空间里兼顾更多的事；单一媒体一家独大的情况已经不复存在，如果想要获取更多的注意力资源，必须进行多平台合作，并通过各种方式与受众多维互动。

由于时间和能力所限，在本书的写作过程中难免挂一漏万，我也深知对一个正在探索和尝试中的媒体现象进行研究并非易事。创新必然会有风险，但不创新更危险。

愿以这本小书，迈出探索的第一步。

参考文献

1. 中文部分

[1] ［美］阿伦特：《极权主义的起源》，林骧华译，生活·读书·新知三联书店 2008 年版。

[2] ［美］安德森：《长尾理论》，乔江涛译，中信出版社 2006 年版。

[3] ［美］奥尔波特：《谣言心理学》，辽宁教育出版社 2003 年版。

[4] ［美］巴比：《社会研究方法》（第 10 版），邱泽奇译，华夏出版社 2005 年版。

[5] ［澳］巴克：《电视、全球化与文化认同》，北京大学出版社 2008 年版。

[6] ［美］巴兰、戴维斯：《大众传播理论：基础、争鸣与未来》，曹书乐译，清华大学出版社 2004 年版。

[7] 《BBC 全媒体战略》，http://news. china. com/zh_ cn/focus/boaoforum/11152777/20140401/18426202_ 1. html。

[8] ［美］贝尔吉：《媒介与冲击——大众媒介概论》，赵敬松译，东北财经大学出版社 2000 年版。

[9] 蔡雯：《融合前景下的新闻传播变革——试论"融合新闻"及其挑战》，《国际新闻界》2006 年第 5 期。

[10] 蔡雯：《从"超级记者"到"超级团队"——西方媒体"融合新闻"的实践和理论》，《中国记者》2007 年第 1 期。

[11] 蔡雯、王学文：《角度视野轨迹——试析有关媒介融合的研究》，《国际新闻界》2009 年第 11 期。

[12] 蔡雯：《媒体融合与融合新闻》，人民出版社 2012 年版。

[13] 曹慎慎：《"网络自制剧"观念与实践探析》，《现代传播》2011 年第 10 期。

[14] 曹慎慎、戴晋京：《电视与网络互动融合的形态研究》，《新闻爱好

者》2012 年第 1 期。

[15] 曹慎慎：《简述公民记者与电视记者的互动》，《当代电视》2012 年第 6 期。

[16] 曹慎慎：《电视与网络互动的表现形式》，《中国传媒科技》2012 年第 2 期。

[17] 曹慎慎：《媒体生态"分"与"合"》，《中国广播影视》2013 年第 9 期。

[18] 曹慎慎：《视网互动与视网融合的关系探讨》，《西部广播影视》2013 年第 19 期。

[19] 曹慎慎：《从麦克卢汉媒介学说看中国数字电视的发展》，《数字化时代的传媒产业》，暨南大学出版社 2008 年版。

[20] 陈原：《社会语言学》，商务印书馆 2000 年版。

[21] 程素琴、李智：《电视互动：意义诠释与形式探析》，《现代传播》2010 年第 5 期。

[22] CNNIC：《第 1 次中国互联网络发展状况统计报告》，1998 年。

[23] CNNIC：《第 15 次中国互联网络发展状况统计报告》，2005 年。

[24] CNNIC：《第 27 次中国互联网络发展状况统计报告》，2011 年。

[25] CNNIC：《第 30 次中国互联网络发展状况统计报告》，2012 年。

[26] CNNIC：《第 33 次中国互联网络发展状况统计报告》，2014 年。

[27] CNNIC：《第 34 次中国互联网络发展状况统计报告》，2014 年。

[28] CNNIC：《第 35 次中国互联网络发展状况统计报告》，2015 年。

[29] 崔保国：《媒介变革与社会发展》，南京师范大学出版社 1999 年版。

[30] 崔保国：《2010 年：中国传媒产业发展报告》，社会科学文献出版社 2010 年版。

[31] 杜骏飞：《网络新闻学》，中国广播电视出版社 2001 年版。

[32] 方汉奇：《中国新闻事业通史》（第 3 卷），中国人民大学出版社 1996 年版。

[33] 方汉奇、陈昌凤：《中国当代新闻事业——正在发生的历史》，福建人民出版社 2002 年版。

[34] 方洁、颜冬：《作全球视野下的"数据新闻"：理念与实践》，《国际新闻界》2013 年第 6 期。

[35] 范以锦、董天策：《数字化时代的传媒产业》，暨南大学出版社

2008 年版。

[36] ［美］菲德勒：《媒介形态变化：认识新媒介》，明安香译，华夏出版社 2000 年版。

[37] ［美］菲斯克：《电视文化》，祁阿红、张鲲译，商务印书馆 2005 年版。

[38] ［美］费斯克等：《关键概念：传播与文化研究辞典》（第二版），李彬译，新华出版社 2004 年版。

[39] 冯志新：《传统媒体与第五媒体亲密接触》，《青年时讯》2005 年第 12 期。

[40] 付晓燕：《媒体网站在媒介融合进程中的角色与作用——以新版 BBC 官方网站为例》，http：//media. people. com. cn/GB/22114/150608/150615/10622435. html。

[41] 付玉辉：《大媒体产业：从媒介融合到产业融合》，中国广播电视出版社 2008 年版。

[42] 甘惜分：《新闻学大辞典》，河南人民出版社 1993 年版。

[43] 高钢：《媒体融合：追求信息传播理想境界的过程》，《国际新闻界》2007 年第 12 期。

[44] 郭庆光：《传播学教程》，中国人民大学出版社 1999 年版。

[45] 郭洁黎、胡涵：《媒介融合：工具性融合 or 系统性融合?》，《中国广播影视》2011 年第 3 期。

[46] ［美］格巴哥：《数字电视内容与经济分析》，罗晓军等译，人民邮电出版社 2006 年版。

[47] ［德］哈贝马斯：《交往行动理论（第一卷）——行动的合理性和社会合理化》，洪佩郁、蔺青译，重庆出版社 1994 年版。

[48] ［德］哈贝马斯：《交往行动理论（第二卷）——论功能主义理性批判》，洪佩郁、蔺青译，重庆出版社 1994 年版。

[49] ［美］哈格尔三世、阿姆斯特朗：《网络利益——通过虚拟社会扩大市场》，新华出版社 1998 年版。

[50] 韩仲鹏：《从媒介融合审视视频网站与电视业的纷争》，人民网，http://media. people. com. cn/GB/22114/136645/203840/12832383. html。

[51] 何威：《网众传播：一种关于数字媒体、网络化用户和中国社会的新范式》，清华大学出版社 2011 年版。

[52] 洪宇：《论西方"媒体融合"的现状与启示》，《中国传媒报告》2009 年第 3 期。

[53] 胡泳：《众声喧哗：网络时代的个人表达与公共讨论》，广西师范大学出版社 2008 年版。

[54] 胡泳：《中国公民新闻的独特创造与意义》，经济观察网，http：// news. ifeng. com/opinion/sixiangpinglun/detail_ 2011_ 07/18/77638411. shtml。

[55] 《活跃在微博上的"辟谣联盟"：我们这群人都很较真儿》，《人民日报》2011 年第 8 期。

[56] 黄会林：《中国电视艺术发展史教程》，北京师范大学出版社 2006 年版。

[57] 黄会林、彭吉象等：《电视学导论》，高等教育出版社 2008 年版。

[58] 黄华新、顾坚勇：《网络文化的范式转换——从精英文化到大众文化》，《自然辩证法研究》2001 年第 12 期。

[59] 黄志敏：《程序员获新闻奖，你怎么看?》，《中国记者》2015 年第 1 期。

[60] ［美］基恩：《网民的狂欢：关于互联网弊端的反思》，丁德良译，南海出版公司 2010 年版。

[61] ［英］吉登斯、皮尔森：《现代性——吉登斯访谈录》，尹宏毅译，新华出版社 2001 年版。

[62] ［英］加汉姆：《解放、传媒、现代性》，李岚译，新华出版社 2005 年版。

[63] 《解放集团第二十八届文化讲坛实录》，解放网，http：//old. jfdaily. com/whjt/zt/17_ 64048/12/200910/t20091027_ 786258. htm。

[64] 《聚焦媒体融合新趋势》，《人民日报》2011 年第 5 期。

[65] 《聚焦媒介融合与公共新闻——密苏里新闻学院副院长瑞恩·布鲁克斯教授系列讲座》，《国际新闻界》2006 年第 5 期。

[66] ［美］卡茨、彼得斯、利比斯等：《媒介研究经典文本解读》，北京大学出版社 2011 年版。

[67] ［英］卡斯特：《网络社会的崛起》，夏铸九等译，社会科学文献出版社 2001 年版。

[68] ［英］卡斯特：《认同的力量》，夏铸九等译，社会科学文献出版社 2003 年版。

[69] ［英］卡斯特：《千年终结》，夏铸九等译，社会科学文献出版社 2003
    年版。

[70] 匡文波、王丹黎：《新媒介融合：从零和走向共赢》，《广告大观》
    2007 年第 8 期。

[71] ［美］莱文森：《莱文森精粹》，何道宽译，中国人民大学出版社 2007
    年版。

[72] 来扬：《社交媒体上的奥运 "汇"》，http：//zqb. cyol. com/html/
    2012 –08/14/nw. D110000zgqnb_ 20120814_ 5 –08. htm。

[73] ［英］兰塔能：《媒介与全球化》，章宏译，中国传媒大学出版社
    2013 年版。

[74] ［法］勒庞：《乌合之众：大众心理研究》，冯克利译，中央编译出
    版社 2000 年版。

[75] ［美］李克特：《科学是一种文化过程》，顾昕、张小天译，生活·
    读书·新知三联书店 1985 年版。

[76] ［美］李普曼：《公众舆论》，阎克文、江红译，上海世纪出版集团
    2006 年版。

[77] 李希光：《媒体的融合与跨媒体记者》，《中华新闻报》2001 年第 11
    期第 8 页。

[78] 李淑娟、曹慎慎：《当电影遇见新媒体——微电影观念与实践初
    探》，《当代电影》2011 年第 8 期。

[79] ［美］利文森：《软边缘：信息革命的历史与未来》，熊澄宇译，清
    华大学出版社 2002 年版。

[80] ［美］利文斯通：《理解电视：受众解读的心理学》，龙耘译，新华
    出版社 2006 年版。

[81] 林起劲、曾会明：《台网联动应对三网融合》，《中国广播影视》
    2010 年第 7 期。

[82] 刘涛：《环境传播：话语、修辞与政治》，北京大学出版社 2011
    年版。

[83] 刘牧：《"全媒"魅影》，《中国广播影视》2012 年第 1 期。

[84] 刘冰：《新媒体已经走出创新期》，《新媒体与社会发展全球论坛》，
    上海交通大学，2012 年版。

[85] 刘奥：《网络自制剧，挑战还是挑逗?》，《中国广播影视》2010 年

第 7 期。

[86] ［美］罗杰斯：《传播学史》，殷晓蓉译，上海译文出版社 2012 年版。

[87] 陆俊：《重建巴比塔——文化视野中的网络》，北京出版社 1999 年版。

[88] 陆小华：《激活传媒》，中信出版社 2004 年版。

[89] ［美］罗尔：《媒介、传播、文化：一个全球性的途径》，董洪川译，商务印书馆 2012 年版。

[90] 闾丘露薇：《新媒体在突发和灾难新闻中的应用》，暨南大学传媒领袖讲习班第 3 期，http://news.xinhuanet.com/zgjx/2010-07/27/c13417495.htm。

[91] 《马克思恩格斯选集》（第一卷），人民出版社 1995 年版。

[92] 《马克思恩格斯选集》（第三卷），人民出版社 2012 年版。

[93] ［加］麦克卢汉：《理解媒介——论人的延伸（增订评注本）》，何道宽译，译林出版社 2011 年版。

[94] ［英］麦奎尔、温德尔：《大众传播模式论》，祝建华译，上海译文出版社 1987 年版。

[95] ［英］麦奎尔：《受众分析》，刘燕南等译，中国人民大学出版社 2006 年版。

[96] ［美］曼尼：《大媒体时代——当今世界媒体新潮》，林琳译，新闻大学，1998 年秋季号。

[97] 孟建：《媒介融合：粘聚并造就新型的媒介化社会》，《国际新闻界》2006 年第 7 期。

[98] ［美］米尔斯：《社会学的想象力》，陈强、张永强译，生活·读书·新知三联书店 2005 年版。

[99] 闵大洪：《2014 年的中国网络媒体与网络传播》，人民网，http://media.people.com.cn/n/2014/1224/c192370-26268750.html。

[100] ［加］莫斯可：《传播政治经济学》，胡正荣等译，华夏出版社 2000 年版。

[101] ［加］莫斯可：《数字化崇拜：迷思、权力与赛博空间》，黄典林译，北京大学出版社 2010 年版。

[102] ［美］尼葛洛庞帝：《数字化生存》，胡泳译，海南出版社 1996 年版。

[103]　[美] 帕夫利克：《新媒体技术——文化和商业前景》，周勇译，清华大学出版社 2005 年版。

[104]　彭吉象：《数字技术时代的中国电视》，北京大学出版社 2008 年版。

[105]　彭兰：《网络传播概论》，中国人民大学出版社 2001 年版。

[106]　彭兰：《中国网络媒体的第一个十年》，清华大学出版社 2005 年版。

[107]　彭兰：《媒介融合时代的合与分》，《中国记者》2007 年第 2 期。

[108]　任金州、肖弦弈：《BBC 媒介融合的动因、路径和意义》，《传媒》2013 年第 5 期。

[109]　[美] 桑内特：《公共人的衰落》，李继宏译，上海译文出版社 2008 年版。

[110]　[美] 桑斯坦：《网络共和国：网络社会中的民主问题》，黄维明译，上海人民出版社 2003 年版。

[111]　[美] 桑斯坦：《谣言》，张楠迪扬译，中信出版社 2010 年版。

[112]　[美] 施拉姆：《人类传播史》，游梓翔、吴韵仪译，远流出版公司 1994 年版。

[113]　[英] 斯巴克斯：《全球化、社会发展与大众媒体》，刘舸、常怡如译，社会科学文献出版社 2009 年版。

[114]　[英] 史蒂文森：《媒介的转型——全球化、道德和伦理》，顾宜凡等译，北京大学出版社 2006 年版。

[115]　邵培仁：《媒介管理学》，高等教育出版社 2002 年版。

[116]　邵培仁：《媒介生态学：媒介作为绿色生态的研究》，中国传媒大学出版社 2008 年版。

[117]　[英] 舍恩伯格、库克耶：《大数据时代：生活、工作与思维的大变革》，盛杨燕、周涛译，浙江人民出版社 2013 年版。

[118]　[美] 斯托曼：《情绪心理学》，张云燕译，辽宁人民出版社 1986 年版。

[119]　宋昭勋：《新闻传播学中 Convergence 一词溯源及其内涵》，《现代传播》2006 年第 1 期。

[120]　孙玉胜：《十年：从改变电视的语态开始》，人民文学出版社 2012 年版。

[121]　孙月亚：《从竞争走向融合——浅析电视与网络媒体的特点和发展

趋势》，《北京广播电视大学学报》2002 年第 1 期。

[122] 孙嘉卿、金盛华、曹慎慎：《灾难后谣言传播心理的定性分析——以 5·12 汶川地震谣言为例》，《心理科学进展》2009. Vol：17. No. 3。

[123] ［英］泰勒：《原始文化》，蔡江浓译，浙江人民出版社 1989 年版。

[124] ［英］泰勒：《媒介研究：文本、机构与受众》，吴靖、黄佩译，北京大学出版社 2005 年版。

[125] 唐苗：《BBC 媒介融合的多重意义》，《视听界》2013 年第 4 期。

[126] 陶东风：《文化研究精粹读本》，北京人民大学出版社 2006 年版。

[127] 陶喜红：《论媒介融合在中国的发展趋势》，《中国广告》2007 年第 6 期。

[128] 腾讯科技：《春晚微信摇一摇互动总量达 110 亿次》，http：// tech. qq. com/a/20150218/025398. htm。

[129] 田舒斌：《活力与秩序：新媒体生存法则 2014 世界互联网大会"新媒体新生态"分论坛》，2014 年。

[130] 万梦：《电视剧：资本搅动这一年》，《中国广播影视》2012 年第 2 期。

[131] 汪民安：《文化研究关键词》，江苏人民出版社 2011 年版。

[132] 王鸿涛：《媒介融合现状与前景》，《中国记者》2007 年第 6 期。

[133] 王十禾：《主流文化与网络文化：两种精神维度的融合与差异》，《毛泽东邓小平理论研究》2007 年第 12 期。

[134] 王烨：《传统媒体与网络媒体融合之道》，《网络传播》2005 年第 3 期。

[135] ［美］沃尔克：《网络新闻导论》，彭兰等译，中国人民大学出版社 2003 年版。

[136] 肖燕雄：《论应对媒介融合的法制管理原则》，《新闻界》2006 年第 6 期。

[137] 谢新洲、王秀丽：《"议程设置"理论在互联网环境下的实证研究》，《中国记者》2004 年第 2 期。

[138] 谢耘耕、曹慎慎、王婷：《突发事件报道》，上海交通大学出版社 2009 年版。

[139] 谢耘耕、曹慎慎：《新闻信息来源系统的发展与演变》，《现代传播》2009 年第 1 期。

[140] 谢耘耕、曹慎慎：《突发事件不同阶段的报道策略》，《新闻界》2009 年第 8 期。

[141] 徐建：《当代中国文化生态研究——基于文化哲学的视角》，博士学位论文，华东师范大学，2008 年。

[142] 徐沁：《媒介融合论——信息化时代的存续之道》，中国传媒大学出版社 2009 年版。

[143] 谢耘耕、陈虹：《新媒体与社会》（第七辑），社会科学文献出版社 2013 年版。

[144] 新浪科技：《土豆网王微：网络视频必须要有差异化》，http：//tech. sina. com. cn/i/2008 - 09 - 25/09402478442. shtml。

[145] 伍刚：《传统媒体和新兴媒体融合发展的愿景与路径》，社会科学文献出版社 2014 年版。

[146] 伍刚：《万物互联：美国新闻媒体业现状与未来》，http：//mp. weixin. qq. com/s? _ _ biz = MjM5ODczNDAzNA = = &mid = 200087597&idx = 1&sn = a72f450f03981a0f6aa5b0e5726ad425。

[147] 艺恩咨询：《2014 年中国网络自制内容白皮书》，2014 年第 11 期。

[148] 尹韵公：《中国新媒体发展报告 2010》，社会科学文献出版社 2010 年版。

[149] 殷俊、许林：《国家网络电视台乐观推进》，《中国广播影视》2010 年第 1 期。

[150] 喻国明：《变革传媒——解析中国传媒转型问题》，华夏出版社 2005 年版。

[151] 喻国明：《传媒要适应中国社会大环境的变化》，《新闻与写作》2007 年第 12 期。

[152] 喻国明：《传媒变革力：传媒转型的行动线路图》，南方日报出版社 2009 年版。

[153] 曾华国：《媒体的扩张——大众媒体的产业化、集约化和全球化》，南方日报出版社 2004 年版。

[154] 张咏华：《媒介分析：传播技术神话的解读》，复旦大学出版社 2002 年版。

[155] 张智华：《影视文化传播》，文化艺术出版社 2004 年版。

[156] 张智华：《影视文化概论》，国防工业出版社 2012 年版。

[157] 张智华：《电视创意与实践教程》，北京师范大学出版社 2012 年版。

[158] 张智华：《论电视艺术中的和谐》，《中国电视》2007 年第 11 期。

[159] 张智华：《电视艺术的世界性与民族性》，《中国电视》2000 年第 7 期。

[160] 张智华、解春：《中国网络电视台发展现状与思考》，《中国电视》2011 年第 8 期。

[161] 张朝辉：《突发公共事件下媒体作用与管理研究》，硕士学位论文，天津大学，2006 年。

[162] 张森、杨舒：《新媒体剧的特征及其商业价值探析》，《文化产业导刊》2011 年第 2 期。

[163] 张成良：《"多媒体融合"泛媒体时代的生存法则》，《传媒》2006 年第 7 期。

[164] 章于炎等：《媒介融合：从优质新闻业务、规模经济到竞争优势的发展轨迹》，《中国传媒报告》2006 年第 3 期。

[165] 章戈浩：《为开放新闻的数据新闻——英国〈卫报〉的数据新闻实践》，《新闻记者》2013 年第 6 期。

[166] 赵月枝：《传播与社会：政治经济学与文化分析》，中国传媒大学出版社 2011 年版。

[167] 赵月枝、曹晋：《传播政治经济学读本》，复旦大学出版社 2007 年版。

[168] 赵璇：《试论网络视频和传统电视的竞争与融合》，《收视中国》2011 年第 5 期。

[169] 赵丽：《电视剧网播版权水涨船高，未来网络看剧可能收费》，《潇湘晨报》2011 年第 10 期第 9 页。

[170] 郑瑜：《媒介融合：新媒体时代的发展观》，《当代传播》2007 年第 3 期。

[171] 中国媒体融合先锋榜：《中国媒体融合发展报告（2010）》，《新闻与写作》2010 年特刊。

[172]《中国社会舆情与危机管理报告》，上海交通大学，http：//yuqing. sjtu. edu. cn/index. php？ option ＝ com ＿ content&view ＝ article&id ＝ 4435：2014&catid ＝ 49：2010 － 10 － 14 － 10 － 43 －

21&Itemid=85，2014 年 8 月。

2. 英文部分

［1］ Adorno, T. W. , et al. （1950） *The Authoritarian Personality*. New York：Harper and Brothers.

［2］ Benett, T. （2009） "Popular culture and the turn to Gramsci", *Cultural Theory and Popular Culture*：*A Reader*, edited by John Storey, Harlow：Pearson Education.

［3］ Benkler, Y. （2006） *The Wealth of Networks*：*How social Production Transforms Markets and Freedom*. New Heaven：Yale University Press.

［4］ Berners-Lee, T. （1999） *Weaving the Web*. London：Orion Business Books.

［5］ Business Insider. （2013） The Future of Digital：2013. http：// www. businessinsider. com/the-future-of-digital-2013 – 2013 – 11？ op = 1

［6］ Business Insider. （2014） The Future of Mobile：2014. http：// www. businessinsider. com/the-future-of-the-mobile-industry – 2014 – 11 # – 1.

［7］ Business Insider. （2014） The Future of Digital：2014. http：// www. businessinsider. com/the-future-of-digital-2014-slide-deck-2014 – 12 # – 1.

［8］ Brand, S. （1987） *The Media Lab*. New York. Viking Penguin.

［9］ Brandshaw, P. （2011） *The Inverted Pyramid of Data Journalism*. ht-tp：//onlinejournalismblog. com/2011/07/07/the-inverted-pyramid-of-data-journalism/.

［10］ Bruns, A. （2007） Produsage, generation C, and their effects on the democratic process. *Media in Transitions* ：*Creativity, Ownership, and Collaboration in the Digital Age*. MIT Press, Cambridge.

［11］ Bustamante, E. （2004） Cultural industries in the Digital Age：some Provisional Conclusions. *Media, Culture and Society*.

［12］ Carr, D. （2012） *How Hurricane Sandy Slapped the Sarcasm Out of Twitter*. http：//mediadecoder. blogs. nytimes. com/2012/10/31/how-sandy-slapped-the-snark-out-of-twitter.

［13］ Carey, J. Elton, M. （2010） *When Media Are New*：*Understanding the*

Dynamics of New Media Adoption and Use. The University of Michigan Press and The University of Michigan Library.

[14] Cardoso, G. (2007) *The Media in the Network Society: Browsing, News, Filters and Citizenship.* Lulu. com and CIES-ISCTE.

[15] Castells, M. (1996) The Rise of the Network Society, *The Information Age: Economy, Society and Culture* Vol. I. Oxford, UK: Blackwell.

[16] Castells, M. (1997) The Power of Identity, *The Information Age: Economy, Society and Culture* Vol. II. Oxford, UK: Blackwell.

[17] Chadwick, A. (2006) *Internet Politics: States, Citizens, and New Communication Technologies.* Oxford: Oxford University Press.

[18] Creswell, J. W. (1998) *Qualitative Inquiry and Research Design: Choosing among Five Traditions.* Thousand Oaks, CA: Sage Publications.

[19] Collett, P. Lamb, R. (1986) *Watching Families Watching Television,* Report to the Independent Broadcasting Authority, London: IBA.

[20] Collins, J. (1992) Postmodernism and television, *Channels of Discourse, Reassembled,* edited by Robert C. Allen, London: Routledge.

[21] Collins, R, Grnham, N. , and Curran, J. (1986) *Media, Culture, and Society: A Critical Reader.* London: Sage.

[22] Dailey, L. , Demo, L. , and Spillman, M. (2003) The Convergence Continuum: A Model for Studying Collaboration between Media Newsrooms. *Paper Presented at the Association for Education in Journalism and Mass Communication Conference,* Kansas City, MO.

[23] Dailey, L. , Demo, L. , and Spillman, M. (2005) *Newsroom Partnership Executive Summary.* Muncie, IN: Center for Media Design, Ball State University.

[24] DeFleur, M. L. , Ball-Rokeach, S. J. (1989) *Theories of Mass Communication.* New York: Longman.

[25] Dickens, C. (1998) *A Tale of Two Cities (Dover Thrift Editions).* Mineola, NY: Dover Publications.

[26] Duffy, M. , (2002) *Content Management and Media Convergence,* www.electronicpublishing. com.

[27] Dupagne, M. Garrison, B. (2006) The Meaning and Influence of Con-

vergence：A Qualitative Case Study of Newsroom Work at the Tampa News Center. *Journalism Studies*. Vol. 7，No. 2.

[28] Durkheim，E. （1982）*Rules of Sociological method*. New York：Free Press.

[29] Doyle，G. （2002）*Media Ownership：The Economics and Politics of Convergence and Concentration in the UK and European Media*. London：Sage.

[30] Dwyer，T. （2010）*Media Convergence*，Maidenhead：Open University Press.

[31] Finnemann，N. （2006）cited in U. Carlsson （ed.）"The Internet and the public space"，in *Nordic Media Trends*. Gothenburg：Nordicom.

[32] Fiske，J. （1987）*Television Culture：Popular Pleasures and Politics*. London：Routledge.

[33] Fiske，J. （1989）*Understanding Popular Culture*. Boston：Unwin Hyman.

[34] Fiske，J. （1992）The Cultural Economy of Fandom. *The Adoring Audience：Fan Culture and Popular Media*. Ed. Lisa A Lewis. New York：Routledge.

[35] Foust，J. C. （2005）*Online Journalism：Principles and Practices of News for the Web*. Scottsdale，AZ：Holcomb Hathaway Publishers.

[36] Frank，B. （2004）*Changing Media*，*Changing Audiences*. Remarks at the MIT Communication Forum，Cambridge. http：//web. mit. edu/comm-forum/changing_ audiences. html.

[37] Fuchs，C. （2013）*Social Media：A Critical Introduction*. Sage Publications Ltd.

[38] Gates，B. （1995）*The Road Ahead*. Viking.

[39] Gates，B. （1999）*Business @ the Speed of Thought*. Warner Books.

[40] Garnham，N. （1979）Contribution to a Political Economy of Mass-communication. *Media*，*Culture and Society* 1 （1）.

[41] Gentry，J. （2004）*Personal Communication*.

[42] Gibson，W. （1984）*Neuromancer*. Ace edition. New York.

[43] Giddens，A. （1991）*Modernity and Self-identity：Self and Society in*

the Late Modern Age, Stanford University Press.

[44] Giumor, D. (2006) We the Media: Grassroots *Journalism by the People, for the People.* O' Reilly Media, Inc.

[45] Gordon, R. (2003) *Convergence Defined*, www. ojr. org/ojr/business/1068686368. php.

[46] Gramsci, A. (1971) *Selections from Prison Notebooks*, London: Lawrence & Wishart.

[47] Grant, A. E. , et al. , (2009) *Understanding Media Convergence: The State of The Field.* New York: Oxford University Press.

[48] Habermas, J. (1987) *The Theory of Communicative Action.* Boston, MA: Beacon Press.

[49] Habermas, J. (1989) *The Structural Transformation of the Public Sphere.* Cambridge, MA: The MIT Press.

[50] Hackett, R. A. and Zhao, Yuezhi. (1998) *Sustaining Democracy? Journalism and the Politics of Objectivity.* Toronto: Garamond Press.

[51] Hackett, R. A. and Zhao, Yuezhi. (2005) *Democratizing Global Media: One World, Many Struggles.* Lanham: Rowman and Littlefield Publishers.

[52] Harvey, D. (1990) *The Condition of Postmodernity.* Oxford: Blackwell.

[53] Held, D. , McGrew, A. (2002) *Globalization/anti-globalization.* Cambridge: Policy.

[54] Hills, M. (2002) *Fan Culture.* London and New York: Routledge.

[55] Howard, C. E. (2003) *Cross-media Content Management*, www. electronicpublishing. com.

[56] Hobson, D. (1982) *Crossroads: the Drama of a Soap Opera*, London: Methuen.

[57] House of Lords. (2008) *The Ownership of the News*, Vol. 1: report HL paper 122 – 1, House of Lords, Select Committee on Communications, UK Parliament. London: The Stationery Office.

[58] Innis, H. (1950) *Empire and Communications.* Toronto: University of Toronto Press.

[59] Innis, H. (1951) *The Bias of Communication.* Toronto: University of

Toronto Press.

[60] Jenkins, H. (1992) *Textual Poachers: Television Fans and Participatory Culture*, New York: Routledge.

[61] Jenkins, H. (2001) *Convergence? I Diverge.* Technology Review.

[62] Jenkins, H. (2006a) *Convergence Culture: Where Old and New Media Collide.* New York and London: New York University Press.

[63] Jenkins, H. (2006b) *Fans, Bloggers, and Gamers: Media Consumers in a Digital Age.* New York and London: New York University Press.

[64] Jenkins, H, et al. (2013) *Spreadable Media.* New York and London: New York University Press.

[65] Jhally, S. (1982) Probing the Blindspot: the Audience Commodity. *Canadian Journal of Political and Social Theory* 6 (1/2).

[66] Jhally, S., Livant, B. (1986) Watching as Working: the Valorization of Audience Consciousness. *Journal of Communication* 36 (3).

[67] Johnson, T. J. Kaye, B. K. (1998) Cruising is believing? Comparing Internet and Traditional Sources on Media Credibility Measures. *Journalism and Communication Quarterly*, Vol. 75.

[68] Kaplan, A M., Michael, H. (2010) Users of the world, The Challenges and Opportunities of Social Media. *Business Horizons*, Vol. 53. Issue 1.

[69] Killebrew, K. C. (2003) Culture, Creativity and Convergence: Managing Journalists in a Changing Information Workplace. *International Journal on Media Management.*

[70] Killebrew, K. C. (2005) *Managing Media Convergence: Pathways to Journalistic cooperation.* Ames, IA: Blackwell.

[71] Kiousis, S. (2002) Interactivity: a Concept Explication. *New Media& Society*, Vol. 4 (3).

[72] Lee, M. (2011) Google Ads and the Blindspot Debate. *Media, Culture & Society*, 33 (3).

[73] Levy, P. (1997) Collective Intelligence: Mankind's Emerging World in Cyberspace. Cambridge: Perseus.

[74] Livant, B. (1979) The Audience Commodity: on the "blindspot" de-

bate. *Canadian Journal of Political and Social Theory* 3 (1).

[75] Livant, B. (1982) Working at Watching: a Replay to Sut Jhally. *Canadian Journal of Political and Social Theory* 6 (1/2).

[76] Lovink, G. (2011) *Networks without a Cause: a Critique of Social media.* London: Policy Press.

[77] Lowery, S. A. DeFleur, M. L. (1995) *Milestones in Mass Communication Research: Media Effects*, 3e, Longman Publishers.

[78] Lowrey, W. (2005) Commitment to newspaper – TV partnering: A test of Impact of Institutional Isomorphism. *Journalism and Mass Communication Quarterl*, 82 (3).

[79] Marcuse, H. (1968) *One Dimensional Man.* London: Sphere.

[80] Marx, K. , Friedrich, E. (1846) *The Greman Ideology.* Amherst. NY: Prometheus Books.

[81] Maxwell, R. (1991) The Image is Gold: Value, the Audience Commodity, and Fetishism. *Journal of Film and Video* 43 (1/2).

[82] McCracken, G. (2005) "*Consumers*" or "*Multipliers*": *A New Language for Marketing?* www. cultureby. com/2005/11/consumers_or_mu. html.

[83] McLuhan, M. (1962) *The Gutenberg galaxy: The Making of Typographic Man.* Toronto: University of Toronto Press.

[84] McQuail, D. , Blumler, J. &Brown, J. (1972) The Television Audience: a Revised Perspective. *The Sociology of Mass Communications*, Harmondsworth: Penguin.

[85] McQuail D. (1997) *Audience Analysis.* Sage Publications.

[86] Meehan. E. R. (1999) Commodity, Culture, Common Sense: Media Research and Paradigm Dialogue. *The Journal of Media Economics*, 12 (2).

[87] Meikle, G. Young, S. (2012) Media Convergence. New York: Palgrave Macmillan.

[88] Mitchell, W. J. (1996) *City of Bits: Space, Place and the Infobahn.* Cambridge, MA: MIT Press.

[89] Mitchell, W. J. (1999) *E-topia Urban Life, Jim-But Nor as We Know*

It. Cambridge, MA: MIT Press.

[90] Mosco, V. Wasco J. (1988) *The Political Economy of Information.* Wisconsin: University of Wisconsin Press.

[91] Mosco, V. (1996) *The Political Economy of Communication: Rethinking and Renewal.* London: Sage. 1996.

[92] Mosco, V. (2004) *The Digital Sublime: Myth, Power and Cyberspace.* Cambridge, MA: The MIT Press.

[93] Moravec, H. (1998) *Simulation, Consciousness, Existence.* http://www. frc. ri. cmu. edu/ ~ hpm/project. archive/general. articles/1998/SimConEx. 98. html.

[94] Murdock, G. (1978) Blindspots about Western Marxism: A Reply to Dallas Smythe. *Canadian Journal of Political and Social Theory* 2 (2) .

[95] Murdock, G. , Golding, P. (2004) Dismantling the Digital Divide: Rethinking the Dynamics of Participation and Exclusion. In Calabreses, A. and Sparks, C. (eds.), *Toward a Political Economy of Culture: Capitalism and Communication in the Twenty First Century.* pp. 244 – 260. Lanham, MD: Rowman and Littlefield.

[96] Murray, S. (2003) Media Convergence's Third Wave. *Convergence: The Journal of Research into New Media Technologies.* 9 (1) .

[97] Nachison, A. (2001) *Good Business or Good Journalism? Lessons from the Bleeding Edge*, A Presentation to the World Editors' Forum, Hong Kong.

[98] Negroponte, N. (1995) *Being Digital.* New York: Alfred A. Knopf, Inc.

[99] OECD. (2007) *Participative Web: User-Created Content.* Paris: OECD.

[100] OMNI's New Approach to Citizen Journalism. http://english. ohmynews. com/ArticleView/article_ view. asp? menu = A11100&no = 3861 59&rel_ no = 1&back_ url = .

[101] Ovide, S. (2012) *Twitter Embraces Olympics To Train for the Big Time.* The Wall Street Journal. July. 23.

[102] Pavlik, J. V. (1996) *New Media Technology and the Information Superhighway.* Boston: Allyn& Bacon.

[103] Pew Research Center. (2009) Project for excellence in Journalism,

State of the News Media. http: www. stateofthenewsmedia. org/2009/narrative_ overview_ intro.

[104] Pew Research Center. (2011) *Why Americans Use Social Media.*

[105] http: //pewinternet. org/Reports/2011/Why-Americans-Use-Social-Media/Main-report. aspx.

[106] Pew Research Center. (2012) *State of the Media* 2012. http: //stateofthemedia. org/2012/overview −4/.

[107] Pew Research Center. (2013) *News Use across Social Media Platforms.* http: //www. journalism. org/2013/11/14/news-use-across-social-media-platforms/.

[108] Pew Research Center. (2014a) *Social Media and the Spiral of Silence.* http: //www. pewinternet. org/2014/08/26/social-media-and-the-spiral-of-silence/.

[109] Pew Research Center. (2014b) *State of the News Media* 2014. http: //www. journalism. org/packages/state-of-the-news-media-2014/.

[110] Pew Research Center. (2014c) *The Growth in Digital Reporting.* http: //www. journalism. org/2014/03/26/the-growth-in-digital-reporting/.

[111] Pew Research Center. (2015) *Social Media Update* 2014. http: //www. pewinternet. org/2015/01/09/social-media-update-2014/.

[112] Pool, I. dS. (1983) *Technologies of freedom.* Cambridge, MA: Belknap Press of. Harvard University Press.

[113] Poynterextra. (2002) *Thursday E-media tidbits.* http: //poynterextra. org/extra/tidbits/2002_ 04_ 28_ tidbitsarchive. htm.

[114] Rafaeli, S. (1988) "Interactivity: From New Media to Communication", in R. P.

[115] Hawkins, J. M. Wieman and S. Pingree (eds.) *Advancing Communication Science: Merging Mass and Interpersonal Processes.* Newbury Park, CA: Sage.

[116] Rheingold, H. (1993) *The Virtual Community.* New York: Addison-Wesley.

[117] Rheingold, H. (2003) *Smart Mobs: The Next Social Revolution.*

Basic Books.

[118] Rogers, E. M. (1997) *History of Communication Study*. Free Press.

[119] Rogers, E. M. (1986) *Communication Technology：The New Media in Society*. New York：Free Press.

[120] Saffo, P. (1992) Paul Saffo and the 30-Year Rule, Design World.

[121] Sandvoss, C. (2005) *Fans：The Mirror of Consumption*, Cambridge：Polity Press.

[122] Shirky, Clay. (2011) The Political Power of Social Media：Technology, The Public Sphere, And Political Change. *Foreign Affairs*. 90 (1).

[123] Singer, J. B. (2003) Strange Bedfellows? The Diffusion of Convergence in Four News Organizations. *Journalism Studies*, Vol. 5, No. 1.

[124] Silcock, B. W., Keith, S. (2006) Translating the Tower of Babel：Issues of Definition, Language and culture in Convergend Newsroom. *Journalism Studies*, 7 (4).

[125] Smythe, D. W. (1981) *Dependency Road：Communications, Capitalism, Consciousness and Canada*. Norwood, N. J.：Ablex.

[126] Smythe, D. W. (1977) Communications：Blandspot of Western Marxism. *Canadian Journal of Political and Social Theory* 1 (3).

[127] Smythe, D. W. (1978) Rejoinder to Graham Murdock. *Canadian Journal of Politica and Social Theory* 2 (2).

[128] Sparks, C. (2007) *Globalization, Development and the Mass Media*, London：Sage.

[129] Starks, M. (2007) *Switching to Digital Television：UK Public Policy and the Market*. Bristol：Intellect.

[130] Tatro, N. (2002) Urge to Converge Changes Media Companies' Mission. *Crain's Chicago Business*.

[131] The Economist. (2011) The People Formerly Known as the Audience. *Special Report：The News Industry*. July. 9th.

[132] The Economist. (2011) Bulletins from the Future. *Special Report：The News Industry*. July. 9th.

[133] Thurman, N. (2008). Forums for Citizen Journalists? Adoption of

User Generated Content Initiatives by Online News Media. *New Media and Society* 10.

[134] Toffler, A. (1980) *The Third Wave*. Collins, London: Fontana.

[135] Tonnies, F. (1988) *Communicty& Society*. New Brunswick. NJ: Transaction Books.

[136] Thompson, J. B. (1995) *The Media and Modernity: A Social Theory of the Media*. Cambridge: Policy.

[137] Tulloach, J., Moran, A. (1984) *A Country Practice: Approaching the Audience*, paper delivered at the Australian Communication Association Conference, Peth.

[138] Van Dijk, J. (1999) The Network Society: Social Aspects of New Media. London: Sage.

[139] Weber, M. (1978) *Economy and Society*. Berkeley. CA: University of California Press.

[140] Wellman, B. (1999) *Networks in the Global Village*. Westview Press, Boulder.

[141] Wendland, M. Newspapers, TV Stations and Web Sites Converge to Create a New Media Entity. www. freep. com/money/tech/nwend2120010221. htm.

[142] Williams, R. (1962) *The Long Revolution*. New York: Columbia University Press.

[143] Williams, R. (1983) *Keywords: A Vocabulary of Culture and Society*. London: Fontana.

[144] Wilkinson, et al., (2009) Receiver-Senders and Content Creators. In August E. Grant and Jeffrey S. Wilkinson (eds.), *Understanding Media Convergence: The State of the Field*. pp. 64 – 83. Oxford University Press.

[145] Winston, B. (1995) How are Media Born and Developed? In John Downing. Ali Mohammadi and Annabelle Sreberny-Mohammadi. *Questioning the Media: A Critical Introduction*. Thousand Oaks. CA: Sage Publications.

[146] Wong, Yishan. (2012) *Now is the Time. . . to Invest in Gold*. http://www. redditblog. com/2012/11/now-is-time-to-invest-in-gold. html.

［147］ Yang, Guobin. (2009) *The Power of the Internet in China：Citizen Activism Online.* Columbia University Press.

［148］ Zhao, Yuezhi. (2008) *Communication in China：Political Economy, Power, and Conflict.* Lanham：Rowman and Littlefield Publishers, Inc.

后　记

对"媒体融合"的关注源于 2010 年，那时我刚开始博士阶段的学习，目睹了信息通信技术（ICT）① 在中国乃至世界范围内引发的媒介震荡。2010 年年底，我国有 4.57 亿互联网用户，平均每人每周上网时长为 18.3 小时（CNNIC，2011）。如今，中国的网民规模已达 6.49 亿，人均每周上网时长为 26.1 小时（CNNIC，2015）。

可以想象，短短 5 年时间，ICT 对于社会的渗透和传媒环境的影响是多么深远。而在这场由新媒体发起的挑战中，传统媒体应当如何面对，又该做些什么？在这样的背景下，我开始了对媒体互动与融合的研究。

正如书中多次提到的，"媒体融合"理论是舶来品，美国多位学者都对此有过研究。为了深入挖掘融合理论、了解融合案例，读博期间，我有幸获得国家资助公派赴美国哈佛大学文理学院访学十二个月。

在哈佛的那段日子，密集地听课，参加各类学术讲座和研讨会，穿梭于校内各图书馆专心阅读和写作，与老师和同学们在午餐会、咖啡馆一次又一次地学术交流，在思想碰撞中获得新知，还有那些在麻省理工学院上课、听讲座的日子……每每想起，极为怀念，一年的时光何其短暂，收获却是极大的。走出去，才有机会看到外面的世界，见到原先在书本上才能结识的学术"大咖"，近距离接受他们的指导，聆听他们的思想，而通过多看、多听、多思考和多讨论，更是能在西方的话语体系之下观照中国媒体互动与融合的发展。

此时此刻，感激、思念溢满心间。我想对所有给予我帮助的师长和亲友致以诚挚的感谢，正是他们的关照和扶持，这本小书才得以出版。

感谢恩师张智华教授，从本科及硕士阶段多门专业课的任课教师到博士阶段的导师，十年来，张教授以他严谨踏实的作风深深地感染着门下的

---

① ICT 即信息通信技术，也被译作"信息传播技术"。

每一位弟子，用他博大的胸怀包容着学生的不才。在本书的写作过程中，每当我的思考陷入泥沼，张教授总能给我指明方向；而对于我的一点点进步，他都会送来肯定和鼓励的话语。即便是在毕业之后，张教授也依然关心着每一位学生的发展，在"张门集结号"的微信群里，他永远是那颗最闪亮的星，照耀着群里的五十八颗小星星。　．

感谢于丹教授，我的硕士导师，也是我考入北师大的领路人。从本科到研究生，在于教授的指引下，我对传媒产业、电视新闻和网络传播的兴趣越来越浓，也离这些领域越来越近。在我的眼中，于教授是一个做学问做事时严肃认真，但在同门活动中又特别活跃可爱的老师。她的课永远是旁听学生最多的，她的话语又往往是最能给人以力量的。十多年来，她对价值理性的追求和深切的人文关怀影响着我，也影响着每一位于氏弟子。

感谢北京师范大学艺术与传媒学院所有老师多年来的悉心教导和关照，因为有了他们，我的学生时代总是充满了阳光。

感谢中国民航报社中国民航出版社的各位领导和同事在过去六年中对我的支持和鼓励，因为有了他们，我才有勇气去追逐梦想，有力量去为之奋斗。

感谢中国民航杂志社的好友同仁，因为有了他们，我感受到了家一般的温暖，大家互相鼓励，共同前行。

感谢我的朋友们，在我成长道路上给予的关心和帮助，尤其是北京师范大学的同窗好友，在快乐而充实的学生时代与我相伴相知，切磋砥砺。感谢上海交通大学人文艺术研究院副院长谢耘耕教授、暨南大学新闻与传播学院副教授刘涛、《中国广播影视》杂志运营总监祁海琳女士，在本书写作过程中予以指点和启迪。在美国期间，我还有幸结识了哈佛大学文理学院客座教授 Scott MacDonald，麻省理工学院比较媒介研究系助理教授 Sasha Costanza - Chock，哈佛大学肯尼迪学院访问学者、央广网副总编辑伍刚博士，他们热情地为我提供了从事研究和学习所需要的各种资源，并对我在哈佛大学的访学给予了很多帮助。感谢接受我采访和参与问卷调查的媒体从业者和老师同学们，他们的回答和反馈为我的写作提供了素材和灵感。

感谢本书的责任编辑侯苗苗女士，她的专业素养和认真负责使本书大为增色。

感谢我的父母，他们用无微不至的关怀抚养我成长，培育我成人，让我在漫漫求学路上丰满羽翼，收获力量，并永远给我以无条件和爱和帮助。尤其是在本书写作和修改的过程中，他们无私地奉献出自己的时间和精力，帮忙照顾年幼的孩子。感谢我的公公婆婆，长期以来对我们家庭的关心和照顾。感谢我的丈夫，他一直默默地支持着我的学术理想和选择，与我一同承担忧愁，一同分享喜悦，一同迎接挑战，一同感知幸福。感谢我可爱的宝宝，无数个深夜，当我结束书稿的修改走进卧室，看到他在小床上熟睡的模样，仿佛所有的疲惫都在瞬间融化。

最后，向所有的读者献上此书，也送上我最真挚的祝福。

曹慎慎
2015 年 6 月于北京